Die Dogmatik des Gesellschafterbeschlusses

Europäische Hochschulschriften Recht

European University Studies in Law

Publications Universitaires Européennes de Droit

Band/Volume 6109

Laura Gerauer

Die Dogmatik des Gesellschafterbeschlusses

Rechtsnatur, Wirksamkeitsvoraussetzungen und Auswirkungen auf Beschlussmängelklagen

PETER LANG

Bibliografische Information der Deutschen Nationalbibliothek
Die Deutsche Nationalbibliothek verzeichnet diese Publikation in der Deutschen Nationalbibliografie; detaillierte bibliografische Daten sind im Internet über http://dnb.d-nb.de abrufbar.

Zugl.: Passau, Univ., Diss., 2019

D 739
ISSN 0531-7312
ISBN 978-3-631-79651-1 (Print)
E-ISBN 978-3-631-79948-2 (E-PDF)
E-ISBN 978-3-631-79949-9 (EPUB)
E-ISBN 978-3-631-79950-5 (MOBI)
DOI 10.3726/b16035

Peter Lang – Berlin · Bern · Bruxelles · New York · Oxford · Warszawa · Wien

Diese Publikation wurde begutachtet.

www.peterlang.com

Meiner Mutter

Vorwort

Die Juristische Fakultät der Universität Passau hat die vorliegende Arbeit im Sommersemester 2019 als Dissertation zur Erlangung des Grades eines Doktors der Rechtswissenschaft angenommen. Die Arbeit befindet sich auf dem Stand von Mai 2019.

Herr Professor Dr. Holger Altmeppen, mein Lehrer, hat mich nicht nur bei dieser Abhandlung entscheidend gefördert, sondern auch meine Freude an juristischen Herausforderungen geweckt. Ihm gilt an dieser Stelle das erste Wort des herzlichen Dankes. Herrn Professor Dr. Michael Beurskens danke ich für die zügige Erstellung des Zweitgutachtens.

Zutiefst verbunden bin ich mit „unserem" ganzen Lehrstuhlteam, insbesondere mit Herrn Julian Hageböke und Frau Luisa Schmickler, angesichts der zahlreichen Diskussionen und der uneingeschränkten Unterstützung.

Inhaltsübersicht

Inhaltverzeichnis

1. Teil – Einleitung

Das Organ[1] Gesellschafterversammlung gibt es in allen rechtsfähigen Verbänden des Privatrechts und, es entscheidet im Rahmen seiner Zuständigkeiten durch den Organakt eines Gesellschafterbeschlusses. Der Gesellschafterbeschluss kann an Mängeln leiden, namentlich gegen das Gesetz, den Gesellschaftsvertrag oder andere Rechtsprinzipien verstoßen. Die Frage, wie sich solche Beschlussmängel auswirken, ist auf der Grundlage des geltenden Rechts sowie der Rechtsprechung und hL je nach Rechtsform der Gesellschaft ganz unterschiedlich.

Das AktG ist durch eine *detaillierte* Kodifikation des Beschlussmängelrechts geprägt (§§ 241 ff. AktG), die seit der Aktienrechtsnovelle von 1884 Bestand hat, ungeachtet der Änderungen im Detail, die seit Ende des 19. Jahrhunderts jeweils erfolgt sind. Grundlage ist eine protokollierte Beschlussfeststellung als Wirksamkeitsvoraussetzung des Beschlusses (§§ 130 II 1, 241 Nr. 2 AktG), der anschließend binnen Monatsfrist (§ 246 I AktG) mit der Anfechtungsklage angegriffen werden muss, wenn er nicht ausnahmsweise wegen eines schwerwiegenden Mangels nichtig ist (§ 241 AktG). Die Nichtigkeit kann nur ausnahmsweise geheilt werden; Hauptfall: Ablauf einer dreijährigen Frist nach Eintragung des Beschlusses im Handelsregister (§ 242 II AktG). Der wegen Mängeln nur anfechtbare Beschluss ist demgegenüber nach Ablauf der Anfechtungsfrist bestandskräftig und grundsätzlich für jedermann als gültig anzusehen.

Schon das Reichsgericht[2] hat das kodifizierte Beschlussmängelrecht in der AG teilweise analog auf die Kapitalgesellschaft GmbH angewendet. Anlässlich der in den Jahren 1971 und 1973 geplanten Änderungen des GmbH-Rechts („große GmbH-Reform") gab es entsprechende Entwurfsregelungen[3], die jedoch nie Gesetz geworden sind. Die analoge Anwendung des Beschlussmängelrechts der AG (§§ 241 ff. AktG) auf die GmbH beruht bis auf den heutigen Tag ausschließlich auf Rechtsfortbildung, die aber inzwischen trotz vielfach geäußerter Kritik[4]

---

1 Zur Organqualität der Gesellschafterversammlung in der GmbH: *Hüffer*, FS 100 Jahre GmbHG, 1992, S. 521 ff.

2 RGZ 166, 129, 131 ff.

3 Regierungsentwurf, BT-Drucks. 6/3088, S. 53 ff.

4 *Fehrenbach*, Der fehlerhafte Gesellschafterbeschluss, 2011; *Zöllner/Noack*, in: Baumbach/Hueck (Hrsg.), GmbHG, [21]2017, Anh. § 47 Rn. 3 ff.; *Raiser*, in: Ulmer/Habersack/Löbbe (Hrsg.), GmbHG, [2]2014, Anh. § 47 Rn. 4 ff.; *Noack*, Fehlerhafte Beschlüsse in Gesellschaften und Vereinen, 1989, S. 103 ff., 113 ff.; *Fleischer*, GmbHR 2013, 1289; *Zöllner/Noack*, ZGR 1989, 525.

so gefestigt ist, dass ein Widerstand dagegen nicht mehr sinnvoll erscheint.[5] Insbes. die Hervorhebung, dass es im Fall der GmbH um grundlegend andere Probleme gehe als in der Publikumsgesellschaft AG, das Beschlussmängelrecht deshalb eher demjenigen der Personengesellschaft zu folgen habe,[6] ändert an diesem Befund gewiss nichts. Allerdings trifft es zu, dass die GmbH in aller Regel keine Publikumsgesellschaft ist, das Beschlussmängelrecht in der AG aber aus historischer Sicht speziellen Konfliktsituationen in der Publikumsgesellschaft gewidmet sein sollte.[7] Insofern ist das Argument nicht von der Hand zu weisen, dass die GmbH materiell Personengesellschaft und nur um der Haftungsbeschränkung willen als juristische Person konzipiert ist.[8] Die Problematik steht eher derjenigen in der Gesamthandspersonengesellschaft gleich, deren Organ Gesellschafterversammlung typischerweise einen gleichermaßen überschaubaren Mitgliederkreis aufweist. Doch auch in der AG hängt die Geltung des Beschlussmängelrechts nicht von der Anzahl ihrer Mitglieder ab, während umgekehrt in einer Personengesellschaft, die Publikumsgesellschaft ist, namentlich in der GmbH & Co. KG mit nicht selten mehr als 1000 Mitgliedern, bisher mangels abweichender Regelungen im Gesellschaftsvertrag nach hM das klassische Beschlussmängelrecht der Personengesellschaft Anwendung finden soll.

In der Personengesellschaft führt ein Beschlussmangel nach allgemeinen Grundsätzen aber immer zur Nichtigkeit, während Bestandskraft nach Ablauf einer bestimmten Frist allenfalls in der Variante der Verwirkung in Betracht kommt. Kurzum: In der Personengesellschaft kann sich jeder Gesellschafter auch nach der für die AG und GmbH geltenden Anfechtungsfrist von einem Monat (§ 246 Abs. 1 AktG) noch auf einen Rechtsmangel des Beschlusses berufen, ebenso jeder Dritte, der ein rechtliches Interesse an der Feststellung der Ungültigkeit des Gesellschafterbeschlusses in der Personengesellschaft hat. Nur sehr vereinzelt wird im Schrifttum eine analoge Anwendung des Beschlussmängelrechts der AG auf die deutsche Personengesellschaft befürwortet, wenn diese

---

5 *Noack*, GmbHR 2017, 792, 794: „Messe ist gelesen".

6 *Fehrenbach*, Der fehlerhafte Gesellschafterbeschluss, 2011, S. 117 ff.

7 Entwurf eines Gesetzes betreffend die Gesellschaften mit beschränkter Haftung, 1891, S. 69 (zu § 46): „Einschränkende Bestimmungen über die formellen Voraussetzungen des Anfechtungsrechts, wie im Artikel 190a des Aktiengesetzes (…) mit Rücksicht auf die große Zahl der Mitglieder getroffen werden, können hier als entbehrlich betrachtet werden".

8 *Flume*, BGB AT I/ 2, 1983, S. 61 f.

rechtsfähig ist (§ 14 II BGB) und damit Klagegegner einer Beschlussmängelklage sein kann.[9]

Bei allem Verständnis für die Kritik an der Rechtsfortbildung, welche seit vielen Jahrzehnten das Beschlussmängelrecht der AG (§§ 241 ff. AktG) auf die Kapitalgesellschaft GmbH überträgt und für die Praxis selbstverständliche Gültigkeit hat, lautet die Frage deshalb eher, ob das Beschlussmängelrecht des AktG nicht noch weiter ausgedehnt werden sollte, nämlich auf Verbände des Personengesellschaftsrechts, die immerhin auch rechtsfähig sind, soweit es um Gesamthandspersonengesellschaften geht.[10] Der Umstand, dass die GmbH als juristische Person verselbstständigt ist, hat allein in dem Bedürfnis der Haftungsbeschränkung ihren Grund. Das Beschlussmängelrecht hat aber mit der Haftungsbeschränkung gar nichts zu tun. Deshalb liegt der Gedanke auf der Hand, dass man insoweit keine Unterschiede zwischen der GmbH und der Gesamthandspersonengesellschaft zu machen hat, wenn und weil das Beschlussmängelrecht in erster Linie die Beziehungen der Gesellschafter betrifft, in zweiter Linie Interessen Dritter, die aber gewiss nichts mit der Haftungsbeschränkung zu tun haben. Kurzum: Der Umstand, dass die GmbH als juristische Person verselbstständigt ist, während der Gesamthandspersonengesellschaft, ungeachtet ihrer heute nicht mehr streitigen Rechtsfähigkeit[11], die Eigenschaft einer juristischen Person nach herrschender und zutreffender Ansicht fehlt[12], kann den Ausschlag nicht geben. Wenn die nicht mehr revidierbare, deshalb heute unangreifbare Rechtsfortbildung der analogen Anwendung des Beschlussmängelrechts der AG auf die GmbH sinnvoll und vernünftig ist, kann nichts anderes für die rechtsfähige Personengesellschaft gelten. Auch dass die GmbH im Gegensatz zur Gesamthandspersonengesellschaft als Körperschaft bezeichnet wird, hebt nur den Aspekt hervor, dass die GmbH juristische Person und insofern von ihren

---

9 *Schmidt*, Gesellschaftsrecht, [4]2002, S. 448 mwN.

10 *Flume*, BGB AT I/ 2, 1983, S. 61 f.

11 BGHZ 146, 341.

12 Vgl. aber *Heusler*, Institutionen des Deutschen Privatrechts, Bd. 1, 1885, S. 224, 255 f.: Personengesellschaften, die „sich gegenüber den vergänglichen Interessen und dem veränderlichen Willen der momentan Betheiligten unabhängig und selbstständig gestalten", sind juristische Personen; *Affolter*, in: Kohler/Ring (Hrsg.), Archiv für Bürgerliches Recht, Bd. 5, 1891, S. 1, 5 ff.: Gesamthandsgesellschaften sind juristische Personen; *Kohler*, ZHR 74 (1913), 456, 457 f.; *Kämmerer*, NJW 1966, S. 801 ff.; *Raiser*, FS Zöllner, 1998, S. 469, 486: „Die Gesamthandsgesellschaft als rechtsdogmatische Kategorie ist daher funktionslos und überflüssig geworden. Ihre Geschichte ist am Ende."

Mitgliedern in weit höherem Maße rechtlich verselbstständigt ist als die Mitglieder einer Gesamthandspersonengesellschaft. Da dieses Kriterium aber eine ungleiche Behandlung von Beschlussmängeln des Organs Gesellschafterversammlung nicht plausibel zu erklären vermag, kommt es auf das Kriterium einer Körperschaft gerade nicht an.

Der 72. Deutsche Juristentag (DJT), der im Jahre 2018 in Leipzig stattfand, hat deshalb sehr konsequent empfohlen, das Beschlussmängelrecht der AG nicht nur auf die juristischen Personen AG, GmbH, Genossenschaft und Verein zu beziehen, sondern namentlich auch auf die rechtsfähigen Personengesellschaften. Die Minorität im Schrifttum, die dies schon bisher empfohlen hatte[13], hat damit im DJT hohe Akzeptanz erfahren. Der Beschlussvorschlag des DJT, bzgl. eines einheitlichen rechtsformübergreifenden Beschlussmängelsystems, wurde mit 55 zu zwei Stimmen bei einer Enthaltung angenommen. Der Beschlussvorschlag, dabei die bereits im aktienrechtlichen Beschlussmängelrecht verankerte Unterscheidung zwischen Nichtigkeit und Anfechtbarkeit beizubehalten, wurde mit 52 zu vier Stimmen bei drei Enthaltungen angenommen.[14]

Inzwischen wurde eine Expertenkommission eingesetzt, um eine Reform des Beschlussmängelrechts rechtsformübergreifend zu erarbeiten. Die Frage, ob man vor dem Abschluss der Arbeiten dieser Kommission eine Monographie zu diesem Thema wagen sollte, ist schon vor dem Hintergrund zu bejahen, dass mit endgültigen Ergebnissen, namentlich auch im Sinne entsprechender Gesetzgebung und Judikatur, erst in mehreren Jahren zu rechnen sein wird. Darüber hinaus wird hier der Versuch unternommen, Gemeinsamkeiten aller Gesellschafterbeschlüsse aufzuzeigen, die es rechtfertigen, zu einem einheitlichen Beschlussmängelrecht womöglich schon de lege lata zu gelangen. Die bisher bestehenden Ungereimtheiten, die etwa bei der Frage der Reichweite der Analogie der §§ 241 ff. AktG im Recht der GmbH bestehen, sind mithilfe zutreffender dogmatischer Einordnung des Organaktes Gesellschafterbeschluss aufzulösen. Erkennt man weiter, dass der Schlüssel zur Lösung bei dieser dogmatischen Einordnung des Organaktes Gesellschafterbeschluss liegt, den das Organ Gesellschafterversammlung mit Wirkung für seinen jeweiligen rechtsfähigen Verband trifft, ist der Schritt zu einer analogen Anwendung des Beschlussmängelrechts der AG auf die Gesamthandspersonengesellschaft nicht mehr weit. Insofern muss es überraschen, dass die Rechtsfortbildung insoweit bei der GmbH Halt

---

13 *Schmidt*, FS Stimpel, 1985, S. 217, 236 mwN.

14 Empfehlungen des 72. DJT, III Nr. 14, 15; vgl. auch *Koch*, Gutachten F, 72. DJT, 2018, S. 68 ff.

gemacht und noch nicht einmal die Publikumsgesellschaft der GmbH & Co. KG erreicht hat, bei welcher die entsprechende Anwendung der §§ 241 ff. AktG wesentlich näher liegt als bei einer gewöhnlichen GmbH mit einem kleinen und überschaubaren Mitgliederkreis.

Vor diesem Hintergrund steht als erstes die Aufgabe an, die Entstehungsgeschichte des Beschluss- bzw. des Beschlussmängelrechts sowie die Systematik der prozessualen Geltendmachung der Beschlussmängel in allen rechtsfähigen Verbänden des Privatrechts zu durchleuchten und dabei insbes. auf die Bedeutung der Beschlussfeststellung einzugehen, um sodann den Organakt des Gesellschafterbeschlusses dogmatisch zutreffend einzuordnen.

2. Teil Historische Entwicklung des Beschluss(mängel)rechts und der prozessualen Geltendmachung von Beschlussmängeln

A. AG

I. Entstehungsgeschichte

1. ADHGB von 1861

a. Allgemeines

Bereits im ADHGB von 1861 besaß ausschließlich die Generalversammlung, als das willensbildende Organ der AG, die Kompetenz Beschlüsse zu fassen, die dem Verband AG zuzurechnen sind.[15] Das Beschlussrecht wurde nur rudimentär in den Art. 209 Nr. 8–10, 214 f., 224, 236 ff., 242 geregelt. Gem. Art. 224 II stand jedem Aktionär grundsätzlich eine Stimme zu. Sofern im Gesetz bzw. Gesellschaftsvertrag keine abweichende Regelung getroffen wurde, galt das Mehrheitsprinzip (vgl. Art. 209 Nr. 10, 215 I[16]).[17]

Zwar kommentierte *Hahn* 1863, dass nur „die in verfassungsmässiger Weise zu Stande gekommene Willensäusserung von Organen der Gesellschaft" zugerechnet werden könne[18], doch weder er selbst noch andere Kommentatoren befassten sich näher damit, welche „verfassungsmässigen" Vorgaben neben der Einberufung hierbei zu beachten sind.

Der Beschlussfassung nachfolgende Formerfordernisse, sc. notarielle bzw. gerichtlichen Beurkundungspflichten, enthielt das ADHGB von 1861 nur für diejenigen Beschlüsse der Generalversammlung, welche die Fortsetzung der

---

15 ROHG 11, 118, 125; *Hahn*, ADHGB, 1863, Art. 215, § 2; Art. 224, § 1; *Renaud*, Das Recht der Actiengesellschaften, ²1875, S. 498.

16 Entspricht Art. 192 II des Preußischen Entwurfs, Art. 203 des Entwurfs der 1. Lesung, Art. 209 des Entwurfs der 2. Lesung.

17 *Hahn*, ADHGB, 1863, Art. 215 § 1; *Makower*, in: Kommentar zum ADHGB, ⁵1873, Art. 209 Fn. 11; *Lutz* (Hrsg.), Protokolle der Kommission zur Berathung eines allgemeinen deutschen Handelsgesetzbuches (1858), S, 1047; *Makower*, ADHGB, ²1865, Art. 209 Anm. 15.

18 *Hahn*, ADHGB, 1863, Art. 213, § 1.

Gesellschaft bzw. eine Satzungsänderung bzgl. des Unternehmensgegenstandes (Art. 214 I) oder die Auflösung der Gesellschaft (Art. 242 Ziff. 2) betreffen. Hierdurch sollte „die Existenz und die Richtigkeit" dieser speziellen Beschlüsse garantiert werden.[19]

b. *Beschlussfeststellung als Wirksamkeitsvoraussetzung*

Nach der Auffassung von *Hahns* bildete sich der Wille der Gesellschaft nicht bereits aus der Summe der Einzelwillen der Mitglieder.[20] Ob er damit andeuten wollte, dass es neben der reinen Abstimmung auch einer Beschlussfeststellung bedarf, kann aufgrund seiner kargen Ausführungen leider nicht geklärt werden.

Unter Beschlussfeststellung versteht man die Festsetzung des Inhalts bzw. Ergebnisses des Beschlusses iSv Annahme oder Ablehnung des Beschlussantrags. Dieses Beschlussergebnis ist die rechtliche Bewertung des Abstimmungsergebnisses (Anzahl der abgegebenen Ja- bzw. Nein-Stimmen und Enthaltungen) anhand der einschlägigen Vorschriften in Gesetz und Statut. Entscheidend für diese Bewertung sind daher insbes. Vorschriften, die das Gewicht einer Stimme und deren Gültigkeit regeln. Die Beschlussfeststellung ist daher auch immer eine wertende Entscheidung über Stimmverbote und Stimmpflichten. Der bloßen Festsetzung des Beschlussinhalts folgt dessen Verlautbarung an die Mitglieder der Versammlung. Typischerweise fällt die Aufgabe der Beschlussfeststellung einer bestimmten Person zu, z.B. einem Versammlungsleiter.[21]

Weder im ADHGB noch in seinen Gesetzesmaterialien befanden sich Vorschriften hinsichtlich Voraussetzung, Zuständigkeit oder Bedeutung der Beschlussfeststellung. Auch die Kommentarliteratur[22] und Lehrbücher[23] befassten sich noch nicht mit diesem Thema.

---

19 Protokolle der Kommission zur Berathung des allgemeinen deutschen Handelsgesetzbuches, 37. Sitzung, S. 331; Handelsappellationsgericht München in, Sammlung von Entscheidungen des obersten Gerichtshofes für Bayern in Gegenständen des Handels- und Wechselrechtes (1879), S. 677; *Koch*, in: Kommentar zum ADHGB, ²1868, Art. 214, Fn. 92.

20 *Hahn*, ADHGB, 1863, Art. 215, § 2.

21 Vgl. dazu *Zöllner*, Schranken, 1963, S. 392 ff.

22 Vgl. *Hahn*, ADHGB, 1863, Art. 209 ff.; *Makower*, ADHGB, ²1865, Art. 209 ff.; *Makower*, in: Kommentar zum ADHGB, ⁵1873, Art. 209 ff.; *Makower*, in: Kommentar zum ADHGB, ⁹1884, Art. 209 ff.

23 Vgl. *Thöl*, Handelsrecht, Bd. 1, 1862, S. 276 ff.; *Renaud*, Das Recht der Actiengesellschaften, ²1875, S. 489 ff.; *Primker*, in: Endemann (Hrsg.), Handbuch des Deutschen Handelsrechts, 1881, S. 560 ff.

c. *Beschlussmängel*

Auch wenn im ADHGB von 1861 nicht ausdrücklich von Beschlussvoraussetzungen bzw. Beschlussmängeln und ihrer Fehlerfolge die Rede war, war man sich wohl einig, dass die Generalversammlung nur „innerhalb der durch diese letzteren (= Gesellschaftsvertag und Gesetz) gezogene Gränzen“[24] handeln kann.

Es wurde wohl auch bereits zwischen lediglich anfechtbaren und nichtigen Beschlüssen differenziert. Erstere sind rechtsgültig, solange ein Gericht sie nicht aufgrund einer Anfechtungsklage für nichtig erklärt.[25] Letztere sind infolge ihres Mangels, z.B. „nicht gehörig berufene(n) Versammlung“, „für die Actiengesellschaft ohne rechtliche Bedeutung“ (vgl. Art. 238 I)[26], also von Anfang an null und nichtig.[27]

d. *Beschlussmängelklage*

i. Gesetzgebung und Literatur

Die prozessuale Geltendmachung von Beschlussmängeln war im ADHGB von 1861 noch nicht kodifiziert und auch die Kommentarliteratur schwieg sich diesbezüglich noch aus. Erste vage Ansätze fanden sich in Handbüchern und Aufsätzen: Wer als Aktionär sein Kapital unter die Verwaltung der Organe einer Gesellschaft stellt und sich damit dem Willen der Gesellschaft grundsätzlich unterordnet, habe ein durchsetzbares (!) Recht darauf, dass die Gesellschaft nur innerhalb der Grenzen von Gesetz und Statut handle.[28]

ii. Rechtsprechung

Den Gerichten lagen nichtsdestotrotz Beschlussmängelklagen von Aktionären vor:

---

24 *Renaud*, Das Recht der Actiengesellschaften, ^{2}1875, S. 498.

25 Vgl. ROHG 14, 355, 357; 19, 297, 302 f.

26 *Hahn*, ADHGB, 1863, Art. 238 § 1.

27 *Primker*, in: Endemann (Hrsg.), Handbuch des Deutschen Handelsrechts, 1881, S. 567.

28 Wohl erste Auseinandersetzung hinsichtlich der Aktionärsrechte *Gierke*, Deutsches Privatrecht, Bd. 1, 1895, S. 505 f.; *Bekker*, ZHR 17 (1872), 379, 380 f.; *Jolly*, ZDR 11 (1847), 317 ff.; *Grünhut*, GrünhutZ 1 (1874), 97, 108 f.; zu statutarischen Beschlusskontrollrechten der süddeutschen Fernhandelsgesellschaften des 15. und 16. Jhd. Vgl. *Emmerich*, Die historische Entwicklung von Beschlußverfahren und Beschlußkontrolle im Gesellschaftsrecht der Neuzeit unter besonderer Berücksichtigung des Aktienrechts, 2000, S. 66 ff.

In einem vom ROHG 1873 zu entscheidenden Fall klagte ein Aktionär auf Feststellung der Nichtigkeit eines Generalversammlungsbeschlusses, der diesen in seinem vermögensrechtlichen Interesse beeinträchtige. Das Gericht erläuterte das Beschlussmängelklagerecht nicht näher, stellte jedoch zumindest klar, dass jedenfalls der Art. 224, nach dem „Rechte, welche den Actionären in den Angelegenheiten der Gesellschaft (…) zustehen, von der Gesammtheit der Actionäre in der Generalversammlung ausgeübt werden", nicht die Berechtigung eines einzelnen Aktionärs hinsichtlich der gerichtlichen Verfolgung seiner *eigenen* Rechte entgegensteht.[29]

Bereits 1874 sah es das ROHG als „selbstverständlich" an, dass gesetzes- bzw. statutenwidrige Beschlüsse der Generalversammlung, die einen Aktionär in einem seiner gesetzlichen bzw. statutarischen Rechten beeinträchtigen, anfechtbar sind. Die Aktivlegitimation des Aktionärs bzw. die Passivlegitimation der Gesellschaft hinsichtlich einer Anfechtungsklage ergebe sich unmittelbar aus § 89 EinlALR: „Wem die Gesetze ein Recht geben, dem bewilligen sie auch die Mittel, ohne welche dasselbe nicht ausgeübt werden kann." Der gesetzliche bzw. statutarische Anspruch eines Aktionärs beinhalte also bereits selbst dessen Legitimation zur „Anrufung des Richters behuf judicatmäßiger Feststellung der Illegalität des betreffenden Beschlusses und der etwa zu dessen Ausführung bereits seitens der Gesellschaft gethanen Schritte".[30]

1876 entschied das ROHG, dass Aktionäre, welche widerrechtlich durch einen Majoritätsbeschluss der Generalversammlung in ihren Sonderrechten beeinträchtigt werden, „unzweifelhaft berechtigt" sind „denselben mittels Klage gegen die Gesellschaft anzufechten und zu verlangen, daß solcher ihnen gegenüber außer Kraft gesetzt werde".[31]

Im Jahre 1877 hat das ROHG das Anfechtungsrecht, als Recht des Einzelaktionärs die Nichtigkeit von gesetzes- oder statutenwidrigen Beschlüsse gerichtlich feststellen zu lassen, bereits als „bestehend anerkannt".[32] Der Ausgangspunkt dieses Anfechtungsrechts liege darin, dass der Aktionär als Gesellschafter ein Recht habe, „um der Gesellschaft und seiner Mitgliedschaft willen zu verlangen, daß der Gesellschaftswille sich entsprechend den Gesetzen und statutarischen Bestimmungen betäthige".[33] Dieses Anfechtungsrecht sei nicht Jedermanns-,

29 ROHG 11, 118, 121.
30 ROHG 14, 355, 357.
31 ROHG 19, 297, 302 f.
32 ROHG 23, 273, 275.
33 ROHG 23, 273, 275.

sondern „Mitgliedschaftsrecht". Ein „entsprechendes Klagebegehren" des Aktionärs sei Zulässigkeitsvoraussetzung.[34]

Wiederum mit Verweis auf § 89 EinlALR bestätigte das ROHG 1879, dass die Rechtsordnung demjenigen, dem sie ein materielles Recht zuspricht, auch die prozessuale Verfolgungsmöglichkeit an die Hand gibt. Der Aktionär habe durch seinen Beitritt in die Gesellschaft bzw. durch seine Kapitaleinlage ein, „durch ein vermögensrechtliches Interesse begründete(s)", Recht darauf, dass diese Gesellschaft Statut und Gesetz einhält. Gesetzes- bzw. statutenwidrige Beschlüsse kann dieser daher gerichtlich überprüfen lassen.[35]

Selbst vor Kodifizierung der Beschlussmängelklagen gingen die ROHG somit einhellig davon aus, dass Aktionäre Generalversammlungsbeschlüsse, die gegen Gesetz oder Statut verstießen, im Wege einer Feststellungsklage als nichtig feststellen oder zumindest im Wege der Anfechtungsklage gerichtlich aufheben lassen können. Der Aktionär hatte die Klage gegen die Gesellschaft zu richten. Grundlage für das Klagerecht soll § 89 EinlALR sein.

2. *ADHGB von 1884*

a. Allgemeines

Das ADHGB von 1884 regelte die Beschlussfassung der AG in den Art. 221 ff. Gem. Art. 238a musste nun jeder Beschluss der Generalversammlung zu seiner Wirksamkeit gerichtlich oder notariell beurkundet werden. Eine beglaubigte Abschrift dieser Urkunde hatte der Vorstand anschließend zum Handelsregister einzureichen. Diese Formvorschrift sollte zum einen sicherstellen, „daß Gesetz und Statut bei den Beschlüssen sorgfältiger beobachtet werden" und zum anderen „die Kenntnißnahme von der Lage der Gesellschaft für alle Beteiligten" erleichtern.[36] Um Beschlussmängel gerichtlich geltend zu machen, müsse der Aktionär wissen, welcher Versammlungsentscheidung die Gesellschaft Beschlussqualität zuspricht und welchen Inhalt dieser Beschluss haben soll.[37]

---

34 ROHG 23, 273 f.

35 ROHG 25, 307, 310 f.

36 Besondere Begründung zur ADHGB-Novelle 1884 zu Art. 238a, abgedruckt in *Schubert/Hommelhoff* (Hrsg.), Hundert Jahre modernes Aktienrecht, 1985, S. 506.

37 Vgl. *Bartholomeyczik*, ZHR 105 (1938), 293, 311.

b. *Beschlussfeststellung als Wirksamkeitsvoraussetzung*

Art. 238a regelte weder Inhalt noch Reichweite der Beurkundungspflicht. Inwieweit die Regelung auch eine förmliche Beschlussfeststellung umfasste, wurde noch nicht einheitlich beantwortet.[38]

i. Rechtsprechung

Im Jahre 1889 nahm das RG[39] an, dass die Beschlussprotokollierung lediglich den Beschluss „als stattgehabtes rechtliches Ereignis" bezeuge. Es handle sich um keine Wirksamkeitsvoraussetzung. Beurkundet werde nur noch der bereits gefasste Beschluss. Für eine notarielle Beurkundung müsse eine „notarielle Verhandlung" zwischen Notar und einem „mit der Leitung der Versammlung betrauten Gesellschaftsorgan" stattfinden. Dieser sei „Extrahent des Beschlusses", also diejenige Person, „welche die Generalversammlungsbeschlüsse herbeiführ(t) und ihr Ergebnis feststell(t) und verkünde(t)". Die Verhandlung manifestiere sich in der Unterschrift des Versammlungsleiters.[40]

Die Beschlussfeststellung und -verkündung war für das RG somit, im Gegensatz zur Protokollierung, wohl bereits vor Einführung des § 111 II AktG 1937, der die Aufnahme der Beschlussfeststellung eines Vorsitzers in die notarielle Niederschrift zwingend vorschrieb, ein wesentlicher Bestandteil der Beschlussfassung.

ii. Literatur

Die Literatur lehnte jedenfalls die Unterschrift eines Versammlungsleiters als Bestandteil der Protokollierungspflicht ab.[41] Vielmehr müsse eine förmliche Protokollierung Angaben bzgl. der ordnungsgemäßen Einberufung, Stimmrechte der erschienenen Aktionäre sowie des zahlenmäßigen Ergebnisses der Abstimmung enthalten.[42] Die Notwendigkeit einer Beschlussverkündung wurde hingegen noch nicht erörtert.

---

38 Vgl. auch Begründung zum 1. Entwurf eines Handelsgesetzbuches für das Deutsche Reich 1895 zu § 215, *Schubert* (Hrsg.), Quellen zum Handelsgesetzbuch von 1897, Bd. 2/1, 1988, S. 129.

39 RGZ 25, 195.

40 RGZ 25, 195, 198 ff.

41 Vgl. *Staub*, in: Kommentar zum ADHGB, ^{2}1894, Art. 238a § 2 ff.

42 *Staub*, in: Kommentar zum ADHGB, ^{2}1894, Art. 238a § 5–7.

c. *Bestellung des Versammlungsleiters*

Das ADHGB von 1884 regelte nicht wer Versammlungsleiter sein soll. Der Gesellschaftsvertrag übertrug die Leitung daher zumeist dem Vorsitzenden des Aufsichtsrats. Schwieg hingegen auch das Statut, wählte die Generalversammlung mit einfacher Mehrheit.[43]

d. *Beschlussmängelklage*

Das Recht des einzelnen Aktionärs, fehlerhafte Generalversammlungsbeschlüsse anzufechten, sah der Gesetzgeber des ADHGB von 1884 aufgrund der gefestigten Rechtsprechung des ROHG[44] bereits als „bestehend“[45] an: Das Organ Gesellschafterversammlung könne nur innerhalb von Gesetz und Statut handeln.[46] Der Zweck der Kodifizierung der individualrechtlichen[47] Anfechtungsklage in den Art. 222 iVm Art. 190a liege darin, die prozessuale Zulässigkeit dieser Klage, insbes. in zeitlicher Hinsicht, festzulegen und zu begrenzen. Für die Sicherheit des Rechtsverkehrs sei es erforderlich, dass auch mangelhafte Beschlüsse nicht unbegrenzt gerichtlich für nichtig erklärt werden können, ein Beschluss nach Fristablauf somit bestandskräftig wird.[48]

Gem. Art. 222 iVm Art. 190a I 1 führten Verletzungen des formellen sowie materiellen Gesetzes[49] und des Gesellschaftsvertrages zur Anfechtbarkeit. Das Beschlussergebnis müsse zwar nicht auf der Verletzung beruhen, Verstöße, die das Ergebnis offensichtlich oder nachweisbar nicht beeinflusst haben, können die Anfechtung jedoch nicht begründen.[50] Klagebefugt waren gem. Art. 222 iVm

---

43 Statt aller *Staub*, in: Kommentar zum ADHGB, ²1894, Art. 238 § 9 mwN.

44 S.o. 2. Teil A. I. 1. d. ii.

45 S. Allgemeine Begründung zur ADHGB-Novelle 1884, abgedruckt in *Schubert/Hommelhoff* (Hrsg.), Hundert Jahre modernes Aktienrecht, 1985, S. 467: „Eine Befugnis des einzelnen Aktionärs, gesetz- oder statutenwidrige Beschlüsse der Generalversammlung als ungültig anzufechten, muß schon jetzt als bestehendes Recht angesehen werden.“

46 Renaud, in: *Busch* (Hrsg.), Archiv Handels- und Wechselrecht, 1884, S. 49 f.

47 Besondere Begründung zur ADHGB-Novelle 1884 zu Art. 190a, abgedruckt in *Schubert/Hommelhoff* (Hrsg.), Hundert Jahre modernes Aktienrecht, 1985, S. 492 f.; aA *Staub*, in: Kommentar zum ADHGB, ²1894, Art. 221, § 1; Art. 222, Einleitung: Anfechtungsrecht als Sonderrecht iF eines dem Aktionär unentziehbar zustehenden gesellschaftlichen Herrschaftsrechts.

48 S. Allgemeine Begründung zur ADHGB-Novelle 1884, abgedruckt in *Schubert/Hommelhoff* (Hrsg.), Hundert Jahre modernes Aktienrecht, 1985, S. 467.

49 *Staub*, in: Kommentar zum ADHGB, ²1894, Art. 222, § 1.

50 *Staub*, in: Kommentar zum ADHGB, ²1894, Art. 222, § 1.

Art. 190a II 3 alle in der Generalversammlung erschienenen Aktionäre, sofern sie gegen den Beschluss Widerspruch im Protokoll erklärt hatten,[51] sowie Nichterschienene, sofern sie die Anfechtung auf mangelhafte Einberufung stützten. In Abkehr zur ROHG-Rechtsprechung musste die Verletzung eines besonderen vermögensrechtlichen Interesses des anfechtenden Aktionärs nicht geltend gemacht werden.[52] Klagebefugt war zudem der Vorstand und zwar unabhängig von seinem Erscheinen und einer Widerspruchserklärung zu Protokoll. Gem. Art. 222 iVm Art. 190a I 2, II 2 musste die Klage innerhalb eines Monats gegen Vorstand sowie Aufsichtsrat, und wenn der Vorstand selbst klagte, nur gegen den Aufsichtsrat, also gerade nicht mehr gegen die Gesellschaft selbst gerichtet werden.[53] Art. 222 iVm Art. 190a II 3 legte die ausschließliche Zuständigkeit des Landgerichts am Sitz der betreffenden Gesellschaft fest. Dadurch sollte verhindert werden, dass „die Anfechtungsklage je nach Höhe des Interesses des Anfechtenden theils vor dem Amtsgericht, theils vor dem Landgerichte erhoben“ wird.[54] Gem. Art. 222 iVm Art. 190a IV 2 hatten die Gesellschafter das rechtskräftige Urteil unverzüglich zum Handelsregister einzureichen. Dieses musste nach Art. 222 iVm Art. 190a IV S. 3 eingetragen werden, wenn auch der Beschluss eingetragen worden war. Die Rechtskraft einer gerichtlichen Ungültigkeitserklärung erstrecke sich nicht nur auf die Anfechtungskläger, sondern auf alle Gesellschafter sowie die Gesellschaft selbst.[55]

Das Recht der Gesellschafter die Nichtigkeit von Generalversammlungsbeschlüssen unbefristet gerichtlich feststellen zu lassen, blieb im AG-Recht vorerst weiterhin unkodifiziert.

3. HGB von 1897

a. Allgemeines

Das HGB von 1897 regelte die Beschlussfassung der AG in den § 250 ff. Gem. § 259 I, II musste nun der gesamte Beschlussvorgang gerichtlich bzw. notariell

---

51 So bereits Oberappellationsgericht Berlin 20, 346.

52 *Staub*, in: Kommentar zum ADHGB, ²1894, Art. 222, § 1.; so später auch *Lehmann*, Recht der Aktiengesellschaft, Bd. 2, 1904, S. 225.

53 Renaud, in: *Busch* (Hrsg.), Archiv Handels- und Wechselrecht, 1884, S. 54: Gesellschaft und Aktionäre scheiden als Klagegegner aus, da für diese die Gültigkeit der Beschlüsse „möglicherweise ohne jegliches Interesse ist“.

54 S. Allgemeine Begründung zur ADHGB-Novelle 1884, abgedruckt in *Schubert/Hommelhoff* (Hrsg.), Hundert Jahre modernes Aktienrecht, 1985, S. 468.

55 Renaud, in: *Busch* (Hrsg.), Archiv Handels- und Wechselrecht, 1884, S. 56 f.

durch ein Beschlussprotokoll beurkundet werden, welches zudem „Art und Ergebnis der Beschlußfassung" beinhaltet.[56]

b. Beschlussfeststellung als Wirksamkeitsvoraussetzung

Inwieweit die Beschlussfeststellung Wirksamkeitserfordernis für den Beschluss der Generalversammlung ist, wurde auch zum HGB von 1897 vielfach im Zusammenhang mit dem nach § 259 vorgeschriebenen Inhalt der Protokollierungspflicht, insbes. mit der Auslegung des Begriffes „Ergebnis der Beschlußfassung", diskutiert: Ob der Gesetzgeber bei der Einführung dieses Begriffes vom Ergebnis der Abstimmung iSv Stimmenverhältnis oder vom Ergebnis des Beschlusses iSv Annahme oder Ablehnung ausging, war umstritten.[57]

i. Rechtsprechung

1911 konstatierte das RG, dass die Anfechtungsklage des § 271 HGB „ausdrücklich einen, wenn auch mangelhaften, Beschluss" voraussetze. Ein solcher Beschluss sei „erzeugt", wenn „in einer im wesentlichen ordnungsgemäß berufenen Generalversammlung einer Aktiengesellschafft eine Abstimmung stattgefunden" hat und „als Ergebnis der Abstimmung ein bestimmter Beschluß vom Vorsitzenden verkündet und vom Protokollführer gebucht" ist.[58]

1913 bestätigte das RG seine Entscheidung: „Beschluß der Generalversammlung und damit Gegenstand einer möglichen Anfechtung ist nur, was auf Grund der Abstimmung vom Verhandlungsleiter als Beschluß verkündet und im Protokolle beurkundet ist (vgl. § 259 HGB)."[59]

1926 befasste sich das RG mit einem Beschluss, der nicht verkündet wurde. Es entschied, dass die *besondere* Verkündung eines Beschlusses nicht nur keine Wirksamkeitsvoraussetzung ist, sondern ihr Unterlassen nicht einmal zur Anfechtbarkeit führt. Eine besondere Verkündung sei zwar meist „wünschenswert", aber eben nicht gesetzlich vorgeschrieben. Das Gericht war der Ansicht, dass es „im allgemeinen genüg(t), wenn sich aus dem Protokolle ergibt, welche Beschlüsse gefaßt sind (…)" und gegen dieses protokollierte Beschlussergebnis kein Widerspruch eingelegt wurde.[60]

---

56 Vgl. Begründung zum 1. Entwurf eines Handelsgesetzbuches für das Deutsche Reich 1895, abgedruckt in *Schubert* (Hrsg.), Quellen zum Handelsgesetzbuch von 1897, Bd. 2/1, 1988, S. 129.

57 Amtliche Begründung zu § 111 in: *Klausing*, AktG, 1937, S. 95.

58 RGZ 75, 239, 242 f.

59 RGZ 82, 182, 187.

60 RG JW 1926, 1813.

1926 und 1933 bestätigte das RG diese Rechtsprechung: Die Beschlussfeststellung müsse nicht durch einen Versammlungsleiter erfolgen bzw. diese sei auch rechtlich unerheblich, wenn „eine ganz unzweideutige protokollarisch festgelegte Willensäußerung der Generalversammlung vorliegt", die Gesellschafter also einhellig von einem bestimmten Beschlussergebnis ausgehen.[61]

Nach Ansicht des RG war die Beschlussfeststellung somit bereits vor der Einführung des § 111 II AktG 1937, der die Aufnahme der Verkündung durch einen Versammlungsleiter ins Protokoll ausdrücklich vorschrieb, konstitutiver Bestandteil des Beschlusses. Zudem hat sich das RG bereits darauf festgelegt, dass diese Feststellung nicht nur durch einen Versammlungsleiter, sondern auch durch die Generalversammlung selbst in Form der protokollarischen Verkündung erfolgen kann. Letztere müsse jedoch eindeutig und zudem einhellig bzw. widerspruchslos erfolgen.

ii. Literatur

In der Literatur war die Bedeutung der Beschlussfeststellung für die Wirksamkeit eines Beschlusses dagegen umstritten:

Eine MM verstand den Begriff „Ergebnis der Beschlußfassung" in § 259 I, II als Synonym für Beschlussergebnis und somit als Aussage darüber, ob die Versammlung den Antrag angenommen oder abgelehnt hat. Das Beschlussergebnis sei nicht gleichzusetzen mit dem Abstimmungsergebnis, sondern werde erst durch die Verkündung eines Vorsitzenden festgelegt.[62] Da jeder Beschluss zwingend gem. § 259 notariell oder gerichtlich zu protokollieren ist, stelle somit auch die Beschlussfeststellung des Versammlungsleiters einen zwingenden Bestandteil des Beschlusses dar.[63]

Nach der damaligen hM genügte für die Protokollierung des „Ergebnis der Beschlußfassung" allerdings die Beurkundung des zahlenmäßigen Abstimmungsergebnisses.[64]

---

61 RGZ 122, 102, 107; 142, 123, 127 ff.

62 *Lehmann*, in: Das Handelsgesetzbuch, Bd. 3, ³1933, § 259 Anm. 23; *Pinner*, in: Staub HGB, ⁹1912, § 259 Anm. 5; *Makower*, in: Handelsgesetzbuch mit Kommentar, Bd. 1, ¹²1901, § 259 Anm. II. b. 5., § 250 Anm. V. a. 5.; *Makower*, in: Handelsgesetzbuch mit Kommentar, Bd. 1, ¹³1906, § 259 Anm. II b. 5.; *Fürst*, LZ 1912, 506, 513.

63 *Lehmann*, in: Das Handelsgesetzbuch, Bd. 3, ³1933, § 259 Anm. 23; *Pinner*, in: Staub HGB, ⁹1912, § 259 Anm. 5.

64 *Herzfelder*, Stimmrecht, 1927, S. 156; *Goldschmit*, in: Die Aktiengesellschaft, 1927, § 295 Anm. 7; *Möhring*, Die Generalversammlung der Aktiengesellschaft und die Opposition, 1926, S. 148; *Horrwitz*, Das Recht der Generalversammlungen, 1913, S. 233; *Jacusiel*, Gültige und fehlerhafte Generalversammlungsbeschlüsse der Aktiengesellschaft,

Nach einer anderen Ansicht war die Beschlussfeststellung hingegen unabhängig des Protokollierungszwangs[65] bei allen Beschlüssen der Generalversammlung Wirksamkeitsvoraussetzung. Die reine Abstimmung stelle nur die interne Entscheidung dar und lasse den Beschluss noch nicht entstehen. Das Erklärte gelte als der von der Generalversammlung gebildete Wille der Gesellschaft.[66]

Das Hauptargument eines Teils der Vertreter dieser Ansicht war, dass der Beschluss als interne Handlungsanweisung an die Ausführungsorgane bzw. als unmittelbare Regelung interner Angelegenheiten eine Willenserklärung der Gesellschaft darstellt. Die Beschlussfeststellung sei gleich der Kundgabe des Willens natürlicher Personen Wirksamkeitsvoraussetzung des Beschlusses. Die Bedeutung der Beschlussfeststellung sei auch aus der Funktion des Beschlusses zu erklären. Er gebe den Organen den Verbandswillen vor. Die Organwalter seien daher darauf angewiesen, dass der Beschlussinhalt durch eine Verkündung eindeutig festgelegt wird.[67]

1928, S. 28; *Hueck*, Anfechtbarkeit und Nichtigkeit, 1927, S. 54; *Becher*, Die Protokollierung, 1929, S. 21 f.; *Fischer*, JW 1929, 1368.

65 *Becher*, Die Protokollierung, 1929, S. 20; *Bartholomeyczik*, ZHR 105 (1938), 293: Die Verhandlung, die zum Beschluss geführt hat, sei als tatsächlicher Vorgang Inhalt des Beschlusses; der Beschluss sei daher bereits vor Protokollierung erzeugt.

66 *Horrwitz*, Das Recht der Generalversammlungen, 1913, S. 71, 73; *Pißel*, Anfechtung und Nichtigkeit, 1913, S. 58 f.; *Fischer*, in: Ehrenberg (Hrsg.), Handbuch, Bd. 3, I, 1916, S. 191: zu protokollieren ist, „was als Wille der Kooperation (...) erklärt worden ist"; *Wall*, Die Anfechtung der Generalversammlungsbeschlüsse einer Aktiengesellschaft, 1912, S. 15, 18; *Nord*, Die Rechte des Aktionärs, 1925, S. 72; *Goldschmit*, in: Die Aktiengesellschaft, 1927, § 256 Anm. 16; *Brodmann*, in: Aktienrechtskommentar, 1928, § 259 Rn. 2a; *Becher*, Die Protokollierung, 1929, S. 21 f., 24 f.; *Teske*, Anfechtbarkeit und Nichtigkeit von Generalversammlungsbeschlüssen bei Aktiengesellschaften, 1930, S. 12; *Lehmann*, in: Das Handelsgesetzbuch, Bd. 3, [3]1933, § 250 Anm. 39 hinsichtlich aller „rechtsgeschäftlichen" Beschlüssen (vgl. 3. Teil C. II); *Vormbaum*, Beschluß der Generalversammlung, 1929, S. 18 f.; *Fischer*, JW 1929, 1368, 1379; *Heilbrunn*, JW 1927, 1358; *Fürst*, LZ 1912, 506, 511 f.

67 *Lehmann*, in: Das Handelsgesetzbuch, Bd. 3, [3]1933, § 259 Anm. 8 ff.; *Horrwitz*, Das Recht der Generalversammlungen, 1913, S. 71, 73; *Teske*, Anfechtbarkeit und Nichtigkeit von Generalversammlungsbeschlüssen bei Aktiengesellschaften, 1930, S. 12; *Becher*, Die Protokollierung, 1929, S. 20 f.; *Wall*, Die Anfechtung der Generalversammlungsbeschlüsse einer Aktiengesellschaft, 1912, S. 15, 18: Beschluss sei gleichzusetzen mit Willensäußerung, -bekundung; *Pißel*, Anfechtung und Nichtigkeit, 1913, S. 58 f.; *Vormbaum*, Beschluß der Generalversammlung, 1929, S. 18 f.; so auch für die schweizerische AG *Ensslin*, Das Recht auf Anfechtung, 1930, S. 61.

Für andere war der Beschluss gerade nicht mit einer Willenserklärung gleichzusetzen. Stattdessen stelle er einen körperschaftlichen Akt dar, der bereits aus dogmatischen Gründen nicht durch die bloße Abgabe der Stimmen, sondern erst durch die ausdrückliche oder stillschweigende Beschlussfeststellung zustande komme.[68] Die Gesellschafter müssen sich zuerst des Beschlussinhalts bzw. des Organwillens „bewusst" werden. Der Versammlungsleiter ermittle aus dem jeweiligen Willen der einzelnen Organmitglieder durch die Feststellung des Abstimmungsergebnisses den Willen des Organs und erzeuge den Beschluss anschließend durch dessen Kundgabe. Bei der Beschlussverkündung fungiere er als „Sprachrohr" des Organs Generalversammlung. Die Formung des Willens der einzelnen Organmitglieder zum Organwillen vollziehe sich innerhalb des Organs. Daher sei die Verkündung des gefassten Beschlusses „integrierender Bestandteil der Bildung des Organwillens" und gehöre der Beschlussfassung selbst an.[69]

Auch § 259 unterscheide zwischen der Beschlussfassung (Abs. 2), als die dem Beschluss vorhergehende Abstimmung, und dem Beschluss (Abs. 1) selbst, als dasjenige was die Gesellschaft nach außen erklärt. Aufgrund der „Vielheit" von Personen werde der Wille der Gesellschaft durch die Abstimmung ermittelt. Das Abstimmungsergebnis sei gleichzusetzen mit dem inneren Wille der Gesellschaft.[70]

Nach einer damaligen dritten Ansicht war die Verkündung eines Beschlusses für dessen Existenz nicht erforderlich. Bereits mit Abgabe der letzten Stimme sei der Antrag angenommen und der Beschluss gefasst.[71] Auch ein nicht verkündeter Beschluss könne tauglicher Anfechtungsgegenstand sein.[72] Für manche war der Beschluss allerdings vor Verkündung nur bloßes Gesellschaftsinternum gleich der „innerliche(n) Entschlußbildung der physischen Person", welcher noch keine rechtliche Wirkung entfaltet.[73]

---

68 *Brodmann*, in: Aktienrechtskommentar, 1928, § 252 1d, § 259 Rn. 2a; Beschlussverkündung ist Teil der Beschlussfassung: *Fürst*, LZ 1912, 506, 513; *Fischer*, JW 1929, 1368, 1369.

69 *Fürst*, LZ 1912, 506, 513; *Fischer*, JW 1929, 1368, 1369.

70 *Becher*, Die Protokollierung, 1929, S. 20 f.

71 *Tuhr*, AT, Bd. 1, 1910, S. 514.

72 *Möhring*, Die Generalversammlung der Aktiengesellschaft und die Opposition, 1926, S. 148; *Flechtheim*, FS Zitelmann, 1913, S. 1, 22; *Herzfelder*, Stimmrecht, 1927, S. 156; *Krause*, Gesellschafterbeschluß und Abstimmung, 1937, S. 40; *Pinner*, in: Staub HGB, ^{12}1926, § 256 Anm. 12; *Pinner*, in: Staub HGB, ^{14}1933, § 256 Anm. 12a.

73 *Flechtheim*, FS Zitelmann, 1913, S. 1, 22.

Viele Vertreter des Schrifttums haben sich der Bedeutung der Beschlussfeststellung als Wirksamkeitserfordernis noch gar nicht gewidmet.[74]

c. *Beschlussinhalt*

Ob sich der Beschlussinhalt (iSv Annahme oder Ablehnung des Beschlussantrags) bereits ipso iure durch Subsumtion des zahlenmäßigen Abstimmungsergebnisses unter Gesetz und Satzung formt oder, ob erst die (protokollierte) Beschlussfeststellung eines Vorsitzenden bzw. der Versammlung selbst den Inhalt festlegt, war umstritten – insbes. welchen Inhalt ein Generalversammlungsbeschluss hat, der zwar nicht die erforderliche Stimmenmehrheit erreichte, jedoch als positiver Beschluss verkündet bzw. beurkundet wurde.

Da ein mangelhafter Beschluss grundsätzlich nur anfechtbar, also wirksam ist und mit Ablauf der Anfechtungsfrist bestandskräftig wird, ist daher der Kern der Frage, ob die Beschlussfeststellung das Beschlussergebnis (vorläufig) festlegen kann und somit über die Klageobliegenheit entscheidet.

i. Rechtsprechung

Das Preußische KG hat 1907 angenommen, dass ein Beschluss ohne erforderliche Mehrheit nur dem Anschein nach vorliegt und somit in Wirklichkeit gar nicht vorhanden ist. Es handele sich um ein „juristisches Nichts". Auch die Protokollierung, dass ein dem Antrag angenommener Beschluss vorliege, lasse einen Beschluss nicht entstehen.[75]

Die Rechtsprechung des Preußischen KGs wurde allerdings bereits 1911 vom RG revidiert: Die Beschlussfeststellung eines Vorsitzenden bestimme (zumindest vorläufig) den Beschlussinhalt und entscheide dadurch auch über die Klageobliegenheit. Auf das tatsächliche Erreichen einer gesetzlich geforderten (erhöhten) Mehrheit komme es hingegen nicht an. Der Beschluss sei als Verbandswille maßgeblich für die Organe und auch bei einer „falschen" Verkündung liege der äußere Tatbestand eines ordnungsgemäß gefassten Beschlusses vor. Dass der Beschluss nicht die erforderliche Anzahl an Stimmen in sich vereinigen konnte, stelle lediglich einen anfechtbaren Verfahrensfehler dar.[76] Sollte es sich jedoch bei

---

74 So z.B. *Hueck*, Anfechtbarkeit und Nichtigkeit, 1927; *Möser*, Die Generalversammlung der Aktiengesellschaft, 1925; *Jacusiel*, Gültige und fehlerhafte Generalversammlungsbeschlüsse der Aktiengesellschaft, 1928; *Ritter*, HGB, 1910, § 250 ff.; *Lehmann*, Recht der Aktiengesellschaft, Bd. 2, 1904, S. 187 ff.; *Müller-Erzbach*, in: Deutsches Handelsrecht, ^{2}1928, S. 280.

75 KG OLGR 16, 93 f.

76 RGZ 75, 239, 242 f.; zustimmend RGZ 82, 182, 187; 142, 123, 127 f.

der Verkündung des Vorsitzenden um eine „reine Willkürmaßnahme" handeln und die Generalversammlung ihre Willensäußerung anhand eines „unzweideutigen" Protokolls festgelegt haben, sei nur letzteres maßgeblich.[77]

1928 und 1933 lag dem RG der umgekehrte Fall vor. Die erforderliche Mehrheit wurde erreicht. Der Versammlungsleiter verkündete jedoch die Ablehnung des Antrags. Das Gericht bestätigte auch hier nochmals, dass zum einen auch ein ablehnender Beschluss Beschlussqualität besitzt und dieser daher nur mittels Anfechtungsklage gerichtlich aufgehoben werden kann. Zum anderen, dass der (vorläufige) Inhalt des Beschlusses, iSv Annahme oder Ablehnung, nicht vom Abstimmungsergebnis, sondern allein von der Beschlussfeststellung abhängt, welche nicht zwingend durch einen Versammlungsleiter erfolgen muss.[78]

ii. Literatur

In Übereinstimmung mit dem RG legte auch nach der damaligen wohl hL grundsätzlich die protokollierte Beschlussfeststellung des Vorsitzenden den (vorläufigen) Beschlussinhalt fest und entschied somit über die Klageobliegenheit. Ein fehlerhaft festgestellter Beschluss könne aufgrund Verfahrensmangel angefochten werden.[79]

Die fixierende Wirkung der Beschlussfeststellung sei bereits damit zu erklären, dass sie Teil des Beschlussverfahrens selbst ist.[80] Zudem gebiete es der Vertrauensschutz und das praktische Bedürfnis der Statthaftigkeit der Anfechtungsklage: Die Aktionäre gingen von der Richtigkeit des verkündeten bzw. protokollierten Beschlussergebnisses aus und durften darauf auch vertrauen. Ein Aktionär, welcher gegen den Antrag gestimmt hatte, hätte daher keinen Anlass gehabt, Widerspruch zum notariellen Protokoll gegen einen als abgelehnt

77 RGZ 142, 123, 127 f.

78 RGZ 122, 102, 107; 142, 123, 127 ff.

79 *Lehmann*, in: Das Handelsgesetzbuch, Bd. 3, [3]1933, § 259 Anm. 11, 14; *Hueck*, Anfechtbarkeit und Nichtigkeit, 1927, Fn. 39 auf S. 50 f.; *Brodmann*, in: Aktienrechtskommentar, 1928, § 259 Rn. 2a; *Pinner*, in: Staub HGB, [9]1912, § 259 Anm. 5, § 271 Anm. 8; *Teske*, Anfechtbarkeit und Nichtigkeit von Generalversammlungsbeschlüssen bei Aktiengesellschaften, 1930, S. 13; *Nord*, Die Rechte des Aktionärs, 1925, S. 72 f.; *Herzfelder*, Stimmrecht, 1927, S. 156; *Becher*, Die Protokollierung, 1929, S. 25, 31 f.; *Pißel*, Anfechtung und Nichtigkeit, 1913, S. 59; *Heilbrunn*, JW 1927, 1358; *Horrwitz*, JW 1929, 1369 f.; *Fürst*, LZ 1912, 506, 511.

80 *Teske*, Anfechtbarkeit und Nichtigkeit von Generalversammlungsbeschlüssen bei Aktiengesellschaften, 1930, S. 13; *Hueck*, Anfechtbarkeit und Nichtigkeit, 1927, S. 85 f.; *Fürst*, LZ 1912, 506, 511 f.

festgestellten Beschluss aufgrund eines etwaigen Satzungs- oder Gesetzesverstoßes zu erklären. Würde dieser Beschluss nachträglich, entgegen der ursprünglichen Feststellung, als angenommen gelten, könnte er den Satzungs- bzw. Gesetzesverstoß nicht mehr im Wege der Anfechtungsklage geltend machen, da diese einen Widerspruch zu Protokoll während der Versammlung vorausgesetzt hätte. Eine alternative Statthaftigkeit der unbefristeten Feststellungsklage führe zudem zu großer Rechtsunsicherheit.[81]

Einschränkend machte *Hueck* eine Ausnahme, wenn die Verkündung des Vorsitzenden noch während der Versammlung von einem Aktionär angezweifelt wird. In diesem Fall lege bereits das tatsächliche Abstimmungsergebnis den Beschlussinhalt fest. Dadurch verhindere man, dass der Versammlungsleiter den Beschlussinhalt willkürlich bestimmen kann. Die Aktionäre können durch die allgemeine Feststellungsklage gerichtlich feststellen lassen, dass der Beschluss mit dem Inhalt, der sich aus der Subsumtion des zahlenmäßigen Abstimmungsergebnisses unter Gesetz und Satzung ergibt, beschlossen worden ist.[82] Auch *Becher* war der Ansicht, dass der Versammlungsleiter als „Sprachrohr" der Generalversammlung nicht gegen ihren Willen einen Beschlussinhalt festlegen kann. Sobald ein Aktionär Zweifel äußert, sei es „Sache der Generalversammlung darüber zu entscheiden", was sie als Beschluss verkündet haben möchte.[83]

Nach der damaligen Gegenansicht entschied nicht die Beschlussfeststellung eines Versammlungsleiters, sondern ausschließlich „die Zahl der für und wider den Antrag abgegebenen, gültigen[84] Stimmen" über das „tatsächliche" Beschlussergebnis.[85] Durch Subsumtion des Abstimmungsergebnisses unter Satzung und

---

81 *Lehmann*, in: Das Handelsgesetzbuch, Bd. 3, ³1933, § 259 Anm. 11, 14; *Hueck*, Anfechtbarkeit und Nichtigkeit, 1927, Fn. 39 auf S. 50 f.; *Brodmann*, in: Aktienrechtskommentar, 1928, § 259 Rn. 2a; *Pinner*, in: Staub HGB, ⁹1912, § 259 Anm. 5, § 271 Anm. 8; *Teske*, Anfechtbarkeit und Nichtigkeit von Generalversammlungsbeschlüssen bei Aktiengesellschaften, 1930, S. 13; *Nord*, Die Rechte des Aktionärs, 1925, S. 72 f.; *Herzfelder*, Stimmrecht, 1927, S. 156; *Becher*, Die Protokollierung, 1929, S. 32 f.; *Horrwitz*, JW 1929, 1369 f.; *Fürst*, LZ 1912, 506, 511 f.

82 *Hueck*, Anfechtbarkeit und Nichtigkeit, 1927, Fn. 39 auf S. 50 f., S. 55; so auch *Herzfelder*, Stimmrecht, 1927, S. 156.

83 *Becher*, Die Protokollierung, 1929, S. 25.

84 Nach *Horrwitz*, Das Recht der Generalversammlungen, 1913, S. 223 entscheide wiederum die Generalversammlung selbst über die Gültigkeit der Stimmen.

85 *Horrwitz*, Das Recht der Generalversammlungen, 1913, S. 71 f., 210, 228, 233; *Möhring*, Die Generalversammlung der Aktiengesellschaft und die Opposition, 1926, S. 148; *Weidler*, Generalversammlungsbeschluss AG, 1911, S. 25, 32.

Gesetz erhalte man den Beschlussinhalt Annahme bzw. Ablehnung.[86] Für den Fall, dass die Verkündung nicht dem tatsächlichen Stimmergebnis entspricht, stehe dem Gesellschafter die Feststellungsklage zu, dass der Beschluss mit diesem tatsächlichen Stimmergebnis gefasst wurde.[87]

Einem Versammlungsleiter fehle die Befugnis den Beschlussinhalt zu fixieren. Herrin der Beschlussfassung sei die Gesellschafterversammlung. Aus dem Umstand, dass das Gesetz das Amt des Versammlungsleiters kenne, könne noch nicht auf seine Feststellungskompetenz geschlossen werden. Ohne ausdrückliche Befugniszuweisung per Gesetz oder Satzung stehen einem Vorsitzenden nur diejenigen Rechte zu, die für die Leitung der Versammlung zwingend erforderlich sind. Der Versammlungsleiter habe lediglich dafür Sorge zu tragen, dass eine Versammlung ordnungsgemäß durchgeführt wird. Zu seinen Aufgaben zählen daher insbes. das Eröffnen und Schließen der Versammlung sowie das Verlesen der Beschlussanträge.[88] Der Versammlungsleiter sei nur „der Erste unter Gleichen" und nicht der „Vorgesetzte" der Versammlung.[89]

Jacusiel verneinte darüber hinaus die Möglichkeit, dem Versammlungsleiter statutarisch eine Beschlussfeststellungskompetenz mit konstitutiver Bedeutung einzuräumen. Die Rechtsstellung der Generalversammlung als oberstes Organ und einziges Willensbildungsorgan sei unabänderlich.[90]

d. *Zuständigkeit für die Beschlussfeststellung*

Das Amt des Versammlungsleiters war auch dem HGB von 1897 nicht fremd. So musste z.B. der Vorsitzende das Teilnehmerverzeichnis einer Generalversammlung nach § 258 S. 2 HS 2 unterzeichnen. Nach der damaligen hM war der Beschluss sogar anfechtbar, wenn die Unterschrift des Versammlungsleiters fehlte.[91] Daher wurde grundsätzlich jede Versammlung von einem Vorsitzenden

86 *Jacusiel*, Gültige und fehlerhafte Generalversammlungsbeschlüsse der Aktiengesellschaft, 1928, S. 28; *Möhring*, Die Generalversammlung der Aktiengesellschaft und die Opposition, 1926, S. 148.

87 *Horrwitz*, Das Recht der Generalversammlungen, 1913, S. 77. *Pinner*, in: Staub HGB, ^{12}1926, § 265 Anm. 12.

88 *Jacusiel*, Gültige und fehlerhafte Generalversammlungsbeschlüsse der Aktiengesellschaft, 1928, S. 24; *Horrwitz*, Das Recht der Generalversammlungen, 1913, S. 210.

89 *Horrwitz*, Das Recht der Generalversammlungen, 1913, S. 206.

90 *Jacusiel*, Gültige und fehlerhafte Generalversammlungsbeschlüsse der Aktiengesellschaft, 1928, S. 25.

91 Statt aller: *Goldschmit*, in: Die Aktiengesellschaft, 1927, § 258 Anm. 3 mwN.

geleitet.[92] Seine Bestellung folgte den gleichen Prinzipien wie unter Geltung des ADHGB von 1884[93].

Damit aber nicht bereits geklärt ist die Frage, ob dieser Vorsitzende, allein oder neben der Gesellschafterversammlung, beschlussfeststellungskompetent sein soll.

i. Rechtsprechung

Die Rechtsprechung ging davon aus, dass jedenfalls ein Versammlungsleiter für die Beschlussfeststellung zuständig ist.[94] Anstelle eines Vorsitzenden soll aber zudem die Versammlung selbst die Verkündung durch eine „unzweideutige protokollarisch festgelegte Willensäußerung" vornehmen können.[95]

ii. Literatur

Auch nach der damaligen hL war für die Beschlussfeststellung grundsätzlich ein Versammlungsleiter zuständig.[96]

Einige, die die Beschlussfeststellung als Wirksamkeitsvoraussetzung befürworteten, hielten daneben oder ausschließlich das Organ Generalversammlung für beschlussfeststellungskompetent:

Nach *Lehmann* und *Brodmann* war die förmliche Verkündung durch einen Vorsitzenden nur dann erforderlich, wenn es in der Generalversammlung streitig geblieben ist, „ob ein Beschluß angenommen ist oder nicht". Typische Gründe hierfür seien Zweifel an der erforderlichen Mehrheit sowie an der Gültigkeit einer Stimmabgabe. Bei Einigkeit aller Beteiligten über das Beschlussergebnis

---

92 So auch *Horrwitz*, Das Recht der Generalversammlungen, 1913, S. 198 f., der davon ausging, dass ein Versammlungsleiter nicht zwingend ist. Nach *Fischer*, JW 1929, 1368; *Fürst*, LZ 1912, 506, 513 muss jede Versammlung einen Vorsitzenden haben.

93 S. 2. Teil A. 2. c. Vgl. *Goldschmit*, in: Die Aktiengesellschaft, 1927, § 256 Anm. 12; *Lehmann*, in: Das Handelsgesetzbuch, Bd. 3, [3]1933, § 259 Anm. 40; *Lehmann*, Recht der Aktiengesellschaft, Bd. 2, 1904, S. 182; *Horrwitz*, Das Recht der Generalversammlungen, 1913, S. 199 f.; *Flechtheim/Wolff/Schmulewitz*, Die Satzungen der deutschen Aktiengesellschaft, 1929, S. 372 ff.

94 RGZ 75, 239, 242 f.; 75, 239, 242 f.; 122, 102, 107; 142, 123, 127 ff.

95 RGZ 122, 102, 107; 142, 123, 127.

96 *Lehmann*, Recht der Aktiengesellschaft, Bd. 2, 1904, S. 183; *Goldschmit*, in: Die Aktiengesellschaft, 1927, § 256 Anm. 16; *Lehmann*, in: Das Handelsgesetzbuch, Bd. 3, [3]1933, § 259 Anm. 8 ff.; *Horrwitz*, Das Recht der Generalversammlungen, 1913, S. 210, 221, 223; *Pinner*, in: Staub HGB, [9]1912, § 259 Anm. 5; *Teske*, Anfechtbarkeit und Nichtigkeit von Generalversammlungsbeschlüssen bei Aktiengesellschaften, 1930, S. 12 f.; *Fischer*, JW 1929, 1368; *Heilbrunn*, JW 1927, 1358; *Fürst*, LZ 1912, 506, 513.

könne daher auf eine förmliche Beschlussfeststellung durch einen Versammlungsleiter verzichtet werden. Weshalb sie in diesem Fall wohl davon ausgingen, dass die Generalversammlung selbst beschlussfeststellungskompetent ist.[97]

Horrwitz dagegen hielt gerade bei Zweifel über das Ergebnis des Beschlusses ausschließlich die Generalversammlung für die Beschlussfeststellung zuständig.[98]

Nach *Fischer* und *Becher* wiederum war das Organ Generalversammlung immer selbst zuständig. Es bediene sich idR eines Versammlungsleiters als „Sprachrohr". Seine Willensäußerung stelle eine solche des Organs dar, „solange die versammelten Aktionäre nicht das Gegenteil bekunden".[99]

e. Beschlussmängel

Die grundsätzliche Einteilung in Nichtigkeits- und Anfechtungsgründe wurde beibehalten. Ein Beschluss sei nur dann nichtig, wenn er gegen zwingende Gesetzesvorschriften verstößt, welche nicht bloß die Interessen der vorhandenen Aktionäre berühren, sondern der Sicherung der Gläubiger oder dem Schutz des Publikums dienen.[100] Selbst Verstöße gegen wesentliche Formvorschriften seien „unschädlich", wenn sich der Verstoß nicht auf das Abstimmungsergebnis ausgewirkt hat.[101] Welche Vorschriften „zwingend" sind, war stark umstritten.

Nur nach einer damaligen MM waren auch anfechtbare Beschlüsse rechtsungültig und nichtig. Solange deren Nichtigkeit jedoch nicht durch rechtskräftiges Urteil festgestellt wurde, sollen sie als „rechtsgültig gelten".[102]

f. Beschlussmängelklage

Die §§ 271–273 regelten die Anfechtungsklage. § 271 IV erklärte neben den Aktionären auch die einzelnen Mitglieder des Vorstands und des Aufsichtsrats für klagebefugt, wenn die Ausführung des zu überprüfenden Beschlusses für diese Mitglieder strafbar wäre oder sie sich gegenüber Gesellschaftsgläubigern

---

97 Vgl. dazu *Lehmann*, in: Das Handelsgesetzbuch, Bd. 3, ³1933, § 259 Anm. 8 ff.; *Brodmann*, in: Aktienrechtskommentar, 1928, § 259 Rn. 2a.

98 *Horrwitz*, Das Recht der Generalversammlungen, 1913, S. 221.

99 *Becher*, Die Protokollierung, 1929, S. 24 f.; nach *Fischer*, JW 1929, 1368, 1368 f. war eine Generalversammlung ohne Vorsitzenden nicht handlungsfähig.

100 Denkschrift zu dem Entwurf eines Handelsgesetzbuchs, 1897, S. 164; *Wall*, Die Anfechtung der Generalversammlungsbeschlüsse einer Aktiengesellschaft, 1912, S. 18 ff.; *Müller-Erzbach*, in: Deutsches Handelsrecht, ²1928, S. 280.

101 RGZ 105, 373, 374; *Müller-Erzbach*, in: Deutsches Handelsrecht, ²1928, S. 284.

102 *Horrwitz*, Das Recht der Generalversammlungen, 1913, S. 75.

haftbar machen würden. Passivlegitimiert sollte gem. § 272 I nur noch die Gesellschaft sein, die durch Vorstand, sofern dieser nicht selbst klagt, und Aufsichtsrat vertreten wird. Die Wirkung eines stattgebenden Urteils legte § 273 I nun ausdrücklich fest: Es entfaltet seine Rechtskraft gegenüber der Gesellschaft und gegenüber allen Aktionären, unabhängig davon, ob diese Partei der Beschlussmängelklage sind.

Die besondere aktienrechtliche Nichtigkeitsklage blieb vorerst weiterhin gesetzlich ungeregelt. Nach damaliger, allgemeiner Meinung war die Nichtigkeit durch die unbefristete allgemeine Feststellungsklage gem. § 231 ZPO aF (entspricht § 256 ZPO nF) gerichtlich geltend zu machen.[103] Bei Feststellungsklagen eines Aktionärs oder eines Gesellschaftsorgans befürwortete ein Teil der Literatur die partielle analoge Anwendung der Vorschriften der aktienrechtlichen Anfechtungsklage, so insbes. hinsichtlich der Rechtskrafterstreckung, der Passivlegitimation und der ausschließlichen Zuständigkeit des Landgerichts.[104]

4. *AktG von 1937*

a. *Allgemeines*

Nach siebenjährigen Reformarbeiten hat der Gesetzgeber das Aktienrecht aus dem HGB herausgenommen, sc. verselbstständigt, und umfassend neu geregelt. Einzug erhielt zum einen das sog. „Führerprinzip“[105], indem die Weisungsgebundenheit des Vorstands gegenüber der Gesellschafterversammlung (fortan Hauptversammlung) abgeschafft wurde. Gem. §§ 70 I, 103 II leitet der Vorstand die Gesellschaft in eigener Verantwortung. Dadurch verlor die Hauptversammlung ihre Stellung als „oberste(r) Verwaltungsträger“.[106]

Zum anderen schrieb § 111 I, II nun ausdrücklich vor, dass in die notarielle Niederschrift, neben Art und Ergebnis der Abstimmung, die Feststellung des Vorsitzers über das Beschlussergebnis (iSv Annahme oder Ablehnung des

---

103 *Teske*, Anfechtbarkeit und Nichtigkeit von Generalversammlungsbeschlüssen bei Aktiengesellschaften, 1930, S. 86; *Horrwitz*, Das Recht der Generalversammlungen, 1913, S. 123.

104 *Hueck*, Das Recht der Generalversammlungsbeschlüsse und die Aktienrechtsreform, 1933, S. 56 f; *Hueck*, Anfechtbarkeit und Nichtigkeit, 1927, S. 237 ff.; *Brodmann*, in: Aktienrechtskommentar, 1928, § 273 Rn. 1b; *Teske*, Anfechtbarkeit und Nichtigkeit von Generalversammlungsbeschlüssen bei Aktiengesellschaften, 1930, S. 87 ff.; ablehnend *Horrwitz*, Das Recht der Generalversammlungen, 1913, S. 123 f.

105 *Klausing*, AktG, 1937, S. 60.

106 S. Amtliche Begründung zu §§ 195 ff., abgedruckt in: *ders.*, AktG, 1937, S. 56.

Antrags) anzugeben ist.[107] Der Streit über die Tatbestände des § 259 HGB von 1897 hatte sich damit erledigt.

b. *Beschlussfeststellung als Wirksamkeitsvoraussetzung*

Auch wenn die Aufnahme einer Beschlussfeststellung eines Versammlungsleiters in die notarielle Beurkundung nun gesetzlich vorgeschrieben und der Beschluss ohne förmliche Feststellung gem. § 195 Ziff. 2 nun ohnehin nichtig war, blieb die Bedeutung der Beschlussfeststellung als Wirksamkeitserfordernis nicht gänzlich unumstritten.

i. Rechtsprechung

1938 lag dem LG Berlin ein Fall vor, bei dem ein Alleinaktionär einen Beschluss zwar notariell beurkunden ließ, die Niederschrift jedoch keine Beschlussfeststellung eines Versammlungsleiters enthielt. Das Gericht entschied, dass die Formvorschriften des § 111 grundsätzlich zwingend sind. Da die Beurkundung von Abstimmungs- und Beschlussergebnis die Nachprüfung der Vorgänge in der Hauptversammlung hinsichtlich Abstimmung und Beschlussfassung ermöglicht und dadurch nicht nur Aktionäre, sondern auch Gläubiger der Gesellschaft und die Öffentlichkeit schützt, gelte diese Formvorschrift sogar bei Universalversammlungen. Im Fall der Einmann-AG sei jedoch eine Ausnahme zu machen, da die Kundgabe des Entschlusses des Alleinaktionärs zu Protokoll diesen Schutzzweck ebenso verwirkliche.[108]

Im gleichen Jahr musste sich auch das KG mit den Voraussetzungen eines „Beschlusses" eines Alleinaktionärs befassen: Eine Ausnahme der an sich zwingenden Formvorschrift des § 111 II könne nur dann gerechtfertigt sein, wenn ihr Zweck auch anderweitig erreicht wird. Die Feststellung eines Vorsitzers über die Beschlussfassung sei eine „Feststellung dahin, daß ein Beschluß bestimmten Inhalts mit der dafür notwenigen Mehrheit, also äußerlich wirksam, gefaßt sei". Diese Feststellung stelle die Rechtslage klar und sei „sichere Unterlage" für eine etwaige Anfechtungs- oder Nichtigkeitsklage. Bei einer Einmanngesellschaft habe diese Feststellung lediglich den Inhalt, „daß mit der zum Zwecke der Herbeiführung eines Versammlungsbeschlusses abgegebenen und vom Notar niedergeschriebenen Erklärung des alleinigen Gesellschafters ein entsprechender Beschluss zustande gekommen sei". Da dies in einer Einmanngesellschaft eine

107 Der Wortlaut dieser Vorschrift ist bis heute im Wesentlichen unverändert geblieben.
108 LG Berlin JW 1938 1034, 1035.

Selbstverständlichkeit sei, stelle die formelle Beschlussfeststellungspflicht hier eine „leere Formalität" dar und sei deshalb lediglich fakultativ.[109]

Den Gerichten lagen, wohl angesichts der eindeutigen Formvorschrift des § 111 II und der Nichtigkeitsandrohung in § 195 Ziff. 2, nur noch wenige Fälle vor, in denen der Beschluss nicht am Ende der Versammlung von einem Versammlungsleiter verkündet wurde. Ausnahmen bildeten nur die Einmann-„Beschlüsse". Aufgrund der eindeutigen Verhältnisse sei hier grundsätzlich die Verkündung durch die Versammlung selbst ausreichend.

ii. Literatur

Aufgrund der Nichtigkeitsfolge bei Fehlen der förmlichen Feststellung nach § 195 Ziff. 2 wurde auch im Schrifttum die Bedeutung der Beschlussfeststellung als Wirksamkeitsvoraussetzung anfangs etwas stiefmütterlich behandelt.[110]

Godin und *Wilhelmi* hingegen betonten bereits 1937, dass Beschlüsse der Hauptversammlung, unabhängig von der Pflicht zur notariellen Beurkundung und unabhängig von einer etwaigen Empfangsbedürftigkeit gegenüber Dritten, „notwendigerweise" zu erklären sind.[111] Eine *förmliche* Feststellung durch einen Versammlungsleiter sei nur aufgrund der Einführung von § 111 II verpflichtender Formbestandteil der notariellen Beurkundung.[112]

Dieser Ansicht schlossen sich in den darauf folgenden Jahren einige namhafte Vertreter des Schrifttums an: Die Beschlussfassung sei lediglich mit der Abstimmung gleichzusetzen. Der Beschluss stelle „die *Kundgebung* eines Organs der Gesellschaft" dar.[113] Ohnehin schreibe § 111 II nur die bereits gängige Praxis vor, das Beschlussergebnis durch einen Versammlungsleiter feststellen zu lassen. Damit sollen insbes. auch mögliche Zweifel über das Abstimmungsergebnis beseitigt werden. Gerade bei eindeutigen Ergebnissen müsse daher keine *förmliche* Feststellung durch einen Versammlungsleiter erfolgen. Bei der Einmanngesellschaft reiche beispielsweise die Kundgabe des Alleinaktionärs aus.[114]

---

109 KG JW 1938, 1901, 1902.

110 Vgl. *Teichmann*, AktG, 1937, § 111 Nr. 1b, c; *Schlegelberger/Quassowski/Herbig u.a.*, AktG, ³1939, § 111 Rn. 7.

111 *Godin/Wilhelmi*, AktG, 1937, § 103 Anm. I.

112 *Godin/Wilhelmi*, AktG, 1937, § 110 Anm. I; vgl. auch *Ballerstedt*, GmbHR 1955, 160, 161: § 111 II sei nur die „gesetzgeberische Anerkennung der Rechtsfortbildung", nach der die Beschlussfeststellung für das Zustandekommen eines Beschlusses konstitutiv ist.

113 *Ritter*, in: Ritter/Ritter (Hrsg.), AktG, ²1939, § 103 Anm. 3c.

114 *Ritter*, in: Ritter/Ritter (Hrsg.), AktG, ²1939, § 119 Anm. 5; *Teichmann/Koehler*, AktG, ³1950, § 111 Anm. 1 c.; vgl. auch *Hueck*, in: Baumbach/Hueck (Hrsg.), AktG, ⁶1949,

Ausführlich widmete sich wohl erst *Zöllner* 1963 der Bedeutung der Feststellung des Beschlussergebnisses für die Wirksamkeit des Beschlusses.[115] Jedenfalls in der AG stelle diese Feststellung ein konstitutives Element des Beschlusses dar.[116] Zwar verpflichte § 111 II zur Aufnahme der förmlichen Beschlussfeststellung in die Niederschrift grundsätzlich nur dann, *wenn* die Verkündung auch tatsächlich erfolgte. § 195 Ziff. 2 fordere jedoch die Nichtigkeit für *jeden* Beschluss, dessen Niederschrift die Beschlussfeststellung eines Versammlungsleiters nicht beinhaltet. Aus diesem, nicht differenzierenden Nichtigkeitskatalog folge daher, dass nach dem gesetzgeberischen Willen jeder Beschluss zwingend festzustellen ist.[117]

Nach der damaligen Gegenansicht war die Beschlussfeststellung kein Bestandteil des Beschlussverfahrens. Sie sei stattdessen gleich der Beurkundung ein nachfolgender Akt, der sich nicht auf die Existenz des Beschlusses auswirke. Die Gesellschaft erfülle mit der Verkündung des Beschlussergebnisses lediglich ihre Pflicht den Gesellschaftern darüber Auskunft zu erteilen, was sie als Beschluss ansieht und ausführen lässt. Da die Gesellschafter etwaige Anfechtungsklagen bereits während der Versammlung durch Erklärung des Widerspruchs zur Protokoll „ankündigen" müssen, sei ihnen zwingend bereits zu diesem Zeitpunkt das Ergebnis des Beschlussverfahrens mitzuteilen.[118]

c. *Beschlussinhalt*

Bereits nach der damaligen ganz hM legte die Beschlussfeststellung den Beschlussinhalt – unabhängig vom tatsächlich erzielten Abstimmungsergebnis – (vorläufig) fest.[119]

Nach einer MM kam es selbst bei förmlicher Feststellung grundsätzlich nur auf das „materielle" Ergebnis an.[120] Nach Ablauf der Anfechtungsfrist führte aber auch diese MM zum gleichen Ergebnis: Um die Gesellschaft keinem längeren

---

§ 111 Anm. 3 A; *Baumbach*, AktG, 1937, § 102 Anm. 2 A: Beschlussfeststellung durch Versammlungsleiter nur soweit Ergebnis nicht offensichtlich ist.

115 *Zöllner*, Schranken, 1963, S. 392 ff.

116 *Ders.*, Schranken, 1963, S. 393.

117 *Ders.*, Schranken, 1963, S. 393.

118 *Bartholomeyczik*, ZHR 105 (1938), 293, 299, 311 ff.

119 KG JW 1938, 1901, 1902; *Godin/Wilhelmi*, AktG, 1937, § 111 Anm. II 1, 5; *Ballerstedt*, GmbHR 1955, 160, 161.

120 *Schlegelberger/Quassowski/Herbig u.a.*, AktG, [3]1939, § 111 Rn. 7 a.E.; *Ritter*, in: Ritter/Ritter (Hrsg.), AktG, [2]1939, § 103 Anm. 5.

Schwebezustand auszusetzen, werde „der Nichtbeschluß zum Beschluß, wenn nicht erfolgreich angefochten wird".[121]

d. Zuständigkeit für die Beschlussfeststellung

§ 111 II legte nach der hM grundsätzlich die ausschließliche Zuständigkeit eines Versammlungsleiters für die Beschlussfeststellung gesetzlich fest.[122]

e. Bestellung des Versammlungsleiters

Wem die Leitung der Versammlung zustehen soll, regelte auch das AktG von 1937 nicht. Daher bestimmte weiterhin oftmals die Satzung, dass der Vorsitzende des Aufsichtsrats den Vorsitz führt. Enthielt die Satzung hingegen keine Angaben über die Person des Versammlungsleiters, wählte die Hauptversammlung diesen per Beschluss.[123]

f. Beschlussmängel und prozessuale Geltendmachung

Erstmals wurde die aktienrechtliche Nichtigkeitsklage normiert. Dadurch erledigte sich der bei Geltung des HGB 1897 noch geführte Streit um die analoge Anwendung der Vorschriften der aktienrechtlichen Anfechtungsklage.[124]

Neu war auch der weitestgehend abschließende Katalog von Nichtigkeitsgründen in § 195 und deren Heilbarkeit in § 196. Ziff. 2 des Katalogs bestimmte, dass die fehlende Angabe der Beschlussfeststellung durch einen Vorsitzenden zur Nichtigkeit des Beschlusses führt. Eine „falsche" Beschlussfeststellung, d.h. eine Ergebnisfeststellung, die nicht das tatsächlich erreichte Abstimmungsergebnis widerspiegelt, stellte mangels Aufzählung im Nichtigkeitskatalog nach ganz hM nur einen Anfechtungsgrund dar.[125]

Vor der Aktienrechtsnovelle 1937 war die Einteilung der Beschlussmängel in Anfechtungs- und Nichtigkeitsgründe in Literatur sowie Rechtsprechung stark umstritten und oft richterlicher Willkür unterworfen.[126] Dies führte zur

---

121 *Ritter*, in: Ritter/Ritter (Hrsg.), AktG, ²1939, § 119 Anm. 5.

122 Zur Zuständigkeit des Einmann-Aktionärs vgl. 2. Teil A. I. 4. b. i., ii.

123 So bereits *Godin/Wilhelmi*, AktG, 1937, § 110 Anm. I; *Ritter*, in: Ritter/Ritter (Hrsg.), AktG, ²1939, § 103 Anm. 5.

124 S. 2. Teil A. I. 3. f.

125 Vgl. Nachweise bei *Ritter*, in: Ritter/Ritter (Hrsg.), AktG, ²1939, § 103 Anm. 5.

126 Beispiel: Nichterreichen der erforderlichen Mehrheit als Nichtigkeits- oder Anfechtungsgrund, s. 2. Teil A I. 1. 3. e.; vgl. *Hueck*, Das Recht der Generalversammlungsbeschlüsse und die Aktienrechtsreform, 1933, S. 16 f.; *Schlegelberger/Quassowski/Herbig u.a.*, AktG, ³1939, Vor § 195; *Ritter*, in: Ritter/Ritter (Hrsg.), AktG, ²1939, § 195 Anm.

einer unzumutbaren Rechtsunsicherheit, da nichtige Beschlüsse von Anfang an „null und nichtig" sind, ohne dass es einer gerichtlichen Aufhebung bedarf, und diese Nichtigkeit gegenüber jedermann gilt. Zudem sind weder die Feststellungsklage nach § 256 ZPO noch die nun kodifizierte aktienrechtliche Nichtigkeitsklage einer Klageerhebungsfrist unterworfen. Zweck der Einführung eines abschließenden Katalogs an Nichtigkeitsgründen war es daher, die bereits bei Kodifizierung der befristeten Anfechtungsklage im Jahr 1884 intendierte Rechtssicherheit hinsichtlich der Bestandskraft von mangelhaften Beschlüssen zu erreichen.[127]

5. *AktG von 1965*

a. Allgemeines

Im Zuge der Großreform des AktG 1965 „zogen" die für den Hauptversammlungsbeschluss relevanten Vorschriften ohne wesentliche inhaltliche Änderungen „um".[128] Die Beschlussfeststellung ist nun in § 130, die Vorschriften zu Beschlussmängel und ihrer prozessualen Geltendmachung in den §§ 241 ff. AktG zu finden.

b. Beschlussfeststellung

i. Rechtsprechung

1973 hat sich das BayObLG ausdrücklich dazu geäußert, dass der Versammlungsleiter nicht nur das Abstimmungs-, sondern auch das Beschlussergebnis festzustellen hat. Aus der Aufnahmepflicht der Beschlussfeststellung in die Niederschrift gem. § 130 II AktG und mit Hinblick auf den Beginn der Anfechtungsfrist ergebe sich zwingend, dass ein Versammlungsleiter den Beschluss zuvor festzustellen und bekanntzugeben hat. Eine Ausnahme sei nur dann gerechtfertigt, wenn diese Feststellung „zu einer bloßen Formalität" absinkt. Die bloße Feststellung des Stimmenverhältnisses reiche daher insbes. bei der Einmann-Gesellschaft und bei Einstimmigkeit aus.[129]

2; *Lehmann*, Gesellschaftsrecht, ²1959, S. 254; *Gierke*, Handelsrecht, ⁸1958, S. 316 f.; *Scholz*, GmbHR 1952, 161, 163; *Schmidt*, AG 1977, 243, 244.

127 S. Amtliche Begründung zu §§ 195 ff, abgedruckt in: *Klausing*, AktG, 1937, S. 171 f.

128 Vgl. dazu auch *Hueck*, Gedanken zur Reform des Aktienrechts und des GmbH-Rechts, 1963.

129 BayObLG NJW 1973, 250, 251.

ii. Literatur

Nach den Ausführungen *Zöllners*[130] befasste sich auch die Kommentarliteratur ausführlicher mit der Bedeutung der Beschlussfeststellung:

Einige Vertreter erklärten die Beschlussfeststellung zur „Perfektion" der einzelnen Stimmabgaben zum Beschluss der Gesellschafterversammlung. Sie sei deshalb zwingend vorzunehmen, da im Gegensatz zur Vertragsschließung den Gesellschaftern bei der Abstimmung die Stimmen ihrer Mitgesellschafter nicht einander zugehen oder ihnen bekanntgemacht werden müssen, das Beschlussergebnis ihnen somit andernfalls uU nicht bewusst sei. Die Feststellung des Beschlussergebnisses sei die Zusammenfassung der einzelnen Stimmabgaben der Gesellschafter zum Beschluss der Gesellschaft. Sie bilde den rechtlichen Abschluss, die Vollendung der Beschlussfassung und habe daher für den Beschluss konstitutive Bedeutung.[131] *Larenz* definiert den Beschluss als „in Worte gefaßtes Ergebnis (Verlautbarungen) der Willensbildung einer Personenvereinigung, einer Gesellschaft, einer Körperschaft".[132] Nicht bereits der gebildete, sondern der verlautbarte Wille könne ein Beschluss sein. Andere sahen den Grund der Kodifizierung der Beschlussfeststellung darin, dass der Gesetzgeber die missglückte Rechtsprechung, nach der die Verkündung kein wesentlicher Bestandteil des Beschlusses sei, korrigieren wollte. Erst die Verkündung schaffe einen Klagegegenstand gegen den sich die Beschlussmängelklagen richten können.[133]

Weiterhin befürworteten einige, dass die Beschlussfeststellung, jedenfalls bei offener Abstimmung, auch „ohne Formalität", also ohne Versammlungsleiter erfolgen kann.[134]

Für andere ist die konstitutive Bedeutung der Beschlussfeststellung eine Besonderheit des AktG, die nur auf die Einführung der Vorschrift § 130 I, II bzw. § 111 II AktG 1937 zurückzuführen ist.[135]

Die Gegenansicht wiederum beharrte darauf, dass die Beschlussfeststellung bereits nach der Rechtsgeschäftslehre nicht konstitutiv für den Beschluss ist.

---

130 *Zöllner*, Schranken, 1963, S. 392 ff.

131 *Würdinger*, in: Aktien- und Konzernrecht, ²1966, S. 144 f.; *Würdinger*, Aktienrecht, ⁴1981, S. 144; iE zustimmend *Dietz*, in: Gesellschaftsrecht, ³1970, S. 60.

132 *Larenz*, Allgemeiner Teil des deutschen Bürgerlichen Rechts, ⁷1989, S. 320 f.

133 *Geßler*, in: Geßler/Hefermehl/Eckardt u.a. (Hrsg.), AktG, 1973, § 130 Rn. 27.

134 *Würdinger*, in: Aktien- und Konzernrecht, ²1966, S. 144 f.; *Würdinger*, Aktienrecht, ⁴1981, S. 144.

135 *Wiedemann*, Gesellschaftsrecht, Bd. 1, 1980, S. 177; *Noack*, Fehlerhafte Beschlüsse in Gesellschaften und Vereinen, 1989, S. 123 Fn. 43.

Der Beschluss ergebe sich bereits ipso iure nach der letzten Stimmabgabe. Die Beschlussfeststellung sei nur gesetzliches Formerfordernis, die sich nicht auf die Wirksamkeit eines Beschlusses auswirkt.[136]

c. *Beschlussinhalt*

Nach der inzwischen wohl allgemeiner Meinung legte allein die Beschlussfeststellung des Versammlungsleiters das Beschlussergebnis fest.[137]

6. *AktG ab 1994*

a. *Allgemeines*

Das „Gesetz für kleine Aktiengesellschaften und zur Deregulierung des Aktienrechts" von 1994 unterscheidet erstmals zwischen börsennotierter und nichtbörsennotierter AG.[138] Die Börsennotierung ist in § 3 II AktG legaldefiniert. Zweck des Gesetzes ist es, mittelständischen Unternehmen einen Anreiz zum Wechsel in die Rechtsform der AG zu geben. Um diesen Zweck zu erreichen, mildert das Gesetz für die nicht-börsennotierte AG, sc. kleinere Gesellschaft mit überschaubarem Aktionärskreis, Formalitäten ab, die für die Regulierung und Überwachung der bis dato typischen AG als große Publikumsgesellschaft eingeführt wurden.[139] So unterliegen Beschlüsse der nicht-börsennotierten AG, soweit sie gesetzlich keiner Dreiviertel- oder größeren Mehrheit bedürfen, gem. § 130 I 3 keiner notariellen Beurkundungspflicht mehr. Diese Formvorschrift stelle in einer personalistischen AG nur einen „unnötigen und die Rechtsform belastenden Kostenfaktor" dar.[140] Eine vom Vorsitzenden des Aufsichtsrats bzw. vom Versammlungsleiter[141] zu unterzeichnende Niederschrift (= privatschriftliche

---

136 *Schilling*, FS Ballerstedt, 1975, S. 257, 263; *Baltzer*, Der Beschluß, 1965, S. 126 f.; *Winnefeld*, DB 1972, 1053, 1054 f.

137 *Zöllner*, Schranken, 1963, S. 397; *Würdinger*, in: Aktien- und Konzernrecht, ²1966, S. 145; *Wilhelmi*, in: Godin/Wilhelmi (Hrsg.), AktG, ⁴1971, § 130 Anm. 1; *Würdinger*, Aktienrecht, ⁴1981, S. 144.

138 Ende 1993 waren von ca. 3500 AG nur 664 an der Börse zugelassen (Quelle: Statista: https://de.statista.com/statistik/daten/studie/6939/umfrage/aktiengesellschaften-in-deutschland-1986-bis-2008/; zuletzt aufgerufen am 18.02.2019).

139 Vgl. BT-Drucks. 12/6721, S. 5; *Bezzenberger*, FS Schippel, 1996, S. 361, 362 f. krit.: *Hoffmann-Becking*, ZIP 1995, 1, 7 f.

140 Vgl. BT-Drucks. 12/6721, S. 7.

141 OLG Karlsruhe NZG 2013, 1261, 1265; *Pöschke/Vogel*, in: Reichert (Hrsg.), Arbeitshandbuch für die Hauptversammlung, ⁴2018, § 13 Rn. 93; *Hüffer/Schäfer*, in: MüKo AktG, ⁴2016, § 241 Rn. 40.

Niederschrift) sei ausreichend – aber auch erforderlich. Die aktienrechtlichen Anforderungen an den Inhalt der Niederschrift sowie die Folgen eines etwaigen Verstoßes blieben unverändert.[142]

b. Beschlussfeststellung als Wirksamkeitsvoraussetzung

i. Grundsatz

Meist ohne nähere Begründung sieht die ganz hM im Aktienrecht die Feststellung des Beschlussergebnisses gleich der Antragsstellung und Stimmabgabe als zwingenden Tatbestand des Beschlussverfahrens selbst und damit als zwingenden Bestandteil des Beschlusses oder als schlichte Wirksamkeitsvoraussetzung an. Der Beschluss sei nicht nur Willensbildung, sondern auch Willens*äußerung* der Hauptversammlung. Die Feststellung des Vorsitzenden sei für die Wirksamkeit des Beschlusses daher von konstitutiver Bedeutung und nicht nur Formerfordernis: Erst mit der Beschlussverkündung werde der Beschluss wirksam. Ohne Beschlussfeststellung liege gar kein Beschluss vor, auch kein nichtiger oder anfechtbarer. Die Unwirksamkeit eines nichtfestgestellten Beschlusses könne bei Vorliegen eines berechtigten Interesses gem. § 256 I ZPO festgestellt werden.[143] Für einige ist die konstitutive Wirkung der Beschlussfeststellung lediglich auf die

---

142 Vgl. dazu *Noack*, Liber Amicorum Happ, 2006, S. 201, 207; *Pöschke/Vogel*, in: Reichert (Hrsg.), Arbeitshandbuch für die Hauptversammlung, 42018, § 13 Rn. 92 f.; *Hüffer/Schäfer*, in: MüKo AktG, 42016, § 241 Rn. 40; *Mülbert*, in: Hirte/Mülbert/Roth (Hrsg.), Großkomm AktG, 52017, § 130 Rn. 75; *Bezzenberger*, FS Schippel, 1996, S. 361, 365.

143 *Grundmann*, in: Hopt/Wiedemann (Hrsg.), Großkomm AktG, 42008, § 133 Rn. 2, Rn. 131; *Austmann*, in: MHdB, Bd. 4, 42015, § 40 Rn. 47 ff.; *Tröger*, in: Kölner Kommentar AktG, 32019, § 133 Rn. 179; *Mülbert*, in: Hirte/Mülbert/Roth (Hrsg.), Großkomm AktG, 52017, Vor §§ 118 Rn. 30; *Ziemons*, in: Schmidt/Lutter (Hrsg.), AktG, 32015, § 130 Rn. 22; *Wachter*, in: AktG, 32018, § 130 Rn. 51; *Kubis*, in: MüKo AktG, 42018, § 130 Rn. 62; *Spindler*, in: Schmidt/Lutter (Hrsg.), AktG, 32015, § 133 Rn. 37; *Pöschke/Vogel*, in: Reichert (Hrsg.), Arbeitshandbuch für die Hauptversammlung, 42018, § 13 Rn. 52; *Wicke*, in: Spindler/Stilz (Hrsg.), AktG, 42019, § 130 Rn. 52; *Koch*, in: Koch/Hüffer (Hrsg.), AktG, 132018, § 130 Rn. 22 f.; *Hüffer/Schäfer*, in: MüKo AktG, 42016, § 241 Rn. 8a; *Altmeppen*, in: Roth/Altmeppen (Hrsg.), GmbHG, 92019, § 47 Rn. 3 ff.; *Ernst*, Liber Amicorum Leenen, 2012, S. 1, 9 ff., 25 ff.; *Maier-Reimer/Flume*, KSzW 2013, 30, 34; *Blasche*, AG 2017, 16, 20; *Oelrichs*, GmbHR 1995, 863 f.; *Habersack*, ZIP-Beil. zu H 22 2016, 23.

Formvorschrift § 130 I, II bzw. auf den Nichtigkeitsgrund § 241 Ziff. 2 zurückzuführen und stellt eine Besonderheit des Aktienrechts dar.[144]

Nach der hM muss die privatschriftliche Niederschrift der nicht-börsennotierten AG, gleich der notariellen Beurkundung der börsennotierten AG, zwingend die Beschlussfeststellung des Vorsitzenden enthalten. Andernfalls sei der Beschluss nichtig.[145]

Nach wie vor hält die Gegenansicht die Beschlussfeststellung nicht für konstitutiv. Der Versammlungsleiter habe einen Beschluss nur deshalb zwingend zu verkünden, da er andernfalls gem. § 241 Ziff. 2 aus *formalen* Gründen nichtig ist.[146]

ii. Ausnahmen

In der Einmann-AG ist § 130 II 1 nach der hM als bloße Förmelei allerdings teleologisch zu reduzieren. Die Erklärung des Alleinaktionärs zu Protokoll, um das Ergebnis seiner Entschließung festzuhalten, stehe der Beschlussfeststellung eines Versammlungsleiters gleich.[147] So auch bei Erscheinen eines einzigen Aktionärs[148] bzw. bei einer Vollversammlung[149] und bei Einstimmigkeit[150]. Der Zweck der Beschlussfeststellung durch einen Versammlungsleiter werde in diesen genannten Fällen bereits anderweitig erreicht. Die „Eigenfeststellung" durch die teilnehmenden Aktionäre entspreche „funktional" der Beschlussfeststellung durch einen Versammlungsleiter.[151]

---

144 *Römermann*, in: Michalski/Heidinger/Leible u.a. (Hrsg.), GmbHG, ³2017, § 47 Rn. 582; *Hüffer/Schürnbrand*, in: Ulmer/Habersack/Löbbe (Hrsg.), GmbHG, ²2014, § 47 Rn. 28; *Grumann/Gillmann*, NZG 2004, 839, 841.

145 *Noack*, Liber Amicorum Happ, 2006, S. 201, 207 f.; *Pöschke/Vogel*, in: Reichert (Hrsg.), Arbeitshandbuch für die Hauptversammlung, ⁴2018, § 13 Rn. 92 f.; *Hüffer/Schäfer*, in: MüKo AktG, ⁴2016, § 241 Rn. 40; *Mülbert*, in: Hirte/Mülbert/Roth (Hrsg.), Großkomm AktG, ⁵2017, § 130 Rn. 75.

146 *Becker/Gregor*, ZWE 2001, 245; wohl auch *Koppensteiner*, JBl 2017, 273, 277, 279; *Noack*, GmbHR 2017, 792, 793: Beschluss ist zustande gekommen, aber nichtig.

147 *Noack*, Liber Amicorum Happ, 2006, S. 201, 207; *Koch*, in: Koch/Hüffer (Hrsg.), AktG, ¹³2018, § 130 Rn. 22; *Wicke*, in: Spindler/Stilz (Hrsg.), AktG, ⁴2019, § 130 Rn. 52; *Austmann*, in: MHdB, Bd. 4, ⁴2015, § 40 Rn. 51; *Tröger*, in: Kölner Kommentar AktG, ³2019, § 133 Rn. 181; *Kubis*, in: MüKo AktG, ⁴2018, § 130 Rn. 61.

148 *Wicke*, in: Spindler/Stilz (Hrsg.), AktG, ⁴2019, § 130 Rn. 52.

149 *Noack*, Liber Amicorum Happ, 2006, S. 201, 207.

150 *Wicke*, in: Spindler/Stilz (Hrsg.), AktG, ⁴2019, § 130 Rn. 52; *Koch*, in: Koch/Hüffer (Hrsg.), AktG, ¹³2018, § 130 Rn. 23.

151 *Noack*, Liber Amicorum Happ, 2006, S. 201, 208.

Manche widersprechen dieser teleologischen Reduktion: Mit der Bedeutung der Beschlussfeststellung als konstitutives Element sei es nicht vereinbar, dass diese bei klaren Abstimmungsverhältnissen nur fakultativ sei. Diese Ansicht der hM führe zu einer „gespaltenen dogmatischen Einordnung des Elements der Beschlussfeststellung“ und sei daher zwingend abzulehnen.[152]

Nach einem umstrittenen Urteil des OLG Köln genügt die schriftliche Niederlegung eines Alleinaktionärs über seine Beschlussfassung jedenfalls dann den Anforderungen des § 130 II AktG nicht, wenn die Satzung die Versammlungsleitung durch den Vorsitzenden des Aufsichtsrats festlegt.[153]

Wenn „die Beschlußlage so zweifelhaft ist, daß es im Interesse eines gerechten Verfahrens sinnvoller scheint, das Ergebnis offenzulassen“, soll es dem Versammlungsleiter nach *Zöllner* auch in der Mehrpersonen-AG gestattet sein die Feststellung zu unterlassen. Die Hauptversammlung könne das Beschlussergebnis dann gerichtlich feststellen lassen. Andernfalls bürde man dem Versammlungsleiter auf, über die Klageobliegenheit der befristeten Anfechtungsklage zu entscheiden. Das „richtige“ Beschlussergebnis solle daher nur in Folge einer positiven Beschlussfeststellungsklage gleich der hM zur Lage im GmbH-Recht gerichtlich eruierbar sein.[154]

c. *Beschlussinhalt*

Nach der allgemeinen Meinung ist die Beschlussfeststellung allein für den Beschlussinhalt maßgeblich.[155]

II. Resümee

1. *Beschlussfeststellung*

Auch wenn die Beschlussfeststellung im ADHGB 1861 noch keine Erwähnung fand, ist der Umstand, dass Beschlüsse als Willens*äußerungen*[156] aufgefasst wurden und als Willenserklärungen den allgemeinen Grundsätzen der Rechtsgeschäftslehre unterliegen sollen[157], zumindest ein starkes Indiz dafür, dass man

152 *Ziemons*, in: Schmidt/Lutter (Hrsg.), AktG, ^{3}2015, § 130 Rn. 23; *Blasche*, AG 2017, 16, 20; *Grumann/Gillmann*, NZG 2004, 839, 841.

153 OLG Köln ZIP 2008, 1767, 1768 f.

154 *Zöllner*, FS Lutter, 2000, S. 821, 829.

155 *Austmann*, in: MHdB, Bd. 4, ^{4}2015, § 40 Rn. 50; *Wicke*, in: Spindler/Stilz (Hrsg.), AktG, ^{4}2019, § 130 Rn. 52; *Zöllner*, in: Bayer/Habersack (Hrsg.), Aktienrecht im Wandel, Bd. 2, 2007, S. 483; *Kubis*, in: MüKo AktG, ^{4}2018, § 130 Rn. 62.

156 *Hahn*, ADHGB, 1863, Art. 213, § 1.

157 *Primker*, in: Endemann (Hrsg.), Handbuch des Deutschen Handelsrechts, 1881, S. 567.

bereits Ende des 19. Jahrhunderts erkannt hat, dass der Wille der Gesellschaft nicht nur in Form der Abstimmung zu bilden, sondern auch kundzutun ist. Ebenso, dass die hM die Beschlüsse der Generalversammlung bereits als Anweisungen bzw. Ermächtigungen der AG an den Vorstand auffasste, lässt erkennen, dass die hM (uU unreflektiert) von der Beschlussfeststellung als Wirksamkeitserfordernis ausging.[158] Der Inhalt der Weisung bzw. des Beschlusses musste den Gesellschaftsorganen schließlich zwangsläufig in irgendeiner Form verkündet werden.

Daher ist auch nicht verwunderlich, dass das RG anfangs des 20. Jahrhunderts mehrfach konstatierte, dass der Beschluss einer Generalversammlung erst erzeugt (!) ist, wenn er als Beschluss bestimmten Inhalts verkündet wurde.[159] Ebenso hat zeitgleich die hL richtig erkannt, dass die Beschlussfeststellungspflicht nicht mit der Protokollierungspflicht zu verwechseln ist: Die Beschlussfeststellung ist aus dogmatischen Gründen Entstehungsvoraussetzung und nicht lediglich Formerfordernis. Entsprechend der allgemeinen Rechtsgeschäftslehre stellt die Willensbildung iFd Abstimmung nur ein Internum dar. Erst die Verkündung lässt den Willen iFd Beschlusses entstehen. Ohne Beschlussfeststellung ist ein Beschluss nicht aus formalen Gründen nichtig, sondern er ist nicht existent.[160]

Die Beschlussfeststellung 1937 neben dem reinen Abstimmungsergebnis ausdrücklich zum obligatorischen Teil der Niederschrift festzulegen, drängte sich nicht nur vor dem Hintergrund der gängigen Abwesenheit des Gros der Aktionäre auf. Auch wegen des variablen Stimmrechtsbeginns gem. § 114 II AktG 1937, der erweiterten Stimmverbotsvorschriften in § 114 IV-VI AktG 1937 und der neu eingeführten Vorzugsaktie ohne Stimmrecht gem. § 115 ff. AktG 1937 wäre es andernfalls in der Publikumsgesellschaft AG, mit unüberschaubarer Anzahl an Mitgliedern, die unterschiedlichen Stimmrechten und -verboten unterliegen, weder für die Aktionäre noch für den Vorstand ohne Weiteres möglich, anhand des reinen Abstimmungsergebnisses das Beschlussergebnis abzulesen.

Mit § 111 II AktG 1937 wurde aber eben nicht die Beschlussfeststellung eingeführt – diese war bereits anerkanntes Wirksamkeitserfordernis -, sondern nur die Aufnahme der Feststellung ins zwingend anzufertigende Protokoll sowie die Zuständigkeit des Versammlungsleiters.

Auch wenn der Gesetzgeber nicht begründete, warum er die Beschlussfeststellungskompetenz gesetzlich an einen Vorsitzenden bzw. Versammlungsleiter

---

158 *Renaud*, Das Recht der Actiengesellschaften, ^{2}1875, S. 505.

159 RGZ 75, 239, 242 f; 82, 182, 187; 122, 102, 107; 142, 123, 127 ff.; RG JW 1926, 1813.

160 S. Fn. 66 und 2. Teil A. I. 4. b., 5. b. ii., 6. b. i.

übertragen hat,[161] ist der Hintergrund der Zuweisung wohl darin zu sehen, dass die AG bereits damals meist aus einer Vielzahl, oft anonymer Gesellschafter bestand, die an den Hauptversammlungen zudem oft gar nicht teilnahmen. Ein Versammlungsleiter als ständiges Organ der Versammlung ist in der AG daher eher für die Feststellung geeignet.

Der Gesetzgeber hat die Beschlussfeststellung 1937 somit nur der Klarstellung halber und der Rechtssicherheit willen formalisiert. Dass die Beschlussfeststellung Unikum des Aktienrechts ist, davon kann keine Rede sein.

Teilweise unsauber drücken sich Rechtsprechung und Literatur zur Feststellung von Beschlüssen des Alleinaktionärs sowie bei Vollversammlung aus. Nicht auf die Beschlussfeststellung an sich, sondern auf die förmliche Feststellung durch einen Versammlungsleiter kann uU verzichtet werden. So richtig von *Noack* beschrieben, kann in diesen Fällen auch die protokollierte „Eigenfeststellung" den Normzweck von § 130 II AktG ab 1965 erfüllen: Bewusst werden des Beschlussinhalts der abstimmenden Gesellschafter und Mitteilung des Ergebnisses an die Mitgesellschafter und Organmitglieder[162].

Die Beschlussfeststellung, mag sie auch lediglich konkludent erfolgen, ist hingegen niemals fakultativ.

2. *Beschlussmängelklage*

Das Recht, Beschlussmängel prozessual geltend zu machen, stand den Aktionären nach allgemeiner Meinung bereits vor jeglicher Kodifizierung zu. Der Gesetzgeber hat diesen „allgemeinen Rechtsgedanken" lediglich der Rechtssicherheit willen 1884 sowie 1937 gesetzlich fixiert.[163]

B. Genossenschaft

I. Entstehungsgeschichte

1. *GenG von 1889*

Das „Reichsgesetz betreffend die Erwerbs- und Wirtschaftsgenossenschaften" von 1889 regelte die Beschlussfassung in der Generalversammlung in den §§ 41 ff. Eine notarielle Beurkundung war gesetzlich nicht vorgeschrieben. Auch die

161 Vgl. *Klausing*, AktG, 1937, S. 192.

162 *Noack*, Liber Amicorum Happ, 2006, S. 201, 207 f.

163 Vgl. dazu auch *Keuk-Knobbe*, FS Ballerstedt, 1975, S. 239, 246 ff.; RGZ 170, 83, 89; 172, 76, 78.

Beschlussfeststellung fand weder im Gesetz noch in den Entwürfen Erwähnung. Auf das Amt eines Versammlungsleiters wurde nur insoweit hingewiesen, als dass die „Beschlüsse über die Leitung der Versammlung“ gem. § 44 II 2 HS 2 Alt. 1 nicht formell angekündigt werden mussten.

Gleich der Lage im ADHGB 1884[164] hat der Gesetzgeber des GenG 1889 die Anfechtungsklage gegen Beschlüsse der Generalversammlungen in § 49 nicht eingeführt, sondern lediglich fixiert und begrenzt.[165] Nur Vorstand und Genossen konnten die Beschlussmängelklage wegen Verstoß gegen Gesetz oder Statut innerhalb der Monatsfrist erheben. Die Genossenschaft war passivlegitimiert.

2. *GenG-Reform von 1898*

a. *Allgemeines*

Aufgrund einiger Änderungen und Ergänzungen hat der Gesetzgeber das GenG bereits 1989 reformiert. Infolge der Neunummerierung befanden sich die Vorschriften betreffend die Beschlussfassung der Generalversammlung in den §§ 43 ff.

Gem. § 6 Nr. 3 musste der Gesellschaftsvertrag nun eine Bestimmung über den Vorsitz in der Versammlung sowie hinsichtlich der Protokollierung der Beschlüsse enthalten. Eine notarielle Beurkundung schrieb das Gesetz nicht vor.

b. *Beschlussfeststellung als Wirksamkeitsvoraussetzung*

i. Rechtsprechung

1929 erklärte das RG lediglich mit Verweis auf die Rechtsprechung zur AG[166], dass die Beschlussfeststellung im Genossenschaftsrecht keine Wirksamkeitsvoraussetzung für einen Beschluss ist.[167]

ii. Literatur

Dieser Rechtsprechung sind auch einige Autoren im Schrifttum gefolgt: Die Verkündung sei lediglich ein der Beschlussfassung nachfolgender Akt, der auf die Wirksamkeit des Beschlusses selbst keinen Einfluss hat. Gerade in kleineren

---

164 S. 2. Teil A. I. 2. d.

165 *Schubert* (Hrsg.), 100 Jahre Genossenschaftsgesetz, 1989, S. 251.

166 RG JW 1926, 1813.

167 RGZ 125, 143, 149.

Gremien entfalle sie ohnehin, da das Ergebnis der Abstimmung am Ende der Versammlung ohne Weiteres erkennbar sei.[168]

Heilbrunn vertrat hingegen die Auffassung, dass die Beschlussfeststellung ein konstitutiver Akt des Beschlusses und daher unverzichtbar ist.[169] Auch nach der Ansicht *Eisers* ist die „autoritative Feststellung und Verkündung" begriffsnotwendig Teil der Beschlussfassung und „letztes Tatbestandsstück" bzw. „Schlußakt der Willensbildung". Die Abstimmung allein stelle nur das „Zusammentragen parallel gerichteter Einzelwillenserklärungen dar" und könne „einen Gesamtwillen" der versammelten Gesellschafter noch nicht erzeugen. Hierfür bedürfe es noch der „Zusammenfassung und logische(n) Unterordnung" der Stimmabgaben „unter die Voraussetzungen von Gesetz und Statut" in Form der „autoritativen Feststellung", dass und mit welchem Inhalt ein Beschluss gefasst wurde.[170]

Für andere war die konstitutive Bedeutung der Beschlussfeststellung zwingende Folge der Befristung der genossenschaftsrechtlichen Anfechtungsklage. Jedes Mitglied müsse aus Rechtsschutzgründen wissen, was als Beschluss der Genossenschaft gilt. Gerade bei großen Teilnehmerzahlen könne es andernfalls vorkommen, dass ein Gesellschafter aufgrund der Unübersichtlichkeit zu einem falschen Abstimmungsergebnis gelangt und daher bis zum Ablauf der Klagefrist von einem falschen Beschlussergebnis ausgeht. Wenn er aufgrund dessen nicht den für die Zulässigkeit der Anfechtungsklage notwendigen Widerspruch gegen den Beschluss erklärt, liefe sein Recht auf Erhebung der Beschlussmängelklage in tatsächlicher Hinsicht ins Leere.[171]

Einige Autoren haben sich überhaupt nicht mit der Thematik der Beschlussfeststellung befasst.[172]

c. *Zuständigkeit für die Beschlussfeststellung*

Heilbrunn und *Eiser* waren der Ansicht, dass jedenfalls ein Versammlungsleiter beschlussfeststellungskompetent ist.[173] Ob dieser die Beschlussverkündung als

---

168 *Lang/Weidmüller*, in: Parisius/Crüger (Hrsg.), GenG, 1938, § 43 Rn. 2; *Baltzer*, Der Beschluß, 1965, S. 126 f.; *Winnefeld*, DB 1972, 1053, 1054 f.; *Altschul*, JW 1927, 1684.

169 *Heilbrunn*, JW 1927, 1358; iE zustimmend *Dietz*, in: Gesellschaftsrecht, ^{3}1970, S. 60.

170 *Eiser*, Nichtigkeit und Anfechtbarkeit, 1930, S. 23 f.

171 *Zöllner*, Schranken, 1963, S. 394.

172 Vgl. *Crüger*, in: Parisius/Crüger (Hrsg.), GenG, 1903, § 8 Nr. 5, §§ 43 ff.; *Müller-Erzbach*, in: Deutsches Handelsrecht, ^{2}1928, S. 380 f.

173 *Eiser*, Nichtigkeit und Anfechtbarkeit, 1930, S. 24; *Heilbrunn*, JW 1927, 1358.

eigenständiges Organ der Versammlung oder nur als dessen Sprachrohr vornimmt, haben sie offen gelassen.[174]

d. Beschlussinhalt

Auch im Genossenschaftsrecht stellt sich die Frage, was den Beschlussinhalt (iSv Ablehnung oder Annahme) festlegt – insbes. welchen Inhalt ein Generalversammlungsbeschluss hat, der als positiver Beschluss verkündet bzw. beurkundet wurde, obwohl er die erforderliche Stimmenmehrheit nicht erreicht hat. Da auch im Genossenschaftsrecht gilt, dass selbst ein mangelhafter Beschluss grundsätzlich wirksam und lediglich anfechtbar ist, also mit Ablauf der Anfechtungsfrist bestandskräftig wird, soweit er nicht an einem Nichtigkeitsgrund leidet, ist auch hier Kern der Frage, ob die Beschlussfeststellung (durch einen Versammlungsleiter) das Beschlussergebnis (vorläufig) fixiert und somit über die Klageobliegenheit entscheidet.

i. Rechtsprechung

1905 lag dem RG ein Generalversammlungsbeschluss einer Genossenschaft vor, der die in § 16 II angeordnete Dreiviertelmehrheit knapp verfehlte. Das Gericht entschied, dass das Nichterreichen einer erhöhten Mehrheit lediglich die Verletzung einer gesetzlichen Bestimmung darstellt. Mangels Eingriff in ein Sonderrecht sei der Beschluss daher nur anfechtbar.[175]

1927 musste das RG über die Wirksamkeit bzw. den Inhalt eines im Genossenschaftsregister eingetragenen Generalversammlungsbeschlusses entscheiden, der zwar tatsächlich die erforderliche Mehrheit erreicht hatte, vom satzungsgemäß berufenen Versammlungsleiter aber, mit einhelliger Zustimmung der Generalversammlung, als negativer Beschluss verkündet wurde, da Versammlungsleiter und Generalversammlung von einem erhöhten Mehrheitserfordernis ausgingen. Laut RG erzeugte die Beschlussfeststellung mit dem Inhalt, dass die erforderliche Mehrheit nicht erreicht sei, die Versammlung den Antrag also abgelehnt habe, einen negativen Beschluss. Andernfalls lief das Recht der Gesellschafter, fehlerhafte Beschlüsse anzufechten, ins Leere: Sie würden sich nämlich nicht dazu veranlasst fühlen während der Versammlung den für die Zulässigkeit der Anfechtungsklage erforderlichen Widerspruch zu Protokoll zu erklären, wenn die Versammlung einhellig von einem ablehnenden Beschluss ausgeht.[176]

174 Vgl. *Eiser*, Nichtigkeit und Anfechtbarkeit, 1930, S. 24.
175 RGZ 60, 409, 414; zustimmend bei einem festgestellten Beschluss RGZ 111, 227, 230.
176 RGZ 116, 83, 87.

1929 bestätigte das RG seine bisherige Rechtsprechung, dass bei erfolgter Beschlussfeststellung nicht der „tatsächlich gefaßte", sondern der verkündete Beschluss vorläufig maßgeblich ist. Für eine vorläufige Fixierung genüge es jedoch nicht, dass die Teilnehmer von einem bestimmten Beschlussergebnis übereinstimmend ausgegangen sind.[177]

ii. Literatur

Im Schrifttum vertraten einige die Ansicht, dass die Abstimmung und die Verkündung die wesentlichen Merkmale eines Beschlusses sind. Auf die Anzahl der einzelnen Ja- bzw. Nein-Stimmen komme es hingegen nicht an. Für das Beschlussergebnis sei daher allein die Verkündung maßgeblich. Sollte diese dem tatsächlich erreichten Stimmenverhältnis nicht entsprechen, könne der Beschluss aufgrund von Verfahrensfehlern angefochten werden.[178]

Hauptargument dieser Ansicht war, dass jeder Genosse darauf vertrauen können müsse, dass ein vom Versammlungsleiter festgestellter Beschluss mit dem verkündeten Inhalt besteht. Ebenso wie im Aktienrecht obliege es den Genossen für eine spätere Anfechtungsklage noch während der Versammlung einen Widerspruch zu Protokoll zu erklären. Die Gegenansicht schnitte den Genossen das Anfechtungsrecht ab, da diese bei fälschlicher Verkündung eines ablehnenden Beschlusses sich nicht veranlasst sähen, etwaige Beschlussmängel zu melden.[179] Selbst bei Widerspruch einzelner Genossen gelte aus Gründen der Rechtssicherheit nur das vom Versammlungsleiter verkündete bzw. gleichwertig autoritativ festgestellte Ergebnis.[180]

Nach der damaligen Gegenansicht war die Beschlussfeststellung nicht nur keine Wirksamkeitsvoraussetzung, sondern kann auch den Inhalt des Beschlusses nicht beeinflussen. Dieser ergebe sich ausschließlich aus dem tatsächlich erzielten Abstimmungsergebnis.[181]

Nach einer dritten Ansicht sollte die Beschlussfeststellung zwar grundsätzlich nur einen fakultativen „Akt mit bloß deklaratorischem Charakter" darstellen. Wenn die Feststellung jedoch erfolgt und der ordnungsgemäß verkündete vom „tatsächlich gefaßte(n)" Beschluss abweicht, so sei nur der verkündete

---

177 RGZ 125,143, 148 f.

178 *Eiser*, Nichtigkeit und Anfechtbarkeit, 1930, S. 24 f.; *Zöllner*, Schranken, 1963, S. 397 f.; *Heilbrunn*, JW 1927, 1358.

179 *Eiser*, Nichtigkeit und Anfechtbarkeit, 1930, S. 25; *Zöllner*, Schranken, 1963, S. 394, 397 f.

180 *Eiser*, Nichtigkeit und Anfechtbarkeit, 1930, S. 27.

181 *Altschul*, JW 1927, 1684.

maßgeblich. „Die Tatsache der ordnungsgemäßen Verkündung" könne nicht „einfach unbeachtet bleiben".[182]

e. Beschlussmängel und prozessuale Geltendmachung

Die ganz hM teilt bis heute die Beschlussmängel gleich dem aktienrechtlichen System in nichtigkeits- und lediglich anfechtungsbegründend ein.[183] Auch der Nichtigkeitskatalog in § 195 AktG 1937 (bzw. § 241 AktG 1965) sei analog anzuwenden, soweit nicht genossenschaftsrechtliche Besonderheiten entgegenstehen.[184] Ein Beschluss, der nicht dem tatsächlichen Abstimmungsergebnis entsprechend verkündet wurde, sei, gleich der hM zum Aktienrecht, nur anfechtbar und nicht nichtig.[185]

Die Beschlussanfechtungsklage befindet sich seit der Gesetzesreform 1898 nicht mehr in § 49, sondern in § 51. Inhaltich haben sich keine Veränderung ergeben.

Das GenG enthält im Gegensatz zum AktG bist heute keine besondere Nichtigkeitsklage. Die Nichtigkeit eines Beschlusses kann nach der hM grundsätzlich jedermann gem. § 256 ZPO gerichtlich geltend machen, sofern ein entsprechendes Feststellungsinteresse vorliegt.[186] Mitgliedern der Genossenschaft und deren Organwaltern steht nach der hM zudem die besondere Nichtigkeitsklage analog § 249 AktG zur Verfügung. Die Neureglung im Aktienrecht habe nur einen „allgemeinen Rechtsgedanken" gesetzlich fixiert.[187] Ihnen fehlt jedoch nach hM das Rechtsschutzbedürfnis für die allgemeine Feststellungsklage, da ein

---

182 *Baltzer*, Der Beschluß, 1965, S. 127.

183 RGZ 60, 409, 413 f.; 76, 170, 173; 111, 227; *Lang/Weidmüller*, in: Parisius/Crüger (Hrsg.), GenG, 1938, § 51 Rn. 1; *Eiser*, Nichtigkeit und Anfechtbarkeit, 1930, S. 5; *Geibel*, in: Henssler/Strohn (Hrsg.), Gesellschaftsrecht, [4]2019, § 51 Rn. 2 ff., 9 ff.; aA *Nord*, Die Rechte des Aktionärs, 1925, S. 66: Anfechtbarkeit als einzige Fehlerfolge.

184 Siehe BGHZ 18, 334, 338 = NJW 1955, 1917; BGHZ 32, 318, 324 = NJW 1960, 1447; BGHZ 70, 384, 387 = NJW 1978, 1325; BGHZ 83, 228, 231 = NJW 1982, 2558; BGHZ 126, 335, 338 = ZIP 1994, 1221, BGH DStR 1996, 1211, 1213; *Fandrich*, in: Pöhlmann/Fandrich/Bloehs (Hrsg.), GenG, [4]2012, § 51 Anm. 1; *Bayer*, DStR 1999, 1815.

185 RGZ 111, 227, 230; 125, 143, 149 *Geibel*, in: Henssler/Strohn (Hrsg.), Gesellschaftsrecht, [4]2019, § 51 Rn. 9.

186 So bereits *Lang/Weidmüller*, in: Parisius/Crüger (Hrsg.), GenG, 1938, § 51 Rn. 1.

187 RGZ 76, 170, 174; 170, 83; 89; BGHZ 70, 384, 387 = NJW 1978, 1325; BGH DStR 1996, 1211, 1213; *Fandrich*, in: Pöhlmann/Fandrich/Bloehs (Hrsg.), GenG, [4]2012, § 51 Rn. 4; *Keßler*, in: Hillebrand/Keßler/Hunscha (Hrsg.), Berliner Kommentar GenG, 2001, § 5 Rn. 216 ff.

Feststellungsurteil gem. § 325 ZPO, im Gegensatz zum aktienrechtlichen Nichtigkeitsurteil, nur Rechtskraftwirkung inter partes entfaltet.[188] Nach der MM richtet sich eine Nichtigkeitsfeststellungsklage von Genossen sowie von Organen und deren Mitgliedern nach den Vorschriften § 256 ZPO iVm § 51 III 1–3, IV, V GenG (= Vorschriften der genossenschaftsrechtlichen Anfechtungsklage).[189]

3. *GenG-Reform von 1973*

a. *Allgemeines*

Seit der Reform 1973 *soll* das Beschlussprotokoll gem. § 47 I 2 die Feststellung des Vorsitzenden über die Beschlussfassung enthalten.[190] Das GenG enthält, im Gegensatz zum AktG (§ 241 Nr. 2), keine eigene Regelung über die Rechtsfolge eines Verstoßes gegen diese Sollvorschrift.

b. *Beschlussfeststellung als Wirksamkeitsvoraussetzung*

i. Rechtsprechung

Der BGH entschied 1996, dass die „Feststellung des Vorsitzenden über die Beschlußfassung konstitutiven Charakter“ habe. Erst die Feststellung „über die Beschlußfassung verleih(e) dem Beschluss (…) rechtliche Wirksamkeit“. Aufgrund der zeitlichen Befristung der Anfechtungsklage müssen die Anfechtungsberechtigten gleich der Lage in der AG von einem „bestimmten Beschlußergebnis als maßgebend ausgehen können“. Dazu müsse dieses Beschlussergebnis für alle verbindlich festgestellt und verkündet werden. Die Bekanntgabe des Stimmenverhältnisses sei dafür nicht ausreichend.[191]

ii. Literatur

Seit der Reform 1973 ist die Beschlussfeststellung nach der ganz hL Wirksamkeitserfordernis für den Beschluss der genossenschaftsrechtlichen Generalversammlung:

---

188 BGHZ 70, 384, 388 = NJW 1978, 1325; *Geibel*, in: Henssler/Strohn (Hrsg.), Gesellschaftsrecht, [4]2019, GenG § 51 Rn. 7.

189 *Glenk*, Die eingetragene Genossenschaft, 1996, Rn. 310; *Geibel*, in: Henssler/Strohn (Hrsg.), Gesellschaftsrecht, [4]2019, GenG § 51 Rn. 7.

190 Die Gesetzesbegründung der Bundesregierung thematisiert die Kodifizierung der Beschlussfeststellung nicht, vgl. BT-Drucks. 7/97, S. 25.

191 BGH NJW 1997, 318, 320.

Manche sehen in der Einführung des § 47 I 2 eine zwingende gesetzliche Anweisung zur Beschlussfeststellung durch einen Versammlungsleiter, die nicht nur eine Formvorschrift, sondern eine Tatbestandsregelung darstellt.[192] Der materielle Grund für die Vorschrift sei die sonst nur schwer kontrollierbaren Abstimmungsverhältnisse in den Genossenschaften angesichts der typischerweise hohen Teilnehmerzahlen.[193]

Für andere ergibt sich die konstitutive Wirkung der formellen Beschlussfeststellung zwingend aus der Einführung der fristgebundenen Anfechtungsklage im GenG bzw. aus einer analogen Anwendung von § 130 II AktG. Aus Gründen der Rechtssicherheit müsse für alle eindeutig feststehen, welchen Beschlussinhalt die Gesellschaft als maßgeblich ansieht. Gegen diesen muss der Gesellschafter somit seine Anfechtungsklage richten.[194]

Vertreten wird auch, dass die Beschlussfeststellungspflicht in § 47 I 2 GenG bzw. § 130 II AktG nur einen allgemein gültigen Grundsatz des Gesellschaftsrechts wiedergibt, der Beschluss somit unabhängig von einer gesetzlichen Anweisung erst durch Verkündung wirksam wird.[195] Ähnlich argumentieren auch *Ernst* und *Altmeppen*, für die die Beschlussfeststellung für alle Beschlüsse der Gesellschafterversammlung rechtsfähiger Verbände bereits aus dogmatischen Gründen Wirksamkeitsvoraussetzung ist.[196]

Nach der Gegenansicht ist die Feststellung des Beschlusses in der Versammlung nicht notwendig. Eine verbindliche Feststellung könne auch im Wege der Feststellungsklage herbeigeführt werden. Die fehlende Beschlussfeststellung

---

192 *Leuschner*, in: MüKo BGB, [8]2018, § 32 Rn. 48; *Fandrich*, in: Pöhlmann/Fandrich/Bloehs (Hrsg.), GenG, [4]2012, § 47 Rn. 1, § 43 Rn. 27; *Bauer*, Die Genossenschaft, 1999, S. 122.

193 *Leuschner*, in: MüKo BGB, [8]2018, § 32 Rn. 48.

194 *Schöpflin*, in: Beuthien/Wolff/Schöpflin (Hrsg.), GenG, [16]2018, § 43 Rn. 12; *Gätsch*, in: Helios/Strieder (Hrsg.), Beck'sches Handbuch der Genossenschaft, 2009, § 5 Rn. 194; *Schulte*, in: Lang/Weidmüller (Hrsg.), GenG, [34]2005, § 43 Rn. 56; *Keßler*, in: Hillebrand/Keßler/Hunscha (Hrsg.), Berliner Kommentar GenG, 2001, §§ 43 ff. Rn. 31; *Müller*, in: Kommentar zum Gesetz betreffend die Erwerbs- und Wirtschaftsgenossenschaften, [2]1998, § 43 Rn. 98 h, 113; *Bauer*, in: Genossenschaftshandbuch, 2016, § 43 Rn. 34; *Bayer*, DStR 1999, 1815, 1818.

195 *Cario*, in: Lang/Weidmüller (Hrsg.), GenG, [37]2011, § 43 Rn. 131.

196 *Ernst*, Liber Amicorum Leenen, 2012, S. 1, 9 ff., 25 ff.; *Altmeppen*, in: Roth/Altmeppen (Hrsg.), GmbHG, [9]2019, § 47 Rn. 3 ff.; so wohl auch *Larenz*, Allgemeiner Teil des deutschen Bürgerlichen Rechts, [7]1989, S. 320: Beschluss als ein Wort gefasstes Ergebnis (Verlautbarung) der Willensbildung einer Personenvereinigung, Gesellschaft oder Körperschaft.

stelle auch nur einen Verstoß gegen eine Ordnungsvorschrift dar, der nicht zur Nichtigkeit führt.[197]

c. *Beschlussinhalt*

Nach der ganz hM ist allein das festgestellte Beschlussergebnis maßgeblich.[198]

II. Resümee

1. *Beschlussfeststellung*

Die Argumentation des RG 1929[199] gegen die Beschlussfeststellung als Wirksamkeitsvoraussetzung beschränkte sich auf einen Verweis auf ein älteres RG-Urteil zur AG aus dem Jahre 1926[200]. Davon, dass die Rechtsprechung zur AG die konstitutive Wirkung der Beschlussfeststellung ablehnte, kann jedoch keine Rede sein. Im Gegenteil: Wohl bereits seit 1889[201], spätestens seit 1911[202] erklärte das RG durchgehend, dass ein AG-Beschluss erst durch die Beschlussfeststellung entsteht. In dem angeführten Urteil entschied das Gericht lediglich, dass eine *besondere* Verkündung entbehrlich sei, wenn sich das Beschlussergebnis bereits aus dem Protokoll ergibt und kein Aktionär gegen dieses Ergebnis Widerspruch eingelegt hat.[203] Sehr zu Recht hat sich der BGH[204] daher der Gegenseite angeschlossen, für die die Beschlussfeststellung konstitutiver Akt ist.

Da frühere Vertreter des Schrifttums neben der petitio principii, die Beschlussfeststellung sei lediglich deklaratorischer Akt, nur gegen die förmliche Beschlussfeststellung durch einen Versammlungsleiter argumentierten, ist es nicht verwunderlich, dass nach der inzwischen ganz hL die Verkündung des

---

197 *Baums*, Eintragung und Löschung von Gesellschafterbeschlüssen, 1981, S. 90; so wohl auch *Zöllner*, FS Lutter, 2000, S. 821, 826 f.; *Becker/Gregor*, ZWE 2001, 245.

198 *Cario*, in: Lang/Weidmüller (Hrsg.), GenG, [37]2011, § 43 Rn. 131; *Keßler*, in: Hillebrand/Keßler/Hunscha (Hrsg.), Berliner Kommentar GenG, 2001, §§ 43 ff. Rn. 75; *Schöpflin*, in: Beuthien/Wolff/Schöpflin (Hrsg.), GenG, [16]2018, § 43 Rn. 12; *Fandrich*, in: Pöhlmann/Fandrich/Bloehs (Hrsg.), GenG, [4]2012, § 43 Rn. 27; *Müller*, in: Kommentar zum Gesetz betreffend die Erwerbs- und Wirtschaftsgenossenschaften, [2]1998, § 43 Rn. 98 h; *Becker/Gregor*, ZWE 2001, 245.

199 RGZ 125, 143, 149.

200 RG JW 1926, 1813.

201 RGZ 25, 195, 198 ff.

202 RGZ 75, 239, 242 f; 82, 182, 187.

203 RG JW 1926, 1813.

204 BGH NJW 1997, 318, 320.

Beschlusses Wirksamkeitsvoraussetzung ist. Die hL hebt zu Recht hervor, dass bereits aus Gründen der Rechtsklarheit am Ende der Versammlung ein eindeutiges Beschlussergebnis feststehen muss. Die Gegenansicht, nach der diese verbindliche Feststellung alternativ im Wege der allgemeinen Feststellungsklage zu erreichen sei, ist nicht nur aus Zeit- und Kostengründen absurd. Es entspricht auch nicht der Praxis.

2. *Beschlussmängelklage*

Aufgrund der vergleichbaren Situation zur AG, liegt es auf der Hand, dass sich das genossenschaftsrechtliche Beschlussmängelrecht parallel zum aktienrechtlichen entwickelt hat, bzw. aktienrechtliche Vorschriften, wie der Nichtigkeitskatalog und die besondere Nichtigkeitsklage, von der hM ins Genossenschaftsrecht übernommen wurden. Ohnehin bilden die §§ 241 ff. AktG nur die gesetzliche Fixierung eines „allgemeinen Rechtsgedankens“ des Beschlussmängelrechts.[205]

C. GmbHG

I. Entstehungsgeschichte

1. *Allgemeines*

Als Gegenreaktion auf die Formstrenge und Starrheit der AG wurde die GmbH als personalistisch geprägte Kapitalgesellschaft durch das GmbHG von 1892 eingeführt. Die Verkündung des BGB im Jahre 1896 brachte einige tiefgreifende Veränderungen im Verhältnis der einzelnen Gesellschaften untereinander mit sich. Diese erforderten gesetzliche Anpassungen im HGB sowie im GmbHG und führten letztendlich bereits 1898 zu einer neuen Nummerierung der GmbHG-Paragraphen.[206] Die im Folgenden zitierten Paragraphen beziehen sich bereits auf diese neue Nummerierung.

Die §§ 45–51 regeln bis heute die Beschlussfassung in der Gesellschafterversammlung. Wie im Aktienrecht gilt grundsätzlich das Mehrheitsprinzip. Beschlüsse der Gesellschafterversammlung unterliegen seit der Einführung des GmbHG grundsätzlich keinem (notariellen/ gerichtlichen) Protokollierungszwang. Eine Ausnahme besteht nur für satzungsändernde Beschlüsse gem. § 53 II.

---

205 RGZ 172, 76, 78.

206 Vgl. dazu *Saenger/Liebmann*, in: Kommentar zum GmbHG, [7]1927, Einleitung S. 5.

Auch wenn die Rechtsprechung die nachträgliche Vereinigung sämtlicher Geschäftsanteile in eine Hand von Anfang an anerkannt hat,[207] wurde die Einmann-Gründung erst 1980 mit der Neufassung von § 1 ausdrücklich zugelassen. Gem. § 48 III hat der Alleingesellschafter „unverzüglich nach der Beschlußfassung eine Niederschrift aufzunehmen und zu unterschreiben".

2. *Beschlussfeststellung als Wirksamkeitsvoraussetzung*

Gleich den Beschlüssen in den anderen Gesellschaften ist es auch seit jeher für die GmbH umstritten, ob deren Beschlüsse in irgendeiner Form erklärt werden müssen. Die Beschlussfeststellung findet weder im Gesetz noch in den Entwürfen Erwähnung.

a. *Rechtsprechung*

Bereits das RG ging davon aus, dass die Beschlussfeststellung in der GmbH kein Wirksamkeitserfordernis ist.[208] Diese Rechtsprechungslinie behielt auch der BGH grundsätzlich bei.[209]

1954 wandte der BGH jedoch ein, dass das Ergebnis schriftlicher Beschlüsse durch den Geschäftsführer oder einstimmig durch die Gesellschafterversammlung selbst festzustellen und zu verkünden sei, da es im Einzelfall zweifelhaft sein könne, ob eine „echte Abstimmung vorliegt oder nur eine vorläufige Meinungsäußerung". Der Beschluss gelte erst nach der Beschlussfeststellung als gefasst.[210] Diese Rechtsprechung hat der BGH 2016 bestätigt: Bei der schriftlichen Abstimmung liege ein Beschluss erst nach dessen Feststellung und Kundgabe vor.[211] Auch für die Beschlussfassung im kombinierten Verfahren urteilte der BGH 2006, dass der Beschluss erst mit der Feststellung des Beschlussergebnisses wirksam gefasst ist.[212]

In einem wenig beachteten Urteil 1989 erklärte der BGH sogar für alle Gesellschafterbeschlüsse der GmbH, dass diese erst vorliegen, wenn „alle Stimmen abgegeben worden sind und die Feststellung durch einen Versammlungsleiter

---

207 RGZ 85, 380, 382; 98, 289, 291; 129, 50, 53; BGHZ 21, 378, 381.

208 RGZ 104, 182, 185; RG JW 1937, 549, 550; DR 1939, 720, 721.

209 BGHZ 14, 25, 35 f. = NJW 1954, 1401; BGHZ 51, 209, 2012 = NJW 1969, 841; BGHZ 76, 154, 156 = NJW 1980, 1527; BGHZ 104, 66, 69 = NJW 1988, 1844; BGH NJW 1996, 259; BGH NJW 1999, 2268; ZIP 2008, 757.

210 BGHZ 15, 324, 329 = NJW 1955, 220.

211 BGH NZG 2017, 303 Tz. 19.

212 BGH NJW 2006, 2044, 2045.

ergibt, daß der Beschlußgegenstand die erforderliche Mehrheit der Stimmen gefunden oder nicht gefunden hat".[213] Das OLG Brandenburg hielt 2017 bei Beschlüssen, die nicht festgestellt wurden, nur die Feststellungsklage nach § 256 ZPO statthaft, dass der Beschluss „nicht gefasst worden" sei.[214]

Hinsichtlich der Niederschrift der Einmann-GmbH nach § 48 III, hat sich der BGH bis jetzt nur dahingehend festgelegt, dass der Beschlussinhalt Bestandteil des Protokolls ist. Mit den Folgen einer ausbleibenden Feststellung bzw. Protokollierung hat sich das oberste Gericht bisher nicht gewidmet.[215]

b. Literatur

In den Jahren nach Inkrafttreten des GmbHG äußerte sich die Literatur noch nicht eindeutig hinsichtlich der Beschlussfeststellung: Manche definierten die Versammlung nicht nur als Willensbildungs-, sondern auch als *Willenskundgebungs*organ.[216] Für andere muss ein Protokollführer über jeden Beschluss zumindest eine „Privaturkunde" aufnehmen, welche „das Ergebnis der gefaßten Beschlüsse mit genauer Angabe der Stimmenzahl enthält".[217] Ob nach deren Verständnis der Beschluss auch ohne eine Kundgebung wirksam sein soll, bzw. ob der Protokollführer die Verkündung zwingend vorzunehmen hat, bleibt aber unklar.

Andere wiederum äußerten sich gar nicht zur Beschlussfeststellung.[218]

i. Beschlussfeststellung als Voraussetzung für Rechtswirksamwerden

Anfang des 20. Jahrhunderts fand sich in der Literatur eine starke Meinung, nach welcher der Beschluss zwar nicht für seine Existenz, jedoch für sein Rechtswirksamwerden der Beschlussfeststellung bzw. Erklärung bedarf.[219]

Die einzelnen Stimmabgaben seien keine empfangsbedürftigen Willenserklärungen, sondern „verschmelzen" „in einem gemeinsamen Brennpunkt"

---

213 BGH ZIP 1989, 1261.

214 OLG Brandenburg GmbHR 2017, 408.

215 BGH-NJW RR 1990, 737, 738; DStR 1995, 774, 776. Wohl zumindest gegen Protokollierung als Wirksamkeitsvoraussetzung OLG Brandenburg GmbHR 2002, 432, 433.

216 *Liebmann*, GmbHG, ^{4}1899, § 48 Anm. 5.

217 *Ders.*, GmbHG, ^{4}1899, § 48 Anm. 6.

218 *Förtsch*, GmbHG, 1892, § 48 ff.; *Crüger/Crezelius*, in: Das Reichsgesetz, betreffend die Gesellschaften mit beschränkter Haftung, ^{6}1922, § 45 ff.

219 *Hachenburg*, in: Staub's Kommentar zum GmbHG, ^{4}1913, § 45 Anm. 8; *Dorpalen*, Die Anfechtung von Gesellschafterbeschlüssen im GmbH-Recht, 1933, S. 11; *Feine*,

zu einem neuen, einheitlichen Beschluss.[220] Dieser Versammlungsbeschluss sei gleichzusetzen mit dem Entschluss einer Einzelperson und daher nur interne Willensbildung. Er sei noch nicht Willenserklärung der Körperschaft und entfalte daher weder gegenüber ihren Organen noch gegenüber Dritten rechtliche Wirkung.[221] Diese Wirkung setze erst mit Erklärung des Willens in Form von ausdrücklicher oder stillschweigender Verkündung durch die Gesellschafterversammlung bzw. den Vorsitzenden ein. Erst der auf äußerlich erkennbare Weise zustande gekommene Beschluss sei Willenserklärung der Körperschaft selbst.[222]

ii. Beschlussfeststellung als Wirksamkeitsvoraussetzung

Bereits Mitte der 1920er etablierte sich mit *Brodmann* eine Gegenmeinung, nach der die Erklärung des Beschlusses iFv ausdrücklicher oder stillschweigender Feststellung bzw. Verkündung wesentliche Voraussetzung für das Vorliegen eines Beschlusses ist.[223]

Auch *Zöllner* schloss sich dieser Ansicht Anfang der 1960er noch an: Gerade aufgrund der analogen Anwendung der befristeten Beschlussanfechtungsklage sei die Ergebnisverkündung (doppelt) konstitutiv für den Beschluss der Gesellschafterversammlung. Der Gesellschafter müsse wissen, gegen welchen Beschluss er eine etwaige Anfechtung zu richten hat. Selbst wenn den Gesellschaftern aufgrund der Gesellschafterliste Namen und Wohnort ihrer Mitgesellschafter bekannt sind, ginge die Annahme der Gegenansicht, die

---

in: Ehrenberg (Hrsg.), Handbuch, Bd. 3, III, 1929, S. 515; wohl auch *Saenger/Liebmann*, in: Kommentar zum GmbHG, [7]1927, § 47 Anm. 12; *Scholz*, in: Kommentar zum GmbH-Gesetz, 1964, § 45 Rn. 8; vgl. zum Aktienrecht *Flechtheim*, FS Zitelmann, 1913, S. 1, 22.

220 *Feine*, in: Ehrenberg (Hrsg.), Handbuch, Bd. 3, III, 1929, S. 518; *Ruth*, ZHR 88 (1926), 454, 527.

221 *Dorpalen*, Die Anfechtung von Gesellschafterbeschlüssen im GmbH-Recht, 1933, S. 11; wohl auch *Saenger/Liebmann*, in: Kommentar zum GmbHG, [7]1927, § 47 Anm. 12; *Feine*, in: Ehrenberg (Hrsg.), Handbuch, Bd. 3, III, 1929, S. 515; *Scholz*, in: Kommentar zum GmbH-Gesetz, 1964, § 45 Rn. 8; vgl. zum Aktienrecht *Flechtheim*, FS Zitelmann, 1913, S. 1, 22.

222 *Feine*, in: Ehrenberg (Hrsg.), Handbuch, Bd. 3, III, 1929, S. 515; *Dorpalen*, Die Anfechtung von Gesellschafterbeschlüssen im GmbH-Recht, 1933, S. 11; *Hachenburg*, in: Kommentar zum GmbHG, Bd. 2, [6]1959, § 45 Anm. 8; *Scholz*, in: Kommentar zum GmbH-Gesetz, 1964, § 45 Rn. 8.

223 *Brodmann*, in: Gesetz, betreffend die Gesellschaften mit beschränkter Haftung, 1924, § 47 Anm. 2: Beschluss sei die Erklärung des Entschlusses der Gesellschaft.

Gesellschafter seien in der Lage etwaige Zweifel hinsichtlich des Zustandekommens oder des Beschlussinhalts klären zu können, zu weit. Daher müsse der Abstimmungsleiter gerade auch im schriftlichen Verfahren jedem Gesellschafter das Beschlussergebnis einzeln schriftlich oder mündlich kundtun. Es liefe der begrüßenswerten Rechtsfortbildung, nach der die Geltendmachung von Beschlussmängeln durch die analoge Anwendung der §§ 241 ff. AktG beschränkt wird, entgegen, wenn unklar ist, gegen welchen Beschluss eine Anfechtung zu richten wäre und der Gesellschafter daher stattdessen die unbefristete allgemeine Feststellungsklage gem. § 256 ZPO auf Klärung des Beschlussergebnisses erheben könne. Nur in kleineren Versammlungen sei es aufgrund der Übersichtlichkeit zulässig, von einer förmlichen Beschlussverkündung abzusehen. Neben den Gesellschaftern habe auch die Öffentlichkeit sowie künftige Erwerber ein schützenswertes Interesse daran, dass die Gesellschaft nicht „bald dies und bald das als in Wahrscheit beschlossen" behaupten kann, sondern ein Organ zuständig ist, das Beschlussergebnis für alle vorläufig verbindlich zu fixieren.[224]

Bei Stimmverboten führe eine gegenteilige Ansicht zudem dazu, dass deren Einhaltung in das „freie Belieben der Abstimmenden" fiele, da jeder Gesellschafter im Zweifel auch verbotswidrig mitabstimme. Die Klageerhebung obliege dann grundsätzlich dem Mitgesellschafter, der sich auf das Gegenteil beruft. Dieser sei dadurch entweder selbst dem Prozessrisiko ausgesetzt oder müsse zumindest in Kauf nehmen, dass er die eigene Gesellschaft finanziell schädigt.

Zudem sei es inkonsequent, einerseits einer tatsächlich erfolgten Beschlussfeststellung eine fixierende Wirkung beizumessen und andererseits die Beschlussfeststellung nur für fakultativ zu halten.[225]

Lutter legte sich 1980 zumindest für den Entschluss des Einmann-Gesellschafters darauf fest, dass die schriftliche Fixierung des „Beschlussinhalts" gem. § 48 III Gültigkeitserfordernis des Entschlusses ist. Erst durch diese Fixierung löse sich der Entschluss aus der „Sphäre seines Innenlebens" und werde „erkennbar".[226]

---

224 *Zöllner*, Schranken, 1963, S. 396; iE zustimmend *Dietz*, in: Gesellschaftsrecht, [3]1970, S. 60.

225 *Zöllner*, Schranken, 1963, S. 394 ff., 399 ff.; vgl. auch *Larenz*, Allgemeiner Teil des deutschen Bürgerlichen Rechts, [7]1989, S. 320. Wohl auch bereits *Ruth*, ZHR 88 (1926), 454, 524 ff.; *Scholz*, GmbHR 1952, 161, 163.

226 *Lutter*, DB 1980, 1317, 1322.

Erst ab den 2010er Jahren finden sich mit *Ernst* und *Altmeppen* wieder erste Verfechter dieser Ansicht.[227] Nach ihrem Verständnis ist die Beschlussfeststellung bereits aus dogmatischen Gründen für alle Beschlüsse rechtsfähiger Verbände, also auch für die GmbH, Wirksamkeitserfordernis.

Sie begründen ihre Ansicht insbes. damit, dass der Beschluss als Wille der Gesellschaft, gleich dem Willen einer natürlichen Person, zu seiner Wirksamkeit zwingend zu verkünden sei.[228]

Die Gegenansicht könne zudem nicht erklären, wie ein Beschlussinhalt, von dem weder Gesellschafter noch Organwalter Kenntnis haben, die „Marschrichtung" einer Gesellschaft vorgeben bzw. Gesellschafter und Organwalter diesbezüglich binden kann.[229] Das Beschlussergebnis könne aufgrund von Zweifeln an der Gültigkeit der Stimmen oder Stimmverboten sowie Mehrheitserfordernissen nicht ohne Weiteres ermittelt werden. Diesem Rechtsunsicherheitsfaktor müsse man zwingend durch eine das Beschlussergebnis festsetzende Verkündung entgegentreten.[230]

Die Anerkennung des Negativbeschlusses spreche zudem dafür, dass der Beschluss nicht bereits mit der Abgabe der letzten Stimme entsteht. Ein Beschluss, der Ja- und Nein-Stimmen sowie Enthaltungen in sich vereinigt, bestehe nicht nur aus Willenserklärungen, die „auf die unmittelbare Herbeiführung einer Rechtsfolge gerichtet" sind. Er sei somit kein Rechtsgeschäft sui generis.[231]

Auch im Aktienrecht sei die hM bereits vor Einführung des § 111 II AktG 1937 davon ausgegangen, dass die Beschlussfeststellung Wirksamkeitserfordernis des Beschlusses ist. Daher habe der Gesetzgeber durch die Einführung der Aufnahmepflicht eines formell festgestellten Beschlussergebnisses ins notarielle Protokoll nicht die Beschlussfeststellungspflicht im AktG einzuführen, sondern lediglich die Kompetenz des Versammlungsleiters festlegen wollen.[232]

---

227 *Ernst*, Liber Amicorum Leenen, 2012, S. 1, 9 ff., 25 ff.; *Altmeppen*, in: Roth/Altmeppen (Hrsg.), GmbHG, [9]2019, § 47 Rn. 3 ff.; *Altmeppen*, ZIP 2017, 1185, 1187 f.; *Altmeppen*, GmbHR 2018, 225, 228; sympathisierend *Notz*, in: Geibel (Hrsg.), Beck.OGK BGB, 2018, § 32 Rn. 189: hL sei nicht überzeugend fundiert.

228 *Altmeppen*, GmbHR 2018, 225, 228.

229 *Ernst*, Liber Amicorum Leenen, 2012, S. 1, 9, 25 ff.

230 *Scholz*, GmbHR 1952, 161, 163.

231 *Ernst*, Liber Amicorum Leenen, 2012, S. 1, 6 f.

232 *Altmeppen*, in: Roth/Altmeppen (Hrsg.), GmbHG, [9]2019, § 47 Rn. 3 ff.; *Ernst*, Liber Amicorum Leenen, 2012, S. 1, S. 1, 9 ff., 25 ff.; *Altmeppen*, ZIP 2017, 1185, 1187 f.; *Altmeppen*, GmbHR 2018, 225, 228.

iii. Keine Notwendigkeit

Mitte des 20. Jahrhunderts[233] etablierte sich dann die inzwischen hL[234], nach der sich die einzelnen Abstimmungserklärungen ipso iure zum Gesellschafterbeschluss zusammenfügen und die Beschlussfeststellung ohne entsprechende Satzungsklausel keine Wirksamkeitsvoraussetzung ist. § 111 II AktG 1937 bzw. § 130 II 1 AktG 1965 sei nicht analog anwendbar. Dies gelte auch für den Fall schriftlich gefasster Beschlüsse[235] sowie für Entschlüsse einer Einmann-GmbH[236]. Das „richtige“ Beschlussergebnis könne durch die nicht fristgebundene Feststellungsklage gem. § 256 ZPO geklärt werden.[237]

---

233 *Küster*, Inhalt und Grenzen, 1954, S. 71 ff.; *Hachenburg*, in: Kommentar zum GmbHG, Bd. 2, [6]1959, § 45 Anm. 16a; *Hueck*, FS Molitor, 1962, S. 401, 409; *Baltzer*, Der Beschluß, 1965, S. 126; *Schilling*, FS Ballerstedt, 1975, S. 257, 263; *Schilling*, in: Hachenburg (Hrsg.), GmbHG, [7]1979, § 45 Rn. 11, § 48 Rn. 14; *Vogel*, Praxis der Gesellschafterversammlung, 1976, S. 37; *Vogel*, Gesellschafterbeschlüsse und Gesellschafterversammlung, [2]1986, S. 156 f.; *Meyer-Landrut*, in: Meyer-Landrut/Miller/Niehus (Hrsg.), GmbHG, 1987, § 48 Rn. 14; *Schmidt*, in: Scholz – Kommentar zum GmbH-Gesetz (begründet von Franz Scholz), [7]1988, § 45 Rn. 20; *Zöllner*, FS Lutter, 2000, S. 821, 826 f.

234 *Hüffer/Schürnbrand*, in: Ulmer/Habersack/Löbbe (Hrsg.), GmbHG, [2]2014, § 47 § 47 Rn. 28; *Leuschner*, in: MüKo BGB, [8]2018, § 32 Anm. 48; *Lutz*, Der Gesellschafterstreit, [5]2017, Rn. 131; *Wolff*, in: MHdB, Bd. 3, [5]2018, § 39 Rn. 6, 81; *Raiser/Veil*, Recht der Kapitalgesellschaften, [6]2015, § 43 Rn. 33; *Koch*, in: Bormann/Kauka/Ockelmann (Hrsg.), Handbuch GmbH-Recht, [3]2014, S. 338; *Römermann*, in: Michalski/Heidinger/Leible u.a. (Hrsg.), GmbHG, [3]2017, § 47 Rn. 583 f.; *Schmidt*, in: GmbHG, [11]2014, § 48 Rn. 52; *Zöllner/Noack*, in: Baumbach/Hueck (Hrsg.), GmbHG, [21]2017, § 47 Rn. 26; *Drescher*, in: MüKo GmbHG, [3]2019, § 47 Rn. 54; *Bayer*, in: Lutter/Hommelhoff (Hrsg.), GmbHG, [19]2016, § 47 Rn. 11, Anh. § 47 Rn. 38; *Noack*, GmbHR 2017, 792, 793 f.; *Koppensteiner*, JBl 2017, 273, 277, 279; *Zöllner/Noack*, ZGR 1989, 525, 527; *Bunz*, NZG 2017, 1366; *Bayer/Möller*, NZG 2018, 801, 807.

235 *Hueck*, FS Molitor, 1962, S. 401, 410; *Römermann*, in: Michalski/Heidinger/Leible u.a. (Hrsg.), GmbHG, [3]2017, § 48 Rn. 269; *Liebscher*, in: MüKo GmbHG, [3]2019, § 48 Rn. 170 f.; *Zöllner/Noack*, in: Baumbach/Hueck (Hrsg.), GmbHG, [21]2017, § 48 Rn. 38.

236 Zwar sei der Beschlussinhalt zwingender Bestandteil der gem. § 48 III anzufertigenden Niederschrift (vgl. *Liebscher*, in: MüKo GmbHG, [3]2019, § 48 Rn. 187; *Römermann*, in: Michalski/Heidinger/Leible u.a. (Hrsg.), GmbHG, [3]2017, § 48 Rn. 311), ein Verstoß gegen die Protokollierungspflicht führe aber lediglich zu einer Schadensersatzpflicht (vgl. *Zöllner/Noack*, in: Baumbach/Hueck (Hrsg.), GmbHG, [21]2017, § 48 Rn. 48; *Römermann*, in: Michalski/Heidinger/Leible u.a. (Hrsg.), GmbHG, [3]2017, § 48 Rn. 322; *Bayer*, in: Lutter/Hommelhoff (Hrsg.), GmbHG, [19]2016, § 48 Rn. 36). Die ursprünglich intendierte Nichtigkeitsfolge (BT-Drucks. 8/1347, S. 11) wurde nicht realisiert (vgl. Empfehlung des Rechtsausschusses BT-Drucks. 8/3908, S. 75).

237 S. 2. Teil C. I. 8.

Das Hauptargument dieser Meinung besteht darin, dass die förmliche Beschlussfeststellung für die GmbH nie gesetzlich vorgeschrieben war.[238] Auch sei § 130 II 1 AktG bzw. § 47 I 2 GenG nicht analog anzuwenden.[239] Der Gesetzgeber habe die Beschlussfeststellung in den Publikumsgesellschaften AG und Genossenschaft nur aufgrund der dort typisch vorkommenden unübersichtlichen Abstimmungsverhältnissen, hervorgerufen durch die großen Teilnehmerzahlen, gesetzlich eingeführt.[240] Da diese Verhältnisse für die GmbH gerade nicht typisch seien, müsse es ausschließlich der Satzung vorbehalten werden, die Beschlussfeststellungspflicht einzuführen.[241] Nach allgemeiner Meinung sei gerade bei Gesellschafterversammlungen mit geringerer Teilnehmerzahl ein Versammlungsleiter auch nicht notwendig. Folglich könne jedenfalls eine förmliche Beschlussfeststellung durch einen Versammlungsleiter nicht Wirksamkeitserfordernis sein.[242]

Darüber hinaus bedürfen Beschlüsse der GmbH, im Gegensatz zu den Beschlüssen der AG (§ 130 II 1 AktG) und der Genossenschaft (§ 47 GenG), nicht einmal der (notariellen) Protokollierung und können, wiederum im Gegensatz zur AG (§ 118 I 1 AktG), sogar außerhalb einer Versammlung gefasst werden (§ 48 II, 45 II GmbHG). Anders als in der AG (§ 130 II 1 AktG) und in der Genossenschaft (§ 47 I 2 GenG) sei ein (den Beschluss verkündender) Versammlungsleiter bzw. Vorsitzender in einer GmbH gesetzlich auch gar nicht vorgesehen.[243]

---

238 *Zöllner/Noack*, in: Baumbach/Hueck (Hrsg.), GmbHG, [21]2017, § 47 26; *Hüffer/Schürnbrand*, in: Ulmer/Habersack/Löbbe (Hrsg.), GmbHG, [2]2014, § 47 § 47 Rn. 28; *Fehrenbach*, Der fehlerhafte Gesellschafterbeschluss, 2011, S. 154; *Bayer*, in: Lutter/Hommelhoff (Hrsg.), GmbHG, [19]2016, § 47 Rn. 11; *Ballerstedt*, GmbHR 1955, 160, 161.

239 *Schilling*, in: Hachenburg (Hrsg.), GmbHG, [7]1979, § 48 Rn. 13; *Römermann*, in: Michalski/Heidinger/Leible u.a. (Hrsg.), GmbHG, [3]2017, § 47 Rn. 582; *Hüffer/Schürnbrand*, in: Ulmer/Habersack/Löbbe (Hrsg.), GmbHG, [2]2014, § 47 Rn. 28.

240 *Noack*, GmbHR 2017, 792, 793.

241 *Leuschner*, in: MüKo BGB, [8]2018, § 32 Rn. 48; *Hachenburg*, in: Kommentar zum GmbHG, Bd. 2, [6]1959, § 45 Anm. 16a; *Küster*, Inhalt und Grenzen, 1954, S. 74 ff., 81.

242 *Saenger/Liebmann*, in: Kommentar zum GmbHG, [7]1927, § 45 Anm. 5; *Küster*, Inhalt und Grenzen, 1954, S. 74 ff., 81; *Hueck*, FS Molitor, 1962, S. 401, 409; *Hüffer/Schürnbrand*, in: Ulmer/Habersack/Löbbe (Hrsg.), GmbHG, [2]2014, § 47 Rn. 28; *Römermann*, in: Michalski/Heidinger/Leible u.a. (Hrsg.), GmbHG, [3]2017, § 47 Rn. 583.

243 *Küster*, Inhalt und Grenzen, 1954, S. 74 ff., 81; *Trölitzsch*, VGR 2017, Bd. 23, 2018, S. 117, 155; *Fehrenbach*, Der fehlerhafte Gesellschafterbeschluss, 2011, S. 154; *Drescher*, in: MüKo GmbHG, [3]2019, § 47 Rn. 54; *Römermann*, in: Michalski/Heidinger/Leible u.a. (Hrsg.), GmbHG, [3]2017, § 47 Rn. 582.

Rechtsunsicherheit bzgl. des Beschlussergebnisses könne nicht per se ein Vorrang gegenüber der „materiellen Gerechtigkeit“ eingeräumt werden. Anders als in den unpersönlichen Publikumsgesellschaften sei es den Gesellschaftern zumutbar, sich untereinander oder beim Geschäftsführer zu erkunden, welches „materielle“ Beschlussergebnis erzielt wurde.[244] Zudem liege in der gesetzlichen Anordnung zur förmlichen Beschlussfassung in §§ 53 II, 54 die gesetzgeberische Intention, dass Rechtssicherheit nur in diesen bestimmten Fällen notwendig sei.[245]

Im Gegensatz zur AG werde in der GmbH ein Versammlungsleiter zumeist aus den Reihen der Gesellschafter bestimmt. Dieser sei daher typischerweise auch persönlich an die zu beschließende Sachfrage eingebunden. Da die Feststellung des Beschlussergebnisses nicht nur den reinen Zählvorgang, sondern insbes. die rechtliche Bewertung der Gültigkeit umfasse, berge sich in ihr ein großes Missbrauchspotenzial.[246]

Zweck der Einführung der Rechtsform GmbH sei es gewesen eine alternative Kapitalgesellschaft neben der schwerfälligen AG zu schaffen. Die bewusst belassene Formfreiheit im GmbHG gebiete es daher, dass der Beschluss in der GmbH auch ohne förmliche Feststellung wirksam ist. Die obligatorische Zuziehung eines Versammlungsleiters erschwere die Beschlussfassung nur unnötig.[247]

Die förmliche Beschlussfeststellung stelle auch aus allgemein-körperschaftsrechtlichen Grundsätzen keine Notwendigkeit dar: Das Beschlussergebnis folge schließlich bereits aus der Subsumtion des Abstimmungsresultats unter die einschlägigen gesetzlichen und statutarischen Vorschriften. Gleich der allgemeinen Meinung zum Vertrag müsse hierfür niemand das Ergebnis extra festhalten.[248]

Auch satzungsändernde Beschlüsse, die gem. § 53 II gesetzlich der notariellen Beurkundung bedürfen, müssen nach der hL grundsätzlich nicht verkündet werden.[249] Das Registergericht könne die Gesellschaft jedoch auf Klärung des

---

244 *Ballerstedt*, GmbHR 1955, 160, 162.

245 *Ders.*, GmbHR 1955, 160, 162.

246 *Koch*, Gutachten F, 72. DJT, 2018, S. 77 f.

247 *Fehrenbach*, Der fehlerhafte Gesellschafterbeschluss, 2011, S. 154; *Küster*, Inhalt und Grenzen, 1954, S. 74 ff., 81; *Bayer/Möller*, NZG 2018, 801, 807.

248 *Zöllner*, FS Lutter, 2000, S. 821, 826; *Noack*, GmbHR 2017, 792, 793; *Ballerstedt*, GmbHR 1955, 160, 161 f.

249 *Hoffmann*, in: Michalski/Heidinger/Leible u.a. (Hrsg.), GmbHG, ³2017, § 53 Rn. 68; *Zöllner/Noack*, in: Baumbach/Hueck (Hrsg.), GmbHG, ²¹2017, § 47 Rn. 26, § 53 Rn. 66; *Hüffer/Schürnbrand*, in: Ulmer/Habersack/Löbbe (Hrsg.), GmbHG, ²2014,

Ergebnisses im Prozessweg, sc. Beschlussfeststellungsklage, verweisen.[250] § 53 II selbst erfordere nur die Beurkundung des Beschlusses und auch aus dem BeurkG ergebe sich keine Beschlussfeststellungspflicht.[251] Anders als in § 130 II AktG sei die Verkündung zu beurkundender Beschlüsse im GmbHG nicht vorgesehen.[252]

Einige Autoren, welche die Beschlussfeststellung als Wirksamkeitserfordernis grundsätzlich ablehnen, machen hiervon bei der Beschlussfassung im schriftlichen und kombinierten Verfahren eine Ausnahme, da bei diesen Abstimmungsformen typischerweise Unsicherheiten über das Ergebnis der Abstimmung entstehen können.[253]

iv. Satzungsklausel

Nach allgemeiner Meinung ist die Beschlussfeststellung jedenfalls dann Wirksamkeitsvoraussetzung, wenn es die Satzung vorschreibt.[254]

3. *Beschlussinhalt*

Gleich der Diskussion im Aktienrecht, setzten sich Rechtsprechung und Literatur auch im GmbH-Recht mit der Frage auseinander, was den Inhalt eines Beschlusses determiniert – insbes. welchen Inhalt ein Beschluss der Gesellschafterversammlung hat, der die erforderliche Stimmenmehrheit zwar grundsätzlich nicht erreicht hat, den ein Versammlungsleiter aber nichtsdestotrotz als angenommen verkündet hat.

Kern dieser Frage ist daher auch im GmbH-Recht, ob der Versammlungsleiter das Beschlussergebnis (vorläufig) festlegen kann und somit über die Klageobliegenheit entscheidet.

---

§ 47 Rn. 28; aA *Meyer-Landrut*, in: Meyer-Landrut/Miller/Niehus (Hrsg.), GmbHG, 1987, § 48 Rn. 14; *Harbarth*, in: MüKo GmbHG, [3]2018, § 53 Rn. 91 ff.

250 *Zöllner/Noack*, in: Baumbach/Hueck (Hrsg.), GmbHG, [21]2017, § 53 Rn. 66; *Harbarth*, in: MüKo GmbHG, [3]2018, § 53 Rn. 92.

251 *Zöllner/Noack*, in: Baumbach/Hueck (Hrsg.), GmbHG, [21]2017, § 53 Rn. 66.

252 *Hoffmann*, in: Michalski/Heidinger/Leible u.a. (Hrsg.), GmbHG, [3]2017, § 53 Rn. 68; *Harbarth*, in: MüKo GmbHG, [3]2018, § 53 Rn. 91.

253 *Drescher*, in: MüKo GmbHG, [3]2019, § 47 Rn. 54; *Fischer/Schmidt*, in: Winkeljohann/Prinz (Hrsg.), Beck'sches Handbuch der GmbH, [5]2014, § 4 Rn. 72; *Fischer*, GmbHG, [10]1983, § 48 Rn. 1; *Fischer*, in: Staub (Hrsg.), HGB, [3]1973, § 119 Anm. 5; *Blasche*, GmbHR 2011, 232, 236; *Gehrlein*, BB 2006, 1126, 1128.

254 Statt aller: *Hüffer/Schürnbrand*, in: Ulmer/Habersack/Löbbe (Hrsg.), GmbHG, [2]2014, § 47 Rn. 28. mwN.

a. Rechtsprechung

Nach ständiger Rechtsprechung ist mangels verpflichtendem förmlichen Beschlussverfahren, insbes. mangels normierter Beschlussfeststellungspflicht, für den Beschlussinhalt grundsätzlich nur das durch Subsumtion des tatsächlichen Abstimmungsergebnisses unter Gesetz und Satzung erreichte Ergebnis maßgeblich.[255]

Ob hiervon bei tatsächlich erfolgter Beschlussfeststellung abzuweichen ist, unterlag im letzten Jahrhundert einer wechselhaften Rechtsprechung:

1922 hatte das RG einen Fall der Abberufung eines Aufsichtsrats zu entscheiden. Obwohl ein Versammlungsleiter die Annahme des Beschlusses festgestellt hat, ging das RG ohne nähere Begründung von der Ablehnung des Antrags mangels Erreichen der erforderlichen Stimmenmehrheit aus. Nur das tatsächlich erzielte Abstimmungsergebnis sei maßgeblich.[256]

1936 entschied das RG, dass die höchstrichterliche Rechtsprechung zur AG, nach der die Beschlussfeststellung eines Versammlungsleiters den Beschlussinhalt (vorläufig) festlegt, jedenfalls nicht auf Beschlüsse kleinerer GmbHs anzuwenden ist, da das GmbHG besondere Formvorschriften nur für Satzungsänderungen kenne.[257]

Bereits 1939, also kurz nach der gesetzlichen Einführung der Beschlussfeststellungspflicht durch einen Versammlungsleiter im AktG, hat das RG seine bisherige GmbHG-Rechtsprechung revidiert: Im Gleichlauf mit der Rechtsprechung zum aktienrechtlichen Beschlussrecht liege auch in der GmbH aus Gründen der Rechtssicherheit ein positiver Beschluss (zumindest vorläufig) unabhängig davon vor, ob die erforderliche Mehrheit erreicht wurde, wenn ein Versammlungsleiter einen dahinlautenden Beschluss festgestellt hat. Fehler beim Zählen oder Bewerten der Stimmen führen nur zur Anfechtbarkeit des Beschlusses.[258]

Anknüpfend an die RG-Rechtsprechung 1936 entschied der BGH 1954, dass ein Versammlungsleiter das Beschlussergebnis jedenfalls dann vorläufig festlegen kann, wenn es sich bei dem Beschluss um eine Satzungsänderung handelt, da diese von Gesetzes wegen notariell zu beurkunden ist (§ 53 II GmbHG).[259]

Zustimmend, aber auch einschränkend urteilte der BGH 1968, dass nur bei satzungsändernden Beschlüssen eine förmliche Feststellung zu einer vorläufigen Verbindlichkeit führt. Zwingende Voraussetzung für die vorläufig verbindliche

255 Statt aller RGZ 104, 182, 185.
256 RGZ 104, 182, 185.
257 RG JW 1937, 549, 550.
258 RG DR 1939, 720, 721.
259 BGHZ 14, 25, 36 = NJW 1954, 1401.

Wirkung sei, dass der Beschluss einer gesetzlichen Pflicht zur notariellen Beurkundung unterliegt.[260] Anders als in der AG sei die Beschlussfeststellung eines Versammlungsleiters sowie die Protokollierung des Beschlussinhalts gerade nicht bzw. nur in Ausnahmefällen (§ 53 II GmbHG) gesetzlich vorgeschrieben. Im Gegensatz zur AG sei das Abstimmungsverfahren in der GmbH aufgrund der regelmäßig geringeren Anzahl an Gesellschafter auch leichter zu überblicken. Zudem könne in der GmbH auch gänzlich auf einen Vorsitzenden verzichtet werden; erfolgt die Abstimmung schriftlich, so komme eine Versammlungsleitung bereits begrifflich nicht in Betracht. Daher könne einer Beschlussfeststellung durch einen Versammlungsleiter in der GmbH auch nicht die gleiche Wirkung zugesprochen werden, wie sie das RG[261] für die AG bzw. die Genossenschaft festgelegt hat. Es sei auch für die Rechtssicherheit wenig gewonnen, wenn es nur der Wahl eines Versammlungsleiters bedürfe, um einen Beschluss selbst ohne Erreichen der erforderlichen Mehrheit in die Welt zu setzen.[262]

Nach inzwischen ständiger BGH-Rechtsprechung fixiert die förmliche Feststellung eines Versammlungsleiters den Beschlussinhalt unabhängig davon, ob eine gerichtliche oder notarielle Beurkundung des Beschlusses vorgeschrieben ist.[263] Jeder förmlich festgestellter Beschluss erzeuge, ungeachtet auch dessen welche Mehrheit tatsächlich erreicht wurde, einen Vertrauenstatbestand dahingehend, dass die Gesellschafterversammlung einen Beschluss mit eben diesem festgestellten Ergebnis gefasst hat. Eine Ausnahme bilde nur der Fall, dass die Verkündung „offensichtlich und zweifelsfrei willkürlich ist".[264]

Nach neuerer Rechtsprechung ist jede Beschlussfeststellung für eine vorläufige Verbindlichkeit des Beschlussinhalts ausreichend, wenn und soweit sie „das Ziel, Unsicherheiten über die Fassung eines Beschlusses zu beseitigen, erreicht".[265] Die

---

260 BGHZ 51, 209, 211 ff. = NJW 1969, 841; so auch BGHZ 76, 154 = NJW 1980, 1527.

261 RGZ 75, 239, 243; 82, 182, 187; 116, 84, 87; 122, 102, 106 f.; 142, 123, 127 f.

262 BGHZ 51, 209, 211 ff. = NJW 1969, 841.

263 BGHZ 97, 28 = NJW 1986, 2051; BGHZ 104, 66, 69 = NJW 1988, 1844; BGH NJW 1999, 2115, 2116; BGHZ 153, 285, 287 = NJW 2003, 2314; so bereits auch BayObLGZ 1955, 333, 341 f.

264 BayObLGZ 1955, 333, 341 f.

265 BGH ZIP 2016, 817 Tz. 33; BGH ZIP 2008, 757 Tz. 24; vgl. auch OLG-Rechtsprechung: OLG München NJW-RR 1990, 804 f.; OLG Celle GmbHR 1997, 172, 174: Ausreichend, dass Gesellschafter am Ende der Versammlung übereinstimmend von einem bestimmten Beschlussergebnis ausgegangen sind; aA noch OLG Stuttgart GmbHR 1995, 228, 229: förmliche Feststellung setzt voraus, dass Verhandlungs-/ Abstimmungsleiter den Beschluss verkündet.

Gesellschafterversammlung könne somit den Beschluss auch selbst verkünden. Das Handeln eines Versammlungsleiters sei nicht erforderlich.

Andererseits hat der BGH in einem Grundsatzurteil 1982 für den Fall der Abberufung des Gesellschaftergeschäftsführers aus wichtigem Grund in der zweigliedrigen GmbH die vorläufige Verbindlichkeit eines vom Versammlungsleiter festgestellten Beschlusses eingeschränkt: Könnte ein Gesellschafter das Stimmrecht des Mitgesellschafters mit der bloßen Behauptung eines wichtigen Grundes ausschalten und wäre dieser Beschluss bis zu einer gegenteiligen rechtskräftigen Gerichtsentscheidung vorläufig wirksam, so wäre die Abberufung aus wichtigem Grund ein „bequemes Mittel, bei Interessengegensätzen oder Meinungsverschiedenheiten unter den Gesellschaftern einen geschäftsführenden Gesellschafter unter Umständen auf Jahre hinaus auszuschalten". Darüber hinaus könnte der Gesellschafter seinen Mitgesellschafter selbst nach gerichtlicher Aufhebung des Abberufungsbeschlusses durch erneute Abberufung prompt und immer wieder „außer Gefecht setzen". Daher zähle allein die „materielle Rechtslage".[266]

2017 hingegen erklärte der BGH, dass der Streit über das Stimmverbot eines Gesellschaftergeschäftsführers bei einem Abberufungsbeschluss aufgrund behauptetem wichtigem Grund für die gerichtliche Überprüfung des Beschlusses nicht relevant ist. Das Gericht habe nur zu entscheiden, ob der wichtige Grund im Zeitpunkt der Beschlussfassung tatsächlich vorliegt. Das Vorliegen habe derjenige darzulegen und zu beweisen, der sich darauf beruft.[267]

b. Literatur

Bereits seit Anfang des 20. Jahrhunderts formt sich nach der hL das Beschlussergebnis grundsätzlich ipso iure aus dem Abstimmungsergebnis und ist durch Subsumtion des Abstimmungsergebnisses unter Gesetz und Satzung von jedermann ablesbar.[268]

Seit Mitte des 20. Jahrhunderts befürwortet die hL zudem, dass, wenn ein legitimierter Versammlungsleiter einen Beschluss festgestellt hat, diese Feststellung

---

266 BGHZ 86, 177, 181 = NJW 1983, 938; zustimmend OLG Stuttgart GmbHR 228, 229.

267 BGH GmbHR 2017, 701 Tz. 9, 12 ff.

268 *Hachenburg*, in: Staub's Kommentar zum GmbHG, ²1906, § 48 Anm. 9–12; *Hachenburg*, in: Staub's Kommentar zum GmbHG, ⁴1913, § 45 Anm. 10; *Schilling*, in: Hachenburg (Hrsg.), GmbHG, ⁷1979, § 45 Rn. 23; *Hüffer/Schürnbrand*, in: Ulmer/Habersack/Löbbe (Hrsg.), GmbHG, ²2014, § 47 Rn. 28; *Raiser/Veil*, Recht der Kapitalgesellschaften, ⁶2015, § 43 Rn. 33; *Baltzer*, Der Beschluß, 1965, S. 125 ff.; *Zöllner*, FS Lutter, 2000, S. 821, 824 ff.; *Noack*, GmbHR 2017, 792, 793; *Koppensteiner*, JBl 2017, 273, 275.

den Beschlussinhalt zumindest vorläufig fixiert. Dies gelte gerade auch dann, wenn der Versammlungsleiter die Annahme eines Antrags erklärt, obwohl die erforderliche Mehrheit tatsächlich nicht erreicht wurde. Der Beschluss sei mit dem vom Versammlungsleiter festgestellten Inhalt (vorläufig) wirksam und könne nur mittels erfolgreicher Anfechtung gerichtlich beseitigt werden.[269] *Raiser* bejaht die Feststellungswirkung sogar dann, wenn der Versammlungsleiter nicht zur Beschlussfeststellung legitimiert ist, da die Gesellschafter den Beschlussinhalt durch die Anfechtungs- bzw. Nichtigkeitsklage korrigieren könnten.[270] Ausgenommen sei nur der Fall, dass der Versammlungsleiter den Beschlussinhalt offensichtlich willkürlich verkündet[271] oder der Verkündende evident einem Schreib- bzw. Sprachfehler unterliegt[272].

Das Hauptargmunt dieser Lehrmeinung ist, dass andernfalls der Zweck der begrüßenswerten Übernahme des aktienrechtlichen, formalisierten Beschlussmängelsystems, Rechtssicherheit und -beständigkeit, nur eingeschränkt erreicht wird. Nach dem aktienrechtlichen System seien fehlerhafte Beschlüsse, die nicht nichtig sind, zumindest vorläufig wirksam.

Da der abschließende aktienrechtliche Nichtigkeitskatalog (§ 241 AktG) das Erreichen der Stimmenmehrheit nicht aufführt, sei ein Beschluss, der entgegen der Beschlussfeststellung, die erforderliche Anzahl an Ja-Stimmen nicht in sich vereinigen konnte, lediglich anfechtbar. Nach Ablauf der Anfechtungsfrist könne eine unzufriedene Partei den Mangel der Beschlussfeststellung bzw. das „materielle

---

269 *Hueck*, in: Baumbach/Hueck (Hrsg.), GmbHG, [10]1962, Anh. § 47 Anm. 3 A; *Hueck*, FS Molitor, 1962, S. 401, 409; *Zöllner*, Schranken, 1963, S. 398 ff.; *Baltzer*, Der Beschluß, 1965, S. 127; *Schilling/Zutt*, in: Hachenburg (Hrsg.), GmbHG, [7]1979, Anh. § 47 Rn. 9 f., 37; *Schilling*, in: Hachenburg (Hrsg.), GmbHG, [7]1979, § 48 Rn. 16; *Schmidt*, in: Scholz – Kommentar zum GmbH-Gesetz (begründet von Franz Scholz), [7]1988, § 45 Rn. 50, 98, § 48 Rn. 58; *Hüffer/Schürnbrand*, in: Ulmer/Habersack/Löbbe (Hrsg.), GmbHG, [2]2014, § 47 Rn. 29; *Raiser/Veil*, Recht der Kapitalgesellschaften, [6]2015, § 43 Rn. 33; *Lutz*, Der Gesellschafterstreit, [5]2017, Rn. 131; *Koch*, in: Bormann/Kauka/Ockelmann (Hrsg.), Handbuch GmbH-Recht, [3]2014, S. 338; *Zöllner*, FS Lutter, 2000, S. 821, 827 f; *Koppensteiner*, JBl 2017, 273, 277, 279; *Scholz*, GmbHR 1952, 161, 163; *Groschuff*, DR 1939, 722; *Schmidt*, AG 1977, 243, 248.

270 *Raiser*, FS Heinsius, 1991, S. 645, 648 f.

271 *Scholz*, in: Kommentar zum GmbH-Gesetz, 1964, § 45 Rn. 15; *Werner*, GmbHR 2006, 127, 129; *Böttcher/Grewe*, NZG 2002, 1086, 1088; aA *Zöllner*, Schranken, 1963, S. 405; *Bayer*, in: Lutter/Hommelhoff (Hrsg.), GmbHG, [19]2016, § 48 Rn. 17a: prozessuale Frage nach richtigem Rechtsschutzinstrument solle nicht der materiellen Frage der Richtigkeit des Beschlusses vermengt werden.

272 *Rohleder*, GmbHR 1989, 236, 237.

Beschlussergebnis“ nicht mehr gerichtlich geltend machen. Die Zuteilung der fehlerhaften Beschlussfeststellung zu den Anfechtungsgründen fördere daher die Rechtssicherheit und -beständigkeit.[273] Zudem könne durch die vorläufige Verbindlichkeit trotz Zweifel an der erforderlichen Mehrheit sowie am Erreichen dieser Mehrheit und an der Gültigkeit abgegebener Stimmen ein maßgebender Beschluss erreicht werden.[274]

Der förmlichen Beschlussfeststellung stehe der Fall gleich, dass sich die Gesellschafter am Ende der Versammlung über das Beschlussergebnis einig sind bzw. das Ergebnis nicht streitig war.[275] Das Verbot des venire-contra-factum-proprium liefere die rechtliche Begründung: Der Gesellschafter, der nicht alsbald gegen das Beschlussergebnis protestiert, müsse sich gefallen lassen, dass dieses Ergebnis vorläufig verbindlich ist.[276] Einigkeit der Gesellschafter liege insbes. vor, wenn sie das Ergebnis in einem Privatprotokoll fixiert und gemeinsam unterzeichnet bzw. widerspruchslos zur Kenntnis genommen haben[277]. Ebenso genüge, dass ein Notar das Ergebnis festgestellt und beurkundet hat[278] oder ein Geschäftsführer es den Gesellschaftern nach schriftlichem Beschlussverfahren mitgeteilt hat[279].

---

273 *Schilling*, in: Hachenburg (Hrsg.), GmbHG, [7]1979, § 48 Rn. 16; *Zöllner*, FS Lutter, 2000, S. 821, 827.

274 *Scholz*, in: Kommentar zum GmbH-Gesetz, 1964, § 45 Rn. 15.

275 *Schilling*, in: Hachenburg (Hrsg.), GmbHG, [7]1979, § 48 Rn. 16; *Hüffer/Schürnbrand*, in: Ulmer/Habersack/Löbbe (Hrsg.), GmbHG, [2]2014, § 47 Rn. 29; *Wolff*, in: MHdB, Bd. 3, [5]2018, § 39 Rn. 84; *Koch*, in: Bormann/Kauka/Ockelmann (Hrsg.), Handbuch GmbH-Recht, [3]2014, S. 338; *Drescher*, in: MüKo GmbHG, [3]2019, § 47 Rn. 55; *Raiser*, FS Heinsius, 1991, S. 645, 648; *Zöllner/Noack*, in: Baumbach/Hueck (Hrsg.), GmbHG, [21]2017, Anh. § 47 Rn. 120 f.; *Schwab*, Prozeßrecht, 2005, S. 372; *Raiser*, in: Ulmer/Habersack/Löbbe (Hrsg.), GmbHG, [2]2014, Anh. § 47 Rn. 104; *Rohleder*, GmbHR 1989, 236, 239; aA *Werner*, GmbHR 2006, 127, 130; *Hoffmann/Köster*, GmbHR 2003, 1327, 1329 f.

276 *Raiser*, FS Heinsius, 1991, S. 645, 648; *Raiser*, in: Ulmer/Habersack/Löbbe (Hrsg.), GmbHG, [2]2014, Anh. § 47 Rn. 104; *Rohleder*, GmbHR 1989, 236, 239.

277 *Groschuff*, DR 1939, 722; *Koch*, Das Anfechtungsklageerfordernis, 1997, S. 214 f.; *Drescher*, in: MüKo GmbHG, [3]2019, § 47 Rn. 55.

278 *Zöllner/Noack*, in: Baumbach/Hueck (Hrsg.), GmbHG, [21]2017, Anh. § 47 Rn. 120a; *Koch*, Das Anfechtungsklageerfordernis, 1997, S. 212; *Teichmann*, in: Gehrlein/Born/Simon (Hrsg.), GmbHG, [3]2017, Anh. § 47 Rn. 40; *Wicke*, GmbHR 2017, 777, 785; aA *Ernst*, Liber Amicorum Leenen, 2012, S. 1, 15: Protokollführer ist nicht beschlussfeststellungskompetent.

279 *Hueck*, FS Molitor, 1962, S. 401, 410.

Manche verneinen die verbindliche Wirkung der Beschlussfeststellung, soweit § 53 II gesetzlich eine qualifizierte Mehrheit anordnet. In diesen Fällen komme es nur auf das tatsächlich erreichte Abstimmungsergebnis unter Berücksichtigung von Gesetz und Satzung an. Das qualifizierte Mehrheitserfordernis in § 53 II bezwecke den Schutz der Minderheit bei Änderungen der Grundlagen der Gesellschaft. Da nach der hM die Bestellung eines beschlussfeststellenden Versammlungsleiters nur der einfachen Mehrheit bedarf, gäbe man dieser Mehrheit andernfalls ein „Manipulationsmittel an die Hand“ und untergrabe den Minderheitenschutz.[280]

Einige schränken die fixierende Wirkung zudem für den Fall der Abberufung des Gesellschaftergeschäftsführers aus wichtigem Grund in der zweigliedrigen GmbH und bei Mehrheitsbeteiligung des Gesellschaftergeschäftsführers ein. Andernfalls könne der Mitgesellschafter bzw. die Gesellschaftsminderheit den Geschäftsführer im Konfliktfall mit bloßen Behauptungen außer Gefecht setzen. Mangels gesondertem Bestellungs- und Abberufungsorgan (in AG: Aufsichtsrat) sei § 84 III 4 AktG, der die Wirksamkeit des Abberufungsbeschlusses bis zu einer rechtskräftigen Feststellung der Unwirksamkeit festlegt, nicht analog anwendbar.[281]

Die MM vertrat hingegen bereits seit Anfang des 20. Jahrhunderts, dass die konstitutive Beschlussfeststellung, gleich der Kundgabe des Willens einer natürlichen Person, den Beschlussinhalt festlegt.[282]

Für den „körperschaftlichen Gesamtwillensakt“ gelte lediglich das Erklärte. Innere Willensvorgänge seien unbeachtlich, da der nach außen zum Ausdruck gekommene Gesamtwille sich nicht mehr „in seine Bestandteile zerlegen“ lasse.[283] Der einzelne Wille der Beteiligten gehe in dem „einheitlichen, nach außen hin

---

280 *Hoffmann*, in: Michalski/Heidinger/Leible u.a. (Hrsg.), GmbHG, ³2017, § 53 Rn. 68 ff.

281 *Wicke*, GmbHG, ³2016, § 38 Rn. 11; *Stephan/Tieves*, in: MüKo GmbHG, ³2019, § 38 Rn. 156; *Baukelmann*, in: Rowedder/Schmidt-Leithoff (Hrsg.), GmbHG, ⁶2017, § 38 Rn. 25; *Winkler*, GmbHR 2017, 334, 340; weitergehend *Grunewald*, FS Zöllner, 1998, S. 177, 185 ff.; wohl auch *Lieder/Ringlage*, GmbHR 2017, 1065, 1070 ff. jeweils mwN. Zum vorbeugenden Rechtsschutz vgl. *Beyer*, GmbHR 2001, 467 ff.; *Nietsch*, GmbHR 2006, 393 ff.

282 *Hachenburg*, in: Staub's Kommentar zum GmbHG, ²1906, § 48 Anm. 9–12; *Brodmann*, in: Gesetz, betreffend die Gesellschaften mit beschränkter Haftung, 1924, § 47 Anm. 4; *Altmeppen*, in: Roth/Altmeppen (Hrsg.), GmbHG, ⁹2019, § 47 Rn. 17; *Ruth*, ZHR 88 (1926), 454, 524 ff.; *Scholz*, GmbHR 1952, 161, 163; so früher auch *Zöllner*, Schranken, 1963, S. 397 ff.

283 *Ruth*, ZHR 88 (1926), 454, 524.

zum Ausdruck kommenden Gesamtwillen" der Gesellschaft unter bzw. werde absorbiert.[284] Daher sei nicht das materielle, sondern nur das kundgegebene Beschlussergebnis maßgeblich.

Eine heutzutage nicht mehr vertretene Gegenansicht hielt am Grundsatz, dass der Beschluss keiner Feststellung bedarf und allein auf den Stimmabgaben beruht, starr fest. Nur das Abstimmungsergebnis sei für den Beschlussinhalt maßgeblich. Auch eine tatsächlich vorgenommene Beschlussverkündung durch einen Versammlungsleiter bilde hiervon keine Ausnahme. Für das Vorliegen eines positiven Beschlusses müsse dieser die erforderliche Mehrheit zwingend tatsächlich in sich vereinen.[285]

Es sei nicht stringent die Mitwirkung eines Versammlungsleiters einerseits für fakultativ zu halten und andererseits einer tatsächlich durchgeführten Beschlussfeststellung konstitutive Wirkung beizumessen. Auf die Rechtsprechung zum Aktienrecht könne nicht verwiesen werden, da die Beschlussfeststellung in der aktienrechtlichen Hauptversammlung obligatorisch sei.[286]

Die Gesellschafter hätten auch kein Bedürfnis, dass das Beschlussergebnis eindeutig von autoritativer Seite festgelegt wird, da das Beschlussverfahren aufgrund der typischerweise nur geringen Mitgliederzahl ohnehin übersichtlich sei.[287] Erforderlichenfalls könne der Gesellschafter den Beschluss gerichtlich durch die allgemeine Beschlussfeststellungsklage feststellen lassen.[288]

Die Rechte der Minderheit würden empfindlich beschnitten, wenn ein mit einfacher Mehrheit bestellter Versammlungsleiter das Beschlussergebnis willkürlich festlegen und somit über die Klageobliegenheit entscheide könnte.[289]

Zudem sei es inakzeptabel, dass ein Beschluss, den ein Versammlungsleiter zu Unrecht als negativen verkündet hat, lediglich gerichtlich aufgehoben werden

---

284 *Ruth*, ZHR 88 (1926), 454, 524; *Brodmann*, JW 1929, 615, 616; *Scholz*, GmbHR 1952, 161, 163.

285 *Feine*, in: Ehrenberg (Hrsg.), Handbuch, Bd. 3, III, 1929, S. 545; *W. Schmidt*, in: Hachenburg (Hrsg.), GmbHG, ⁶1959, § 45 Anm. 16a; *Küster*, Inhalt und Grenzen, 1954, S. 74 ff., 81; *Ballerstedt*, GmbHR 1955, 160, 161; *Baltzer*, GmbHR 1972, 57; einschränkend für notariell beurkundete Beschlüsse *Meyer-Landrut*, in: Meyer-Landrut/Miller/Niehus (Hrsg.), GmbHG, 1987, § 47 Rn. 5.

286 *Küster*, Inhalt und Grenzen, 1954, S. 74 ff., 81; *Ballerstedt*, GmbHR 1955, 160, 161 f.

287 *Hachenburg*, in: Kommentar zum GmbHG, Bd. 2, ⁶1959, § 45 Anm. 16a; *Küster*, Inhalt und Grenzen, 1954, S. 80.

288 *Feine*, in: Ehrenberg (Hrsg.), Handbuch, Bd. 3, III, 1929, S. 545; *W. Schmidt*, in: Hachenburg (Hrsg.), GmbHG, ⁶1959, § 45 Anm. 16a; *Ballerstedt*, GmbHR 1955, 160, 161.

289 *Ballerstedt*, GmbHR 1955, 160, 164.

kann. Um einen positiven Beschluss zu erhalten, sei die Gesellschaft gezwungen das Beschlussverfahren zu wiederholen.[290]

4. *Zuständigkeit für die Beschlussfeststellung*

Nach allgemeiner Meinung ist die Beschlussfeststellung jedenfalls möglich. Das wirft die Frage auf, wer für diese Feststellung zuständig sein soll:

a. Rechtsprechung

Anfangs ging die Rechtsprechung wohl davon aus, dass nur ein Versammlungsleiter beschlussfeststellungskompetent sein kann.[291] Dieser habe die Kompetenz auch dann, wenn ihn der festzustellende Beschluss inhaltlich berührt, da die Minderheit aufgrund der lediglich vorläufigen Wirkung ausreichend geschützt sei und dem Versammlungsleiter hinsichtlich der Bewertung der erforderlichen Mehrheit und der einzelnen Stimmabgaben ohnehin kein Ermessen zukomme.[292]

Bereits 1989 erklärte das OLG München, dass für die fixierende Wirkung einer Beschlussfeststellung anstatt eines Versammlungsleiters auch die Gesellschafterversammlung selbst tätig werden kann. Hierfür müssten sich alle Beteiligten im Zeitpunkt der Beschlussfassung über das Ergebnis einig sein. Diese Einigung könne die Gesellschafterversammlung beispielsweise durch eine gemeinsame Unterzeichnung eines Protokolls kundtun.[293] Das OLG Celle schloss sich dieser Rechtsprechung 1996 an. Die vorläufige Verbindlichkeit trete sogar dann ein, wenn die Gesellschafter am Ende der Gesellschafterversammlung von einem bestimmten Beschlussergebnis übereinstimmend ausgehen, ohne dass es einem ausdrücklichen Zeichen nach außen, z.B. Protokoll, bedürfe.[294]

2008 hat sich auch der BGH dahingehend festgelegt, dass jede Feststellung ausreichend ist, wenn und soweit sie „das Ziel, Unsicherheiten über die Fassung eines Beschlusses zu beseitigen, erreicht".[295] Da der Zweck der Beschlussfeststellung in der Beseitigung von Zweifeln liege, ob ein wirksamer Beschluss gefasst wurde,

---

290 *Ders.*, GmbHR 1955, 160, 161.

291 RG DR 1939, 720, 721; BGHZ 14, 25, 36 = NJW 1954, 1401; BGHZ 51, 209 = NJW 1969, 841; BGH ZIP 1989, 1261; ZIP 1995, 1982,1983; 1996, 2071.

292 BGH NJW 2010, 3027 Tz. 16; OLG München ZIP 2017, 1467 f.; OLG Jena GmbHR 2013, 149, 152; aA noch BGH NZG 2004, 422, 423 bei Befangenheit und willkürlichen oder vorsätzlich falschen Feststellungen.

293 OLG München NJW-RR 1990, 804 f.

294 OLG Celle GmbHR 1997, 172, 174; zust. OLG München GmbHR 2015, 84, 85.

295 BGH ZIP 2008, 757 Tz. 24; zustimmend BGH ZIP 2016, 817 Tz. 33.

genüge für eine förmliche Feststellung jedenfalls auch ein privatschriftliches, vom Geschäftsführer unterzeichnetes Protokoll, das die von allen Gesellschaftern gleichlautende Feststellung, „welcher Beschluss von wem mit welchem Inhalt und welchem Stimmenverhältnis gefasst worden ist", wiedergibt.[296]

b. Literatur

Auch nach der hL ist die Verkündung des Beschlusses grundsätzlich Sache des Versammlungsleiters.[297] Dieser soll sogar dann beschlussfeststellungskompetent sein, wenn ihn der festzustellende Beschluss inhaltlich berührt, weil dem Versammlungsleiter hinsichtlich der vorläufigen Bewertung der abgegebenen Stimmen kein Ermessen zukomme. Die Minderheit sei auch ausreichend geschützt, da der festgestellte Beschlussinhalt nur vorläufig gelte.[298]

Einvernehmlich könne auch die Gesellschafterversammlung selbst Beschlüsse feststellen, z.B. durch gemeinsames Unterzeichnen oder zumindest widerspruchsloses zur Kenntnis nehmen eines protokollierten Beschlussergebnisses.[299] Ausreichend sei auch, dass eine Person „für alle Gesellschafter ersichtlich und ohne deren Widerspruch" die Beschlussfeststellung vornimmt[300] oder alle Gesellschafter am Ende der Gesellschafterversammlung übereinstimmend

296 BGH ZIP 2008, 757 Tz. 25.

297 *Hachenburg*, in: Staub's Kommentar zum GmbHG, ²1906, § 45 Anm. 9–12; *Römermann*, in: Michalski/Heidinger/Leible u.a. (Hrsg.), GmbHG, ³2017, § 47 Rn. 587; *Drescher*, in: MüKo GmbHG, ³2019, § 47 Rn. 54; *Ernst*, Liber Amicorum Leenen, 2012, S. 1, 13 jeweils mwN.

298 *Hüffer/Schürnbrand*, in: Ulmer/Habersack/Löbbe (Hrsg.), GmbHG, ²2014, § 48 Rn. 32; *Bayer*, in: Lutter/Hommelhoff (Hrsg.), GmbHG, ¹⁹2016, § 48 Rn. 17a; *Wicke*, GmbHG, ³2016, § 37 Rn. 17; *Binnewies/Wollweber*, Der Gesellschafterstreit, 2017, Rn. 546; *Werner*, GmbHR 2006, 127, 129; *Penzlin*, EWiR 2010, 783 f.; aA *Zöllner/Noack*, in: Baumbach/Hueck (Hrsg.), GmbHG, ²¹2017, § 48 Rn. 120; *Noack*, GmbHR 2017, 792, 798; *Herchen*, VGR 2016, Bd. 22, 2017, S. 83, 90; *Hoffmann/Köster*, GmbHR 2003, 1327, 1332 f.: niemand könne Richter in eigener Sache sein.

299 *Wolff*, in: MHdB, Bd. 3, ⁵2018, § 39 Rn. 83; *Koch*, in: Bormann/Kauka/Ockelmann (Hrsg.), Handbuch GmbH-Recht, ³2014, S. 338; *Bayer*, in: Lutter/Hommelhoff (Hrsg.), GmbHG, ¹⁹2016, Anh. § 47 Rn. 38; *Zöllner*, Schranken, 1963, S. 821, 828; *Zöllner/Noack*, in: Baumbach/Hueck (Hrsg.), GmbHG, ²¹2017, Anh. § 47 Rn. 120a; *Noack*, GmbHR 2017, 792, 797.

300 *Wertenbruch*, in: MüKo GmbHG, ³2019, Anh. § 47 Rn. 235; *Zöllner*, FS Lutter, 2000, S. 821, 827; *Zöllner/Noack*, in: Baumbach/Hueck (Hrsg.), GmbHG, ²¹2017, Anh. § 47 Rn. 120; *Rohleder*, GmbHR 1989, 236, 239.

von einem Beschlussergebnis ausgehen.[301] Die einfache Mehrheit solle für eine alternative Beschlussfeststellung noch nicht ausreichend sein, da andernfalls das Stimmverbot aus § 47 IV „denaturiert“ werde, indem die Mehrheit jedes Mal feststellt, dass sie keinem Stimmverbot unterliegt.[302]

Nach der Gegenansicht ist grundsätzlich nur die Gesellschafterversammlung selbst beschlussfeststellungskompetent. Diese benötige für die verbindliche Feststellung des Beschlussergebnisses auch keine Einvernehmlichkeit. Die Gesellschafterversammlung entscheide, wie auch sonst (§ 47 I), mit einfacher Mehrheit.[303]

Die Gesellschafterversammlung könne sich jedoch eines moderierenden Versammlungsleiters als Sprachrohr bedienen[304] oder ihre Kompetenz an einen qualifizierten Versammlungsleiter (per eindeutiger Satzungsklausel) abgeben.[305] Bei Befangenheit des statutarisch festgelegten, qualifizierten Versammlungsleiters falle die Beschlussfeststellungskompetenz an die Gesellschafterversammlung zurück.[306]

Das Organ Gesellschafterversammlung habe als oberstes Organ und Willensbildungsorgan in allen rechtsfähigen Verbänden des Zivilrechts die Beschlussfeststellungskompetenz originär als eigene inne. Im Gegensatz zum AktG (§ 111 II AktG 1937; § 130 I, II 1 AktG 1965) sei in der GmbH die Beschlussfeststellung auch nicht per Gesetz einem Versammlungsleiter zugeordnet.[307]

Diese Ansicht führe als Einzige gerade auch bei den typischen Streitigkeiten der Abberufung des Gesellschafter-Geschäftsführers zu billigen Ergebnissen: Die Minderheit kann demnach der Mehrheit nicht mit der bloßen Behauptung eines etwaigen Stimmverbote das Stimmrecht absprechen, da die Mehrheit, solange die

---

301 *Wertenbruch*, in: MüKo GmbHG, [3]2019, Anh. § 47 Rn. 232; *Bayer*, in: Lutter/Hommelhoff (Hrsg.), GmbHG, [19]2016, Anh. § 47 Rn. 38; *Zöllner*, FS Lutter, 2000, S. 821, 828.

302 *Noack*, GmbHR 2017, 792, 797.

303 *Altmeppen*, in: Roth/Altmeppen (Hrsg.), GmbHG, [9]2019, § 47 Rn. 4, 17 ff.; *Altmeppen*, GmbHR 2018, 225, 230; *Altmeppen*, ZIP 2017, 1185, 1188; *Altmeppen*, NJW 2016, 2833, 2838; im Ergebnis auch *Ernst*, Liber Amicorum Leenen, 2012, S. 1, 13 f. Nach *Ernst* ist aber eine Beschlussfeststellung, „die das Ergebnis der zugrunde liegenden Sachabstimmung ignoriert oder offensichtlich verfälscht“ nichtig.

304 *Altmeppen*, in: Roth/Altmeppen (Hrsg.), GmbHG, [9]2019, § 48 Rn. 14.

305 Wohl auch *Feine*, in: Ehrenberg (Hrsg.), Handbuch, Bd. 3, III, 1929, S. 515, 545.

306 *Altmeppen*, in: Roth/Altmeppen (Hrsg.), GmbHG, [9]2019, § 48 Rn. 20; *Altmeppen*, ZIP 2017, 1185, 188 f.

307 *Altmeppen*, in: Roth/Altmeppen (Hrsg.), GmbHG, [9]2019, § 47 Rn. 4; *Altmeppen*, GmbHR 2018, 225, 228.

Gesellschaft die Beschlussfeststellungskompetenz nicht statutarisch an einen Versammlungsleiter übertragen hat, für die Bewertung der Gültigkeit der Stimmen und der Verkündung des Beschlussergebnisses zuständig ist. Die Minderheit sei daher auf den Klageweg verwiesen: Durch die Kombination der Anfechtungs- und der positiven Beschlussfeststellungsklage könne sie bei Vorliegen eines Stimmverbots erreichen, dass der von der Mehrheit festgestellte negative Beschluss aufgehoben und das Vorliegen eines abberufenden Beschlusses festgestellt wird.[308]

5. *Bestellung des Versammlungsleiters*

Nach allgemeiner Meinung kann die Satzung bestimmen, wer für die Leitung der Versammlung zuständig ist.[309] Insbes. kleinere Versammlungen können auf einen „formellen Vorsitz" auch ganz verzichten.[310]

a. *Moderierender Versammlungsleiter*

Schweigt die Satzung, so kann nach allgemeiner Meinung die Gesellschafterversammlung bereits mit einfacher Mehrheit einen lediglich moderierenden Versammlungsleiter bestellen.[311] Man kann diesen mit *Noacks* Worten auch „einfachen Versammlungsleiter" nennen.[312] Dieser ist als „Funktionsgehilfe"[313] der Gesellschaft lediglich für den reibungslosen Ablauf der Versammlung zuständig. Zu seinen Aufgaben zählen daher typischerweise das Eröffnen, Schließen und Unterbrechen der Sitzung, das Feststellen von Anwesenheit und Teilnahmerecht

---

308 Vgl. *Altmeppen*, in: Roth/Altmeppen (Hrsg.), GmbHG, 92019, § 38 Rn. 53 ff.; *Altmeppen*, NJW 2016, 2833, 2837; *Altmeppen*, GmbHR 2018, 225, 230; *Altmeppen*, ZIP 2017, 1185, 1186 ff.

309 Statt aller: *Hachenburg*, in: Staub's Kommentar zum GmbHG, 21906, § 48 Anm. 4.

310 So bereits: *Saenger/Liebmann*, in: Kommentar zum GmbHG, 71927, § 45 Anm. 5; *Hachenburg*, in: Staub's Kommentar zum GmbHG, 21906, § 48 Anm. 5.

311 So bereits: *Saenger/Liebmann*, in: Kommentar zum GmbHG, 71927, § 48 Anm. 5; *Hachenburg*, in: Staub's Kommentar zum GmbHG, 21906, § 48 Anm. 4; *Brodmann*, in: Gesetz, betreffend die Gesellschaften mit beschränkter Haftung, 1924, § 48 Anm. 1; aktuell auch *Zöllner/Noack*, in: Baumbach/Hueck (Hrsg.), GmbHG, 212017, § 48 Rn. 16.

312 *Noack*, GmbHR 2017, 792, 795.

313 *Hüffer/Schürnbrand*, in: Ulmer/Habersack/Löbbe (Hrsg.), GmbHG, 22014, § 48 Rn. 28, 31, 36; *Seibt*, in: GmbHG, 112014, § 48 Rn. 32; *Altmeppen*, in: Roth/Altmeppen (Hrsg.), GmbHG, 92019, § 48 Rn. 13; *Altmeppen*, NJW 2016, 2833, 2836 ff.; *Altmeppen*, ZIP 2017, 1185, 1185 ff.; *Altmeppen*, GmbHR 2018, 225, 230.

der Gesellschafter sowie der Aufruf der einzelnen Beschlussgegenstände, die Erteilung des Wortes und die Durchführung der Abstimmung.[314] Zudem kann er als „Sprachrohr“ der Gesellschafterversammlung für sie Beschlüsse feststellen und verkünden. Die Gesellschafterversammlung ist ihm dabei übergeordnet und kann ihm Weisungen erteilen sowie sämtliche seiner Entscheidungen jederzeit korrigieren und revidieren bzw. die Beschlussfeststellung gänzlich wieder selbst übernehmen.[315]

b. Beschlussfeststellungskompetenter Versammlungsleiter

Welche Voraussetzungen an die Bestellung eines beschlussfeststellungskompetenten Versammlungsleiters zu stellen sind, der zumindest vorläufige Entscheidungen auch ohne bzw. gegen die Gesellschafterversammlung fällen kann (mit *Noacks* Worten „qualifizierter Versammlungsleiter“[316]), ist umstritten.

Zum Teil wird eine Satzungsregelung oder zumindest ein einstimmiger Beschluss für erforderlich gehalten.[317] Für andere ist ein Beschluss mit qualifizierter Mehrheit ausreichend, aber auch notwendig.[318] Andernfalls könnte der Mehrheitsgesellschafter sich das Amt selbst anmaßen und Beschlüsse unabhängig davon feststellen lassen, ob die rechtlichen Voraussetzungen vorliegen. Insbes. könnte er das Stimmrecht eines Mitgesellschafters mit der bloßen Behauptung, dieser unterliege einem Stimmverbot nach § 47 IV, ausschalten. Es sei mit dem Minderheitenschutz nicht vereinbar, wenn diese sich bei Verstößen der Mehrheit immer in der Klagerolle befinden.[319]

---

314 *Altmeppen*, in: Roth/Altmeppen (Hrsg.), GmbHG, [9]2019, § 48 Rn. 13; *Zöllner/Noack*, in: Baumbach/Hueck (Hrsg.), GmbHG, [21]2017, § 48 Rn. 17.

315 *Altmeppen*, in: Roth/Altmeppen (Hrsg.), GmbHG, [9]2019, § 48 Rn. 14; *Noack*, GmbHR 2017, 792, 795; *Altmeppen*, NJW 2016, 2833, 2837; *Altmeppen*, GmbHR 2018, 225, 230.

316 *Noack*, GmbHR 2017, 792, 795.

317 OLG Frankfurt aM GmbHR 2009, 378, 379; NZG 1999, 406; *Zöllner/Noack*, in: Baumbach/Hueck (Hrsg.), GmbHG, [21]2017, Anh. § 47 Rn. 120, § 48 Rn. 16; *Römermann*, in: Michalski/Heidinger/Leible u.a. (Hrsg.), GmbHG, [3]2017, § 47 Rn. 589; *Noack*, GmbHR 2017, 792, 795; *Hoffmann/Köster*, GmbHR 2003, 1327, 1329; *Schmidt*, GmbHR 1992, 9, 13; zwingend Satzungsregelung: *Altmeppen*, in: Roth/Altmeppen (Hrsg.), GmbHG, [9]2019, § 48 Rn. 23; *Altmeppen*, ZIP 2017, 1185, 1187; *Wicke*, GmbHR 2017, 777, 785.

318 *Senft*, FS Spiegelberger, 2009, S. 919, 928; *Bochmann*, GmbHR 2017, 558, 567.

319 *Raiser*, FS Heinsius, 1991, S. 645, 648; *Zöllner/Noack*, in: Baumbach/Hueck (Hrsg.), GmbHG, [21]2017, Anh. § 47 Rn. 120.

Dass für die Bestellung eines Versammlungsleiters zwingend eine Satzungsregelung bzw. eine qualifizierte Mehrheit erforderlich sei, ergebe sich bereits aus dem Gesetz: Da sich ein qualifizierter Versammlungsleiter über das vom Beschlussorgan Gesellschafterversammlung erzielte materielle Abstimmungsergebnis sowie deren rechtlicher Bewertung von Stimmverboten hinwegsetzen kann, stelle die Bemächtigung zur Beschlussfeststellung eine echte Delegation der Organkompetenz dar. Gem. § 45 II müssen die Gesellschafter für eine Kompetenzverlagerung den Gesellschaftsvertrag ändern. Eine Satzungsänderung bedarf gem. § 53 II der qualifizierten Mehrheit.[320]

Ein Großteil begnügt sich nichtsdestotrotz mit einer (Ad-hoc-) Bestellung mit einfacher Mehrheit, da die Gesellschafterversammlung gem. § 47 I ihre Beschlüsse grundsätzlich mit einfacher Mehrheit beschließt solange Gesetz oder Satzung keine höheren Mehrheitsanforderungen stellen. Da die Gesellschafterversammlung unstreitig per Satzung für die Wahl des Versammlungsleiters eine beliebige Stimmenmehrheit festlegen könne, seien an die Bestellung zumindest keine höhere Anforderung als an eine Satzungsänderung zu stellen. Aufgrund der lediglich vorläufigen Fixierung werde zudem nicht übermäßig in die Rechte der Minderheit eingegriffen. Andernfalls können sich die Gesellschafter bei Streit auch nur erschwert auf einen Versammlungsleiter einigen. Das Amt des Versammlungsleiters sei aber gerade im Streitfall wichtig.[321] Auch ein nur mehrheitlich gewählter Versammlungsleiter könne darüber hinaus den angeblichen Zweck der Beschlussfeststellung, allen Gesellschaftern das Beschlussergebnis bekannt zu machen, erfüllen.[322] Zwar sei gerade im Fall der Abberufung des Mehrheitsgesellschafter-Geschäftsführers uU

---

320 *Roth/Altmeppen*, in: Gesetz betreffend die Gesellschaften mit beschränkter Haftung, ⁹2019, § 48 Rn. 23; *Altmeppen*, GmbHR 2018, 225, 229; *Noack*, GmbHR 2017, 792, 795.

321 BGH GmbHR 2009, 1325, 1326; OLG Brandenburg GmbHR 2017, 408, 411; OLG München GmbHR 2005, 624, 625; *Hüffer/Schürnbrand*, in: Ulmer/Habersack/Löbbe (Hrsg.), GmbHG, ²2014, § 48 Rn. 27, 29, 32; *Bayer*, in: Lutter/Hommelhoff (Hrsg.), GmbHG, ¹⁹2016, § 48 Rn. 14, 17a; *Wolff*, in: MHdB, Bd. 3, ⁵2018, § 39 Rn. 82; *Drescher*, in: MüKo GmbHG, ³2019, § 47 Rn. 55; *Ganzer*, in: Rowedder/Schmidt-Leithoff (Hrsg.), GmbHG, ⁶2017, § 48 Rn. 13, 15; *Liebscher*, in: MüKo GmbHG, ³2019, § 48 Rn. 107 ff.; *Koch*, Das Anfechtungsklageerfordernis, 1997, S. 218 f.; *Rohleder*, GmbHR 1989, 236, 239; *Werner*, GmbHR 2006, 127, 128; *Böttcher/Grewe*, NZG 2002, 1086, 1089; *Bunz*, NZG 2017, 1366, 1368 f.; *Lange*, NJW 2015, 3190, 3192; konfus OLG Celle OLGR 1998. 430, 1. Orientierungssatz: Versammlungsleiter könne Beschlüsse auch dann verbindlich feststellen, wenn er mangels allseitigem Einverständnis nicht beschlussfeststellungskompetent sei.

322 *Böttcher/Grewe*, NZG 2002, 1086, 1089.

die Neutralität des Versammlungsleiters aufgrund der Nähe zu der ihn wählenden Mehrheit der Gesellschafterversammlung gefährdet, jedoch liege dieses Verhältnis auch in der AG, wegen der typischerweise engen Zusammenarbeit zwischen Vorstand und Aufsichtsrat, vor. Trotzdem habe sich der Gesetzgeber nicht zu einer Reform des AktG veranlasst gesehen.[323]

Nicht einheitlich wird in der Literatur die Frage beantwortet, ob den Gesellschaftern bei der Bestellung eines qualifizierten Versammlungsleiters bewusst sein muss, dass dieser das Beschlussergebnis eigenständig vorläufig fixieren kann, bzw. dieses Bewusstsein kundtun muss.

Einer Ansicht nach liegt in der bloßen Bestellung eines Versammlungsleiters noch kein konkludenter Wille der Gesellschaft vor, wonach der Versammlungsleiter neben der Moderation der Versammlung für die Festlegung des Beschlussergebnisses zuständig ist. Im GmbH-Recht sei weder das Amt eines Versammlungsleiters noch die Übertragung der Feststellungskompetenz an einen solchen vorgesehen. Die Gesellschafter müssen daher zwingend ein entsprechendes Bewusstsein hinsichtlich der Delegation der Beschlussfeststellungskompetenz auf den Versammlungsleiter haben und äußern.[324]

Nach der Gegenansicht ist ein Versammlungsleiter grundsätzlich bereits kraft seines Amtes qualifiziert, da die Beschlussfeststellung in das typische Aufgabenfeld eines Versammlungsleiters falle. Andernfalls könne der Zweck seiner Bestellung, Rechtssicherheit durch verbindliche Feststellungen in streitigen Situationen zu schaffen, nicht erreicht werden.[325] Nach *Bunz* sei den Gesellschaftern

---

323 *Kubis*, Liber Amicorum Winter, 2011, S. 387, 399.

324 BGH NJW 2010, 3027 Tz. 16; OLG Brandenburg GmbHR 2017, 408, 411; KG GmbHR 2016, 58, 59; OLG Stuttgart GmbHR 2015, 431; OLG Köln NZG 2003, 40; *Küster*, Inhalt und Grenzen, 1954, S. 76; *Altmeppen*, in: Roth/Altmeppen (Hrsg.), GmbHG, [9]2019, § 48 Rn. 23; *Senft*, FS Spiegelberger, 2009, S. 919, 928; *Zöllner/Noack*, in: Baumbach/Hueck (Hrsg.), GmbHG, [21]2017, § 48 Rn. 16 ff.; *Puszkajler*, in: Saenger/Inhester (Hrsg.), GmbHG, [3]2016, Anh. § 47 Rn. 6; *Hüffer/Schürnbrand*, in: Ulmer/Habersack/Löbbe (Hrsg.), GmbHG, [2]2014, § 48 Rn. 28; *Herchen*, VGR 2016, Bd. 22, 2017, S. 83, 90 f.; *Ballerstedt*, GmbHR 1955, 160, 162; *Altmeppen*, ZIP 2017, 1185, 1187; *Hoffmann/Köster*, GmbHR 2003, 1327, 1329.

325 OLG München ZIP 2017, 1467 f. *Hachenburg*, in: Staub's Kommentar zum GmbHG, [2]1906, § 48 Anm. 4; *Bayer*, in: Lutter/Hommelhoff (Hrsg.), GmbH-Gesetz, [19]2016, § 48 Rn. 17a; *Seibt*, in: Scholz (Hrsg.), Kommentar zum GmbH-Gesetz, [12]2018, § 48 Rn. 53; *Drescher*, in: MüKo GmbHG, [3]2019, § 47 Rn. 55; *Ganzer*, in: Rowedder/Schmidt-Leithoff (Hrsg.), GmbHG, [6]2017, § 48 Rn. 13, 15; *Noack*, GmbHR 2017, 792, 795; *Zöllner/Noack*, ZGR 1989, 525, 528; *Böttcher/Grewe*, NZG 2002, 1086, 1088; *Bunz*, NZG 2017, 1366, 1368 f.; *Lange*, NJW 2015, 3190, 3193; *Wicke*, GmbHR 2017, 777, 785.

zudem die Unterscheidung in „qualifizierter" und „einfacher" Versammlungsleiter mangels gesetzlichem Anknüpfungspunkt oft gar nicht bewusst.[326]

6. *Beschlussmängel*

Seit Inkrafttreten des GmbHG sind nach der ganz hM fehlerhafte Beschlüsse in der GmbH gleich dem aktienrechtlichen Beschlussmängelsystem lediglich anfechtbar, soweit sie nicht nichtig sind.[327] Es führe zu einer „unerträglichen Erschütterung der Rechtssicherheit", wenn jeder mangelhafte Gesellschafterbeschluss ohne Weiteres nichtig sei und diese Nichtigkeit von jedermann zeitlich unbegrenzt geltend gemacht werden könne.[328]

Vor Einführung des Nichtigkeitskatalogs in § 195 AktG 1937 ging man davon aus, dass gleich der allgemeinen Meinung zum Aktienrecht jeder Beschluss nichtig ist, der gegen „zwingende Vorschriften des Gesetzes", gegen „unverzichtbare Rechte des Gesellschaftsvertrages, in für deren Organisation grundlegenden Dingen", oder gegen die guten Sitten verstößt. Mängel in der Art des Zustandekommens der Beschlüsse führen grundsätzlich nur zur Anfechtbarkeit.[329] Der 1937 eingeführte Nichtigkeitskatalog (jetzt in § 241 AktG) ist nach ganz hM auch analog auf die GmbH anzuwenden.[330]

---

326 *Bunz*, NZG 2017, 1366, 1369.

327 RGZ 87, 383; 89, 367; 92, 409, 412 f.; 166, 129, 131 ff.; RG JW 1930, 3738; DR 1939, 720, 721; BGHZ 11, 231, 234 = NJW 1954, 385; BGHZ 15, 382 = NJW 1955, 221; BGHZ 36, 207 = NJW 1962, 538; BGHZ 51, 209, 210 = NJW 1969, 841; BGHZ 88, 320, 328 = NJW 1984, 489; *Brodmann*, in: Gesetz, betreffend die Gesellschaften mit beschränkter Haftung, 1924, § 47 Anm. 4; *Schilling/Zutt*, in: Hachenburg (Hrsg.), GmbHG, [7]1979, Anh. § 47 Rn. 5, 16; *Goette*, Die GmbH, [2]2002, § 7 Rn. 82 ff.; *Feine*, in: Ehrenberg (Hrsg.), Handbuch, Bd. 3, III, 1929, S. 542; *Meyer-Landrut*, in: Meyer-Landrut/Miller/Niehus (Hrsg.), GmbHG, 1987, § 45 Rn. 16, § 47 Rn. 63 ff.

328 BayObLG 1955, 333, 342.

329 *Saenger/Liebmann*, in: Kommentar zum GmbHG, [7]1927, § 45 Anm. 6 f.; *Brodmann*, in: Gesetz, betreffend die Gesellschaften mit beschränkter Haftung, 1924, § 47 Anm. 4; *Feine*, in: Ehrenberg (Hrsg.), Handbuch, Bd. 3, III, 1929, S. 543; *Scholz*, GmbHR 1952, 161.

330 RGZ 166, 129, 131 f.; BGHZ 11, 231, 234 = NJW 1954, 385; BGHZ 15, 382 = NJW 1955, 221; *W. Schmidt*, in: Hachenburg (Hrsg.), GmbHG, [6]1959, § 45 Anm. 15a; *Scholz*, in: Kommentar zum GmbH-Gesetz, 1964, § 45 Rn. 15; *Vogel*, Gesellschafterbeschlüsse und Gesellschafterversammlung, [2]1986, S. 206 ff.; *Schmidt*, in: Scholz – Kommentar zum GmbH-Gesetz (begründet von Franz Scholz), [7]1988, § 45 Rn. 36; *Gierke*, Handelsrecht, [8]1958, S. 415; *Schilling/Zutt*, in: Hachenburg (Hrsg.), GmbHG, [7]1979, Anh. § 47 Rn. 20; *Scholz*, GmbHR 1952, 161, 164; *Däubler*, GmbHR 1968, 4, 5; vgl. auch *Gerauer*, NZG 2019, 137 ff.

Inwieweit die Beschlussfeststellung Voraussetzung für die analoge Anwendung des aktienrechtlichen Beschlussmängelsystems ist, wird nicht einheitlich beantwortet.[331]

7. *Beschlussmängelklage*

a. *Gesetzgebung*

Das GmbHG enthält keine Regelung zur prozessualen Geltendmachung von Beschlussmängeln. Der damalige Gesetzgeber ging davon aus, dass eine Kodifizierung desselben nicht notwendig ist: „Rücksichtlich der Befugnis jedes einzelnen Mitgliedes, Gesellschaftsbeschlüsse wegen Verletzung des Gesetzes oder des Gesellschaftsvertrages durch Klage anzufechten, bedarf es keiner besonderen Bestimmung, da diese Befugnis sich aus allgemeinen Grundsätzen ergibt. Einschränkende Bestimmungen über die formellen Voraussetzungen des Anfechtungsrechts, wie sie im Artikel 190a des Aktiengesetzes (1884) und im § 49 des Genossenschaftsgesetzes (1898) mit Rücksicht auf die große Zahl der Mitglieder getroffen sind, können hier als entbehrlich betrachtet werden."[332] In der Begründung wird nicht erläutert, was unter diesen „allgemeinen Grundsätzen" zu verstehen ist. Ein „allgemeines Anfechtungsrecht" war jedenfalls auch im BGB nicht kodifiziert.

---

331 Bejahend BGH ZIP 2016, 817, Tz. 32; *Wolff*, in: MHdB, Bd. 3, [5]2018, § 40 Rn. 4; *Bayer*, in: Lutter/Hommelhoff (Hrsg.), GmbHG, [19]2016, Anh. § 47 Rn. 38; *Böttcher/Grewe*, NZG 2002, 1086, 1088; verneinend OLG Brandenburg GmbHR 2017, 408, 411; *Römermann*, in: Michalski/Heidinger/Leible u.a. (Hrsg.), GmbHG, [3]2017, Anh. § 47 Rn. 21; *Wertenbruch*, in: MüKo GmbHG, [3]2019, Anh. § 47 Rn. 228; *Raiser*, in: Ulmer/Habersack/Löbbe (Hrsg.), GmbHG, [2]2014, Anh. § 47 Rn. 283; *Zöllner/Noack*, in: Baumbach/Hueck (Hrsg.), GmbHG, [21]2017, Anh. § 47 Rn. 1 f.; *Puszkajler*, in: Saenger/Inhester (Hrsg.), GmbHG, [3]2016, Anh. § 47 Rn. 116; *Fichtelmann/Bartl*, in: Bartl/Bartl/Koch u.a. (Hrsg.), GmbHG, [7]2014, § 47 Rn. 61; *Waclawik*, Prozessführung im Gesellschaftsrecht, [2]2013, Rn. 433; *Meyer-Landrut*, in: Meyer-Landrut/Miller/Niehus (Hrsg.), GmbHG, 1987, § 47 Rn. 63: Einteilung der Beschlussmängel in anfechtbare und nichtige im Aktienrecht entspricht den „allgemeinen Grundsätzen" des Entwurfs des GmbHG 1891 S. 96; *Bochmann*, GmbHR 2017, 558, 566.

332 Entwurf eines Gesetzes betreffend die Gesellschaften mit beschränkter Haftung, 1891, S. 96 (zu § 46).

b. *Rechtsprechung*

i. Grundlage in den allgemeinen Grundsätzen

Bereits 1901 erwähnte das RG, dass der einzelne Gesellschafter seit jeher ein von der Rechtsprechung anerkanntes[333] „klagbares Recht auf Anfechtung“ eines Beschlusses hat, der gegen Gesetz oder Satzung verstößt.[334]

Ebenso urteilte das RG 1913: Auch ohne Normierung einer besonderen Anfechtungsklage, so wie sie in § 271 HGB 1897 für die AG festgelegt wurde, könne es „keinem Bedenken unterliegen“, dass „die Anfechtung eines rechtswidrigen Beschlusses seitens eines Gesellschafters (…) im Wege der Klage (…) zulässig sein muß“.[335]

Auch in einem Urteil aus dem Jahre 1914 begründete das RG das Recht der Gesellschafter einer GmbH, gesetzes- oder statutenwidrige Beschlüsse durch eine gegen die Gesellschaft gerichtete Klage anzufechten, nicht näher. Das Anfechtungsrecht stehe den Gesellschafter einer jeden rechtsfähigen Gesellschaft seit jeher zu, so wie es auch den Aktionären einer AG bereits vor dessen gesetzlicher Einführung durch die Aktienrechtsnovelle 1884 zustand.[336] Selbst ohne eine des § 273 HGB 1897 vergleichbaren Regelung im GmbHG, entfalte das stattgebende Urteil seine Wirkung zudem nicht nur zwischen den Parteien, sondern gegenüber der Gesellschaft und jedem Gesellschafter. § 273 HGB 1897 bzw. § 51 GenG 1898 beinhalte nur den allgemeingültigen Grundsatz der Rechtskrafterstreckung eines die Nichtigkeit feststellenden Urteils.[337]

Mit der „Anfechtungsklage“ war bis dahin uU noch nicht die Anfechtungsklage iSd AktG, sondern nur die generelle Möglichkeit gemeint, Beschlüsse der Versammlung gerichtlich überprüfen und als nichtig feststellen zu lassen.[338]

---

333 Damit können nur Urteile sein, die das Anfechtungsrecht in der AG bestätigten.

334 RGZ 49, 141, 145.

335 RG LZ 1913, Sp. 683. Ohne nähere Erläuterung hat das RG auch in RGZ 87, 383, 388 und in RGZ 89, 367, 375 ein Anfechtungsrecht des Gesellschafters angenommen.

336 RGZ 85, 311, 313: „Es (das Anfechtungsrecht) bedarf (…) keiner weiteren Begründung.“; zustimmend RGZ 101, 160, 161.

337 RGZ 85, 311, 312 f.

338 So *Noack*, Fehlerhafte Beschlüsse in Gesellschaften und Vereinen, 1989, S. 118. Dagegen spricht, dass das RG in RGZ 85, 311, 313 ausdrücklich auf die aktienrechtliche Anfechtungsklage verweist: „Sie (die Anfechtungsklage) ist z.B. den Aktionären gegenüber der Aktiengesellschaft zugestanden, bevor sie durch die Aktienrechtsnovelle von 1884 gesetzlich angeordnet war.“ 1884 wurde aber nur die Anfechtungsklage eingeführt. Die aktienrechtliche Nichtigkeitsklage folgte erst im Rahmen der Aktienrechtsreform 1937.

Erst 1930 betonte das RG in seinen Leitsätzen, dass „nicht von vornherein nichtige Beschlüsse der Gesellschaft (…) solange wirksam (sind), als sie nicht mit Erfolg angefochten worden sind".[339] Das RG verstand somit spätestens 1930 die Anfechtungsklage auch in der GmbH im aktienrechtlichen Sinne.

ii. Analoge Anwendung der aktienrechtlichen Vorschriften zu den Beschlussmängelklagen

Erst 1937 hat sich das RG explizit der Grundlage des GmbH-rechtlichen Beschlussmängelrechts gewidmet. Die Lücke im GmbHR sei aufgrund der vergleichbaren Interessenslage zur AG durch eine Analogie zum aktienrechtlichen Beschlussmängelrecht zu schließen, wobei die Besonderheiten der GmbH im Einzelfall Ausnahmen zuließen.[340]

Auch der BGH teilt seit 1953 die Auffassung der jüngeren RG-Rechtsprechung, die Vorschriften des Aktienrechts, aufgrund „der sehr weitgehenden Ähnlichkeit der Sach- und Rechtslage" zwischen GmbH und AG, analog auf die GmbH anzuwenden, „soweit nicht deren Besonderheiten eine Abweichung erfordert".[341]

Ebenso wenig wie der Aktionär müsse der Gesellschafter einer GmbH ein besonderes Interesse hinsichtlich der Nichtigkeitsfeststellung bzw. -erklärung nachweisen. Dieses Interesse ergebe sich bereits aus seiner Zugehörigkeit zur Gesellschaft bzw. aus seinem Recht darauf, dass die Beschlüsse der Gesellschaft nicht gegen Gesetz oder Gesellschaftsvertrag verstoßen.[342]

Der Geschäftsführer sei entsprechend § 246 IV AktG dazu verpflichtet, die Gesellschafter von der Erhebung etwaiger Beschlussmängelklagen zu unterrichten.[343]

---

339 RG JW 1930, 3738.

340 RG DR 1939, 720, 721; zustimmend: RGZ 166, 129, 131 f.; 172, 76, 77.

341 BGHZ 11, 231, 235 = NJW 1954, 385; BGHZ 14, 25, 36 = NJW 1954, 1401; BGHZ 15, 385 = NJW 1955, 221; BGHZ 36, 207, 210 f. = NJW 1962, 538; BGHZ 51, 209, 210 = NJW 1969, 841; BGHZ 76, 154 = ZIP 1980, 372; BGHZ 88, 320, 328 = NJW 1984, 489; BGHZ 104, 66 = NJW 1988, 1844; BGHZ 111, 224 = NJW 1990, 2625; BGHZ 116, 359, 375 = NJW 1992, 892, 896; BGH NJW 1992, 572; ZIP 2008, 757; ZIP 2016, 817 Tz. 20, 32.

342 BGHZ 43, 261 = NJW 1965, 1378.

343 BGHZ 97, 28 = NJW 1986, 2051.

iii. Beschlussfeststellung als Analogievoraussetzung

Nach ständiger Rechtsprechung setzt die Anfechtungsklage das Vorliegen eines Gesellschafterbeschlusses voraus, gegen den diese sich richten kann.[344]

Ob die Beschlussfeststellung Analogievoraussetzung für die Anwendung der §§ 241 ff. AktG ist, ist eng mit der Rechtsprechung zum Beschlussinhalt verknüpft.[345] Die bloße Subsumtion des Abstimmungsergebnisses unter Gesetz und Satzung ohne jegliche ausdrückliche oder konkludente Beschlussfeststellung soll für das Vorliegen eines Gesellschafterbeschlusses als tauglichen Streitgegenstand noch nicht ausreichen. Nach ständiger Rechtsprechung liegt dieser aber jedenfalls bei förmlicher Feststellung durch einen wirksam bestellten Versammlungsleiter vor.[346]

Nach der neueren Rechtsprechung liege eine förmlichen Feststellung bereits immer dann vor, wenn und soweit „das Ziel, Unsicherheit über die Fassung eines Beschlusses zu beseitigen, erreicht wird“.[347] Dafür genüge es, dass sich alle Gesellschafter am Ende der Versammlung über den Beschlussinhalt einig waren.[348]

iv. Ausnahmen von der analogen Anwendung

Um die „Vielgestaltigkeit“ der GmbH zu berücksichtigen, sei die einmonatige Klagefrist des § 246 I AktG nicht starr auf die GmbH anzuwenden.[349] Sie fungiere aber jedenfalls als „Leitbild“. Eine statutarische Unterschreitung sei per se unzulässig. Eine tatsächliche Überschreitung der Frist soll hingegen nur zulässig sein, wenn der Gesellschafter aufgrund zwingender Umstände an einer früheren Klageerhebung verhindert war.[350]

---

344 BGHZ 14, 25, 36 = NJW 1954, 1401; BGHZ 104, 66 = NJW 1988, 1844; BGH ZIP 1995, 1982; NJW 1999, 2268; ZIP 2008, 757; ZIP 2016,817 Tz. 20, 32; OLG München NJW-RR 1990, 804 f.

345 S. 2. Teil C. I. 3. a.

346 BGHZ 14, 25, 36 = NJW 1954, 1401; BGHZ 51, 209 = NJW 1969, 841; BGH ZIP 1989, 1261; 1995, 1982,1983; 1999, 1001, 1002; 2008, 757 Tz. 24; 2016, 817 Tz. 33; OLG Celle GmbHR 1997, 172, 173.

347 BGH ZIP 2008, 757 Tz. 24; zustimmend BGH ZIP 2016, 817 Tz. 33.

348 So bereits auch OLG München NJW-RR 1990, 804 f.; OLG Celle GmbHR 1997, 172.

349 RG DR 1939, 720, 721.

350 BGHZ 101, 113, 117 = NJW 1987, 2514; BGHZ 104, 66, 71 = NJW 1988, 1844; BGHZ 111, 224, 225 = NJW 1990, 2625; BGHZ 116, 359, 375 = NJW 1992, 892, 896.

Klagebefugt sei jeder zum Zeitpunkt der Klageerhebung in der Gesellschafterliste eingetragene Gesellschafter.[351] Die § 245 Nr. 1–3 AktG seien also nicht analog anwendbar.[352]

Entgegen der Regelung in § 245 Nr. 4 AktG, die die Klagebefugnis des Vorstands festlegt, sei der Geschäftsführer der GmbH grundsätzlich nicht dazu befugt Beschlussmängel gerichtlich geltend zu machen.[353]

c. *Literatur*

i. Grundlage in den allgemeinen Grundsätzen

Auch die Literatur erkannte bereits Anfang des 20. Jahrhunderts die Befugnis des einzelnen Gesellschafters in der GmbH an, Gesellschaftsbeschlüsse wegen Verletzung des Gesetzes oder des Gesellschaftsvertrags gerichtlich anzufechten. Gleichlaufend mit der RG-Rechtsprechung wurden als Grundlage des Klagerechts anfangs noch die „allgemeinen Grundsätze" herangezogen, nach denen „die Gesellschaft ihren Gesellschafter gegenüber verpflichtet ist, die auch nicht zwingenden gesetzlichen und statutarischen Vorschriften zur Geltung zu bringen".[354] Daher müsse der Gesellschafter auch kein darüber hinausgehendes besonderes Interesse an der richterlichen Überprüfung darlegen. Er dürfe

---

351 BGH NZG 2008, 912.

352 OLG Schleswig NZG 2000, 895.

353 BGH NJW 1927, 1928.

354 *Förtsch*, GmbHG, 1892, § 48 Anm. 2; *Liebmann*, GmbHG, [4]1899, § 45 Anm. 5; *Hachenburg*, in: Staub's Kommentar zum GmbHG, [4]1913, § 45 Anm. 16; *Fischer*, in: Ehrenberg (Hrsg.), Handbuch, Bd. 3, I, 1916, S. 197; *Crüger/Crezelius*, in: Das Reichsgesetz, betreffend die Gesellschaften mit beschränkter Haftung, [6]1922, § 45 (S. 244); *Brodmann*, in: Gesetz, betreffend die Gesellschaften mit beschränkter Haftung, 1924, § 47 Anm. 4; *Saenger/Liebmann*, in: Kommentar zum GmbHG, [7]1927, § 45 Anm. 5; *Meyer-Landrut*, in: Meyer-Landrut/Miller/Niehus (Hrsg.), GmbHG, 1987, § 47 Rn. 63: Aktienrechtliche Regelung der prozessualen Geltendmachung ist lediglich die Kodifizierung der „allgemeinen Grundsätze". Dabei war anfangs noch umstritten, ob diese Anfechtungsklage eine Gestaltungsklage (so *Feine*, in: Ehrenberg (Hrsg.), Handbuch, Bd. 3, III, 1929, S. 550; *Hachenburg*, in: Staub's Kommentar zum GmbHG, [2]1906, § 45 Anm. 11; *Brodmann*, in: Gesetz, betreffend die Gesellschaften mit beschränkter Haftung, 1924, § 47 Anm. 4) eine Feststellungsklage (*Liebmann*, GmbHG, [4]1899, § 45 Anm. 5; *Staub*, in: Staub's Kommentar zum GmbHG, [1]1901, § 45 Anm. 12) oder eine Leistungsklage auf Abgabe einer Willenserklärung der Gesellschaft (*Dorpalen*, Die Anfechtung von Gesellschafterbeschlüssen im GmbH-Recht, 1933, S. 1 ff., 11) darstellt.

der Beschlussfassung aber jedenfalls nicht zugestimmt haben.[355] Ob auch dem Geschäftsführer die Anfechtungsklage zusteht, war umstritten.[356] Die Klage sei nicht gegen die widersprechenden Gesellschafter, sondern gegen die Gesellschaft selbst zu richten.[357] Ein stattgebendes Urteil wirke gegen alle Gesellschafter. Bei Klageabweisung seien die Mitgesellschafter jedoch nicht an einer erneuten Klageerhebung gehindert.[358]

Die analoge Anwendung der aktienrechtlichen Vorschriften zur Anfechtungsklage wurde abgelehnt.[359]

ii. Analoge Anwendung der aktienrechtlichen Vorschriften zu Beschlussmängelklagen

Infolge der „Ähnlichkeit der Sach- und Rechtslage" zwischen GmbHG und AktG sowie aufgrund dem Bedürfnis nach klaren Verhältnissen, Rechtssicherheit und Rechtsfrieden, wendet auch die hL seit ca. Mitte des letzten Jahrhunderts[360] bis

355 *Saenger/Liebmann*, in: Kommentar zum GmbHG, [7]1927, § 45 Anm. 5; *Feine*, in: Ehrenberg (Hrsg.), Handbuch, Bd. 3, III, 1929, S. 551; *Crüger/Crezelius*, in: Das Reichsgesetz, betreffend die Gesellschaften mit beschränkter Haftung, [6]1922, § 45 (S. 244).

356 Bejahend *Saenger/Liebmann*, in: Kommentar zum GmbHG, [7]1927, § 45 Anm. 5; ablehnend: *Feine*, in: Ehrenberg (Hrsg.), Handbuch, Bd. 3, III, 1929, S. 551.

357 *Saenger/Liebmann*, in: Kommentar zum GmbHG, [7]1927, § 45 Anm. 5; *Feine*, in: Ehrenberg (Hrsg.), Handbuch, Bd. 3, III, 1929, S. 551; *Hachenburg*, in: Staub's Kommentar zum GmbHG, [2]1906, § 45 Anm.16; *Crüger/Crezelius*, in: Das Reichsgesetz, betreffend die Gesellschaften mit beschränkter Haftung, [6]1922, § 45 (S. 244).

358 *Saenger/Liebmann*, in: Kommentar zum GmbHG, [7]1927, § 45 Anm. 5; *Feine*, in: Ehrenberg (Hrsg.), Handbuch, Bd. 3, III, 1929, S. 552 f.; *Förtsch*, GmbHG, 1892, § 48 An,. 2 immer nur inter partes Wirkung; *Crüger/Crezelius*, in: Das Reichsgesetz, betreffend die Gesellschaften mit beschränkter Haftung, [6]1922, § 45 (S. 244).

359 *Saenger/Liebmann*, in: Kommentar zum GmbHG, [7]1927, § 45 Anm. 5; *Feine*, in: Ehrenberg (Hrsg.), Handbuch, Bd. 3, III, 1929, S. 552; *Hachenburg*, in: Staub's Kommentar zum GmbHG, [2]1906, § 45 Anm. 24; *Brodmann*, in: Gesetz, betreffend die Gesellschaften mit beschränkter Haftung, 1924, § 47 Anm. 4; *Förtsch*, GmbHG, 1892, § 48 Anm. 2; *Lehmann*, Gesellschaftsrecht, [2]1959, S. 297.

360 *W. Schmidt*, in: Hachenburg (Hrsg.), GmbHG, [6]1959, § 45 Anm. 15; *Hueck*, in: Baumbach/Hueck (Hrsg.), GmbHG, [10]1962, Anh. § 47 Anm. 1 A; *Hueck*, Gesellschaftsrecht, 1965, S. 232; *Scholz*, in: Kommentar zum GmbH-Gesetz, 1964, § 45 Rn. 10; *Vogel*, Gesellschafterbeschlüsse und Gesellschafterversammlung, [2]1986, S. 205; *Schilling/Zutt*, in: Hachenburg (Hrsg.), GmbHG, [7]1979, Anh. § 47 Rn. 111, 190 ff.; *Scholz*, GmbHR 1952, 161, 162 f.; *Richert*, NJW 1957, 1543, 1544; *Schilling*, JZ 1953, 405, 406.

heute[361] die aktienrechtlichen Vorschriften zur prozessualen Geltendmachung von Beschlussmängeln (§§ 165 ff. AktG 1937 bzw. §§ 241 ff. AktG 1965) grundsätzlich analog an.

Diese Ähnlichkeit bestehe insbes. in der Beschränkung der Haftung der Gesellschafter gegenüber Gesellschaftsgläubiger: Das Gläubigerinteresse auf Schaffung eines endgültig gesicherten Rechtszustandes sei angesichts der Haftungsbeschränkung nicht damit zu vereinbaren, dass Gesellschafter unbefristet im Wege der Einrede bzw. klageweise die Unwirksamkeit von Gesellschafterbeschlüssen unbefristet geltend machen können. Bei der OHG hingegen seien die Gläubigerinteressen durch die persönliche Haftung der Gesellschafter genügend geschützt.[362] Das Bedürfnis nach Rechtssicherheit könne auch nicht bereits durch die Einführung einer Widerspruchsobliegenheit, gleich der hM zum Personengesellschaftsrecht, befriedigt werden: Durch den Widerspruch eines Gesellschafters gebe dieser nur zu erkennen, dass er den Beschluss nicht billige. Eine endgültige Klärung der Verbindlichkeit sei dann wiederum nur mit der unbefristeten Feststellungsklage zu erreichen. Dies könne zu einer regelrechten „Unregierbarkeit" der Gesellschaft führen. Aufgrund der Stellung der Gesellschafter als „Herren der Gesellschaft" sei aber gerade in der GmbH eine klare Beschlusslage essentiell. Zur Lösung der Problematik helfe auch die allgemeine Feststellungsklage nicht weiter: Dies sei angesichts der hohen Anzahl an Beschlüssen in der GmbH unökonomisch und kläre die unsichere Beschlusslage aufgrund der meist langen Prozessdauer erst in entfernter Zukunft. Zudem verschiebe sich die Prozesslast vom zweifelnden Einzelgesellschafter hin zur GmbH.[363]

Die Übernahme der aktienrechtlichen Prozessvorschriften folge außerdem bereits zwingend aus der Übernahme des aktienrechtlichen Beschlussmängelsystems.[364]

Aus den Motiven des GmbHG ergebe sich zumindest die „Offenheit" des Gesetzgebers hinsichtlich der Anwendung des aktienrechtlichen Beschlussmängelklagesystems.[365]

---

361 *Goette*, Die GmbH, ²2002, § 7 Rn. 78; *Raiser/Veil*, Recht der Kapitalgesellschaften, ⁶2015, § 43 Rn. 72 ff.; *Altmeppen*, in: Roth/Altmeppen (Hrsg.), GmbHG, ⁹2019, Anh. § 47 Rn. 2; *Wertenbruch*, in: MüKo GmbHG, ³2019, Anh. § 47 Rn. 1 ff.

362 *Küster*, Inhalt und Grenzen, 1954, S. 79; vgl. auch *Schröder*, GmbHR 1994, 532, 534.

363 *Schröder*, GmbHR 1994, 532, 534.

364 *Scholz*, in: Kommentar zum GmbH-Gesetz, 1964, § 45 Rn. 10.

365 *Raiser*, FS Heinsius, 1991, S. 645, S. 645; *Casper*, ZHR 163 (1999), 54, 78.

Nur subsidiär soll die Nichtigkeit eines Beschlusses durch die allgemeine Feststellungsklage gem. § 256 ZPO gerichtlich festgestellt werden können.[366]

iii. Beschlussfeststellung als Analogievoraussetzung

Hachenburg sprach sich Mitte des 20. Jahrhunderts dafür aus, dass für die analoge Anwendung der §§ 241 ff. AktG der „äußeren Gestalt nach" ein Gesellschafterbeschluss vorliegen müsse. Eine förmliche Beschlussfeststellung sei nicht notwendig.[367]

Casper hingegen hielt Ende des 20. Jahrhunderts die aktienrechtlichen Vorschriften nur bei Satzungsänderungen und Grundlagenbeschlüsse, die der notariellen Beurkundung unterworfen sind, analog anwendbar.[368]

Inzwischen sieht die wohl überwiegende Meinung in der Literatur aus den gleichen Gründen wie die Rechtsprechung die Feststellung des Beschlusses als Dreh- und Angelpunkt für die analoge Anwendung der §§ 241 ff. AktG an. Ohne Beschlussfeststellung sei daher nur die allgemeine Feststellungsklage gem. § 256 ZPO bzw. die Beschlussfeststellungsklage statthaft.[369]

Nach der Gegenansicht sind – ohne nähere Begründung – die aktienrechtlichen Beschlussmängelklagen auch gegen nichtfestgestellte Beschlüsse statthaft.[370]

---

366 *Schmidt*, in: Scholz – Kommentar zum GmbH-Gesetz (begründet von Franz Scholz), [7]1988, § 45 Rn. 44; *Schilling/Zutt*, in: Hachenburg (Hrsg.), GmbHG, [7]1979, Anh. § 47 Rn. 191; *Wolff*, in: MHdB, Bd. 3, [5]2018, § 40 Rn. 100 ff. Vgl. dazu 2. Teil C. I. 7. c. iii.

367 *Hachenburg*, in: Kommentar zum GmbHG, Bd. 2, [6]1959, § 45 Anm. 16; zustimmend *Schilling/Zutt*, in: Hachenburg (Hrsg.), GmbHG, [7]1979, Anh. § 47 Rn. 5, 83; *Hueck*, in: Baumbach/Hueck (Hrsg.), GmbHG, [10]1962, Anh. § 47 Rn. 3 A.

368 *Casper*, ZHR 163 (1999), 54, 78 ff.; so auch *Ulmer*, GmbHR 1990, 429, 432.

369 *Raiser/Veil*, Recht der Kapitalgesellschaften, [6]2015, § 42 Rn. 80; *Goette*, Die GmbH, [2]2002, § 7 Rn. 75 f.; *Raiser*, FS Heinsius, 1991, S. 645, 647; *Zöllner/Noack*, in: Baumbach/Hueck (Hrsg.), GmbHG, [21]2017, Anh. § 47 Rn. 118; *Schwab*, Prozeßrecht, 2005, S. 372, 408; *Hüffer/Schürnbrand*, in: Ulmer/Habersack/Löbbe (Hrsg.), GmbHG, [2]2014, § 47 Rn. 29; *Wertenbruch*, in: MüKo GmbHG, [3]2019, Anh. § 47 Rn. 227 f.; *Hueck*, FS Molitor, 1962, S. 401, 409; *Noack*, GmbHR 2017, 792, 794; *Rohleder*, GmbHR 1989, 236, 237; *Lange*, NJW 2015, 3190, 3191; *Bochmann*, GmbHR 2017, 558, 566.

370 Vgl. *Waclawik*, Prozessführung im Gesellschaftsrecht, [2]2013, Rn. 399, 428; *Wolff*, in: MHdB, Bd. 3, [5]2018, § 40 Rn. 53; *Fichtelmann/Bartl*, in: Bartl/Bartl/Koch u.a. (Hrsg.), GmbHG, [7]2014, § 47 Rn. 88 ff.; *Römermann*, in: Michalski/Heidinger/Leible u.a. (Hrsg.), GmbHG, [3]2017, Anh. § 47 Rn. 19 ff.; *Zöllner/Noack*, in: Baumbach/Hueck (Hrsg.), GmbHG, [21]2017, Anh. § 47 Rn. 69, 166; *Schmidt*, GmbHR 1992, 9, 12;

Für *Altmeppen* und *Ernst* ist der Streit ohne Belang. Nach ihrer Ansicht existiert ohne Feststellung überhaupt kein Beschluss.

iv. Ausnahmen von der analogen Anwendung

Auch die Literatur befürwortetet Abweichungen vom aktienrechtlichen Beschlussmängelsystem, soweit das Wesen der GmbH und die Besonderheiten des GmbH-Rechts dies erfordern.[371]

Unanwendbar soll insbes. § 245 Nr. 1–3 AktG sein: Klagebefugt sei ein jeder Gesellschafter der GmbH; die Teilnahme an der Gesellschafterversammlung[372], der Erwerb des Geschäftsanteils vor Bekanntmachung der Tagesordnung[373] oder die Erklärung eines Widerspruchs gegen den Beschluss zu Protokoll[374] soll dafür nicht erforderlich sein. Die Lockerung gegenüber dem AktG rechtfertige sich daraus, dass Gesellschafter einer GmbH, aufgrund des personalistischen Charakters dieser Gesellschaft, von fehlerhaften Beschlüssen stärker betroffen seien als Aktionäre. Zudem sei ein GmbH-Gesellschafter auch grundsätzlich stärker in das Leben der Gesellschaft eingebunden, sodass es unangemessen erscheine ihm sein Klagerecht bei Nichterscheinen abzusprechen.[375]

Nach der hM ist § 245 Nr. 4 AktG nicht in der GmbH anwendbar: Der Geschäftsführer sei also grundsätzlich nicht klagebefugt.[376] Ausgenommen sei

---

Hoffmann/Köster, GmbHR 2003, 1327, 1331 f.; einschränkend: *Ganzer*, in: Rowedder/Schmidt-Leithoff (Hrsg.), GmbHG, [6]2017, Anh. § 47 Rn. 51 f.; *Kubis*, Liber Amicorum Winter, 2011, S. 387, 395 ff.: ohne Verkündung sei nur die besondere Nichtigkeitsklage statthaft.

371 *Raiser/Veil*, Recht der Kapitalgesellschaften, [6]2015, § 43 Rn. 72.

372 *Raiser/Veil*, Recht der Kapitalgesellschaften, [6]2015, § 43 Rn. 77; *Hueck*, FS Molitor, 1962, S. 401, 422; *Raiser*, FS 100 Jahre GmbHG, 1992, S. 587, 602.

373 *Hueck*, FS Molitor, 1962, S. 401, 424 f.

374 *Raiser/Veil*, Recht der Kapitalgesellschaften, [6]2015, § 43 Rn. 77; *Raiser*, FS 100 Jahre GmbHG, 1992, S. 587, 602; *Däubler*, GmbHR 1968, 4, 5; krit. *Herchen*, VGR 2016, Bd. 22, 2017, S. 83, 107: auch in der Personengesellschaft werde eine Art Widerspruch verlangt.

375 *Raiser*, FS 100 Jahre GmbHG, 1992, S. 587, 602; *Hueck*, Das Recht der Generalversammlungsbeschlüsse und die Aktienrechtsreform, 1933, S. 46 ff.

376 *Raiser/Veil*, Recht der Kapitalgesellschaften, [6]2015, § 43 Rn. 77; *Schilling/Zutt*, in: Hachenburg (Hrsg.), GmbHG, [7]1979, Anh. § 47 Rn. 127; *Hueck*, FS Molitor, 1962, S. 401, 424.

der Fall, dass dieser sich durch die Ausführung des Beschlusses strafbar oder zumindest schadensersatzpflichtig macht.[377]

Noch nicht einheitlich beantwortet wird die Frage, inwieweit die aktienrechtliche Anfechtungsfrist für die GmbH analog anzuwenden ist. Nach der MM gebietet die Rechtssicherheit das Aktienrecht konsequent analog anzuwenden. Die Monatsfrist gelte also auch in der GmbH starr.[378] Nach der hM ist das Bedürfnis nach Rechtsklarheit und -frieden in der GmbH aufgrund der personalistischen Struktur weniger stark ausgeprägt als in der AG. Daher sei die Klagefrist nur als Untergrenze bzw. Regelfrist heranzuziehen.[379] Eine Überschreitung sei insbes. dann zulässig, wenn die Sach- /Rechtslage nur schwierig zu klären ist oder der Klageeinreichung Verhandlungen zwischen den Beteiligten vorausgehen.[380]

v. Gegen die analoge Anwendung der §§ 241 ff. AktG

Nach der Gegenansicht fehlt es für die analoge Anwendung der §§ 241 ff. AktG an den Analogievoraussetzungen.[381]

Kernpunkt der Kritik ist die mangelnde Gleichheit der Interessenslage:

Die aufgrund der hohen Teilnehmerzahlen typischerweise vorliegende Unübersichtlichkeit der Hauptversammlungen der Publikumsgesellschaft AG sei mit den meisten Fällen der GmbH-Versammlungen nicht vergleichbar. Abweichend zur AG könne die Gesellschafterversammlung der GmbH Beschlüsse zudem auch außerhalb der Versammlung, z.B. schriftlich, fassen. Die verpflichtende Bestellung eines Vorsitzenden und notarielle Beurkundung kenne das GmbHG hingegen nicht.[382]

---

377 *Ganzer*, in: Rowedder/Schmidt-Leithoff (Hrsg.), GmbHG, [6]2017, Anh. § 47 Rn. 46 mwN.

378 *Römermann*, in: Michalski/Heidinger/Leible u.a. (Hrsg.), GmbHG, [3]2017, Anh. § 47 Rn. 465 ff.; *Koch*, Das Anfechtungsklageerfordernis, 1997, S. 240 ff.; *Scholz*, GmbHR 1952, 161; *Schilling*, JZ 1953, 405, 407; befürwortend auch *Zöllner*, Schranken, 1963, S. 386 f.

379 *Raiser/Veil*, Recht der Kapitalgesellschaften, [6]2015, § 43 Rn. 78; *Goette*, Die GmbH, [2]2002, § 7 Rn. 98.

380 *Raiser/Veil*, Recht der Kapitalgesellschaften, [6]2015, § 43 Rn. 78.

381 *Fehrenbach*, Der fehlerhafte Gesellschafterbeschluss, 2011, S. 117 ff.; *Zöllner/Noack*, in: Baumbach/Hueck (Hrsg.), GmbHG, [21]2017, Anh. § 47 Rn. 3; *Thöni*, Rechtsfolgen fehlerhafter GmbH-Gesellschafterbeschlüsse, 1998, S. 11 ff.; *Noack*, Fehlerhafte Beschlüsse in Gesellschaften und Vereinen, 1989, S. 147 ff. jeweils mwN.

382 *Zöllner/Noack*, in: Baumbach/Hueck (Hrsg.), GmbHG, [21]2017, Anh. § 47 Rn. 3; *Hueck*, FS Molitor, 1962, S. 401, Fn. 5; *Fehrenbach*, Der fehlerhafte Gesellschafterbeschluss, 2011, S. 157.

Zweck der AG sei primär die Kapitalsammlung von einer hohen Anzahl, meist anonymer Gesellschafter. Aufgrund dessen sei das Bedürfnis nach Funktionsfähigkeit der Gesellschaft in der AG typischerweise erhöht und die Organisation bereits durch den Gesetzgeber umfassend und starr geregelt. Daher sei in der AG auch das Interesse an der Bestandskraft der Beschlüsse höher als an ihrer Rechtmäßigkeit.[383] Diese Situation liege in der typischen GmbH nicht vor.

Die mangelnde Vergleichbarkeit treffe auch auf das Haftungsrisiko zu. Zwar sei in beiden Gesellschaften die Haftung der Gesellschafter grundsätzlich ausgeschlossen. Jedoch bestehe in der GmbH, anders als in der AG, neben Insolvenzhaftungsfällen bei Führerlosigkeit der Gesellschaft gem. § 823 II BGB iVm § 15a I 1, III InsO auch das Risiko der Ausfallhaftung für Mitgesellschafter gem. §§ 24, 31 III. Das Bedürfnis gegenseitigen Vertrauens der Gesellschafter untereinander sei daher in der GmbH höher als in der AG.[384] In der personalistischen GmbH komme auch dem Minderheitenschutz größere Bedeutung zu als in der AG. Dieser Minderheitenschutz werde durch die Fristgebundenheit der Anfechtungsklage in nicht hinnehmbarer Weise unterlaufen.[385] Entgegen der Lage im Aktienrecht seien zudem die Anteile an einer GmbH nur stark eingeschränkt handelbar. Somit müsse in der GmbH auch das Interesse künftiger Anteilserwerber nicht gleichwertig geschützt werden.[386]

Auffallend sei auch, dass sich der BGH niemals dezidiert mit der Vergleichbarkeit der Interessenlage, sondern umgekehrt nur mit den Gründen für die Abweichungen vom Aktienrecht im Einzelfall auseinandergesetzt hat.[387]

Diese Ansicht verneint zudem die Planwidrigkeit der Regelungslücke. Die Übernahme der Differenzierung zwischen Nichtigkeit und Anfechtbarkeit zöge nicht begriffsnotwendig auch eine Übernahme der prozessualen Vorschriften zur Geltendmachung nach sich. Die besondere Geltendmachung von lediglich anfechtbaren Mängeln könne auch durch andere gerichtliche oder außergerichtliche Maßnahmen erfolgen.[388]

---

383 *Noack*, GmbHR 2017, 792, 794.

384 *Fehrenbach*, Der fehlerhafte Gesellschafterbeschluss, 2011, S. 122 f.

385 *Noack*, Fehlerhafte Beschlüsse in Gesellschaften und Vereinen, 1989, S. 144 ff.

386 *Fehrenbach*, Der fehlerhafte Gesellschafterbeschluss, 2011, S. 117 ff.

387 *Fehrenbach*, Der fehlerhafte Gesellschafterbeschluss, 2011, S. 117; *Noack*, Fehlerhafte Beschlüsse in Gesellschaften und Vereinen, 1989, S. 121; *Zöllner/Noack*, in: Baumbach/Hueck (Hrsg.), GmbHG, [21]2017, Anh. § 47 Rn. 2; *Zöllner/Noack*, ZGR 1989, 525, 533.

388 *Zöllner/Noack*, in: Baumbach/Hueck (Hrsg.), GmbHG, [21]2017, Anh. § 47 Rn. 3; zur Geltendmachung durch Einrede: *Raiser*, FS Heinsius, 1991, S. 645, 648 ff.; *Raiser*, FS

Auch dass der Gesetzgeber kurz nach der Kodifizierung der Anfechtungsklage für die AG im ADHGB von 1884 und für die Genossenschaft im GenG 1889 im GmbHG keine Vorschriften hinsichtlich Beschlussmängelklagen aufgenommen hat, spreche gegen eine analoge Anwendung.[389]

Jedenfalls sei es „merkwürdig", die Anwendbarkeit der §§ 241 ff. AktG von der Feststellung des Beschlusses abhängig zu machen. Für den Minderheitsgesellschafter sei es hinsichtlich der Verletzung seines Mitgliedsrechts völlig unerheblich und vom Zufall abhängig, ob ein Versammlungsleiter den mangelhaften Beschluss verkündet hat oder nicht. Dies gelte umso mehr, seitdem Rechtsprechung und Literatur die Anforderungen an eine förmliche Beschlussfeststellung und an die Bestellung eines Versammlungsleiters ständig verändern.[390] Auch die nach der hM unbestimmte Klagefrist (nur „Leitbild") sei nicht hinnehmbar: Auf der einen Seite soll der Gesellschafter mit aller zumutbaren Beschleunigung vorgehen, auf der anderen Seite könne er sich Zeit lassen komplexe Sach- und Rechtsfragen vorweg zu klären und Verhandlungen mit den Mitgesellschaftern zu führen.[391]

Der Gesetzgeber habe der Rechtsprechung und Wissenschaft vielmehr die Ausarbeitung eines spezifisch auf die GmbH zugeschnittenen Beschlussmängelsystems überlassen.[392]

Bis dahin ist nach *Casper* statt der aktienrechtlichen Beschlussmängelklage eine Leistungsklage auf Rückgängigmachung des rechtswidrigen Beschlusses statthaft[393], für andere die allgemeine Feststellungsklage nach § 256 ZPO[394].

8. *Beschlussfeststellungsklage*

Nach der hM kann bei fehlender (förmlicher) Beschlussfeststellung auf gerichtliche Feststellung geklagt werden, dass der Beschluss gefasst (sog. positive Beschlussfeststellungsklage) bzw. nicht gefasst wurde (sog. negative Beschlussfeststellungsklage). Beschlussmängel können nur insoweit geltend gemacht

---

100 Jahre GmbHG, 1992, S. 587, 599 ff.; *Casper*, ZHR 163 (1999), 54, 54, 76 ff.; *Ulmer*, GmbHR 1990, 429, 432; *Zöllner/Noack*, ZGR 1989, 525, 532 ff.

389 *Zöllner*, Schranken, 1963, S. 382.

390 Vgl. dazu *Raiser*, FS 100 Jahre GmbHG, 1992, S. 587, 597; *Rohleder*, GmbHR 1989, 236, 239.

391 *Raiser*, FS 100 Jahre GmbHG, 1992, S. 587, 597 f.

392 *Raiser*, FS Heinsius, 1991, S. 645 ff.; *Raiser*, FS 100 Jahre GmbHG, 1992, S. 587, 599 ff.

393 *Casper*, ZHR 163 (1999), 54, 68 ff.

394 *Fehrenbach*, Der fehlerhafte Gesellschafterbeschluss, 2011, S. 195 ff., 219 ff.

werden, als davon die Ermittlung des Beschlussergebnisses unmittelbar abhängt.[395]

Für Manche ist diese Beschlussfeststellungsklage eine Unterart der allgemeinen Feststellungsklage nach § 256 ZPO, da der Beschluss mit dem „zutreffenden" Ergebnis auch bereits vor Rechtskraft des Beschlussfeststellungsurteils existiere.[396]

Zur Erhebung der Beschlussfeststellungsklage berechtigt seien die Gesellschafter[397] sowie nach einer MM auch die Gesellschaft selbst.[398] Die Klage sei grundsätzlich gegen die Gesellschaft zu richten.[399] Soweit nicht statutarisch eingeführt, müsse keine Klagefrist eingehalten werden, da mangels Beschlussfeststellung kein Vertrauenstatbestand geschaffen wurde. Die Klage unterliege jedoch der Verwirkung nach den allgemeinen Grundsätzen.[400] Das stattgebende Urteil wirke analog § 248 f. AktG für und gegen alle Mitgesellschafter, da andernfalls Rechtsunsicherheit aufgrund sich widersprechender Urteile drohe.[401]

---

395 BGHZ 14, 25, 35 f. = NJW 1954, 1401; BGHZ 51, 209, 2011 = NJW 1969, 841; BGHZ 76, 154, 157 = NJW 1980, 1527; BGHZ 104, 66, 69 = NJW 1988, 1844; BGH NJW 1996, 259; NJW 1999, 2268; ZIP 2018, 817 Tz. 32; *Raiser/Veil*, Recht der Kapitalgesellschaften, [6]2015, § 43 Rn. 80; *Lutz*, Der Gesellschafterstreit, [5]2017, Rn. 131, 673 ff.; *Wolff*, in: MHdB, Bd. 3, [5]2018, § 40 Rn. 90; *Goette*, Die GmbH, [2]2002, § 7 Rn. 75; aA *Waclawik*, Prozessführung im Gesellschaftsrecht, [2]2013, Rn. 433; *Raiser*, in: Ulmer/Habersack/Löbbe (Hrsg.), GmbHG, [2]2014, Anh. § 47 Rn. 283; *Zöllner/Noack*, in: Baumbach/Hueck (Hrsg.), GmbHG, [21]2017, Anh. § 47 Rn. 182 alle zur Anfechtbarkeit führende Verstöße seien beachtlich, soweit anfechtungsbefugte Beteiligte sich im Prozess auf die Anfechtbarkeit berufen.

396 OLG München GmbHR 1996, 451; *Raiser/Veil*, Recht der Kapitalgesellschaften, [6]2015, § 43 Rn. 80; *Lutz*, Der Gesellschafterstreit, [5]2017, Rn. 673; *Wolff*, in: MHdB, Bd. 3, [5]2018, § 40 Rn. 90; *Trölitzsch*, VGR 2017, Bd. 23, 2018, 117, 155.

397 *Wolff*, in: MHdB, Bd. 3, [5]2018, § 40 Rn. 95.

398 *Lutz*, Der Gesellschafterstreit, [5]2017, Rn. 674; *Raiser*, in: Ulmer/Habersack/Löbbe (Hrsg.), GmbHG, [2]2014, Anh. § 47 Rn. 281.

399 *Raiser/Veil*, Recht der Kapitalgesellschaften, [6]2015, § 43 Rn. 81; *Lutz*, Der Gesellschafterstreit, [5]2017, Rn. 674.

400 BGHZ 76, 154, 157 = NJW 1980, 1527; BGH NJW 1999, 2268; ZIP 2016, 817 Tz. 32; *Raiser/Veil*, Recht der Kapitalgesellschaften, [6]2015, § 43 Rn. 80; *Wolff*, in: MHdB, Bd. 3, [5]2018, § 40 Rn. 96; *Lutz*, Der Gesellschafterstreit, [5]2017, Rn. 676; *Goette*, Die GmbH, [2]2002, § 7 Rn. 75; *Hüffer/Schürnbrand*, in: Ulmer/Habersack/Löbbe (Hrsg.), GmbHG, [2]2014, § 47 Rn. 28; krit. OLG München GmbHR 1996, 451, 452.

401 OLG München GmbHR 1996, 451, 452; *Lutz*, Der Gesellschafterstreit, [5]2017, Rn. 679; *Wolff*, in: MHdB, Bd. 3, [5]2018, § 40 Rn. 97; *Zöllner/Noack*, in: Baumbach/Hueck (Hrsg.), GmbHG, [21]2017, Anh. § 47 Rn. 182; einschränkend *Puszkajler*, in: Saenger/Inhester (Hrsg.), GmbHG, [3]2016, Anh. § 47 Rn. 116: nur bei Verständigung aller

Nach der wohl hM ist mangels Beschlussfeststellung auch nicht das aktienrechtliche System der Beschlussmängel anwendbar. Somit führe wie im personengesellschaftsrechtlichen Beschlussmängelsystem grundsätzliche jeder Beschlussmangel zur Nichtigkeit.[402]

Nach der MM liegt ohne Beschlussfeststellung gar kein Beschluss vor, dessen Inhalt ein Gericht feststellen könnte. Die positive Beschlussfeststellungsklage könne daher nur in Kombination mit der Anfechtungsklage oder der Leistungsklage (Klage auf positive Stimmabgabe aufgrund Treuepflicht) verbunden werden.[403]

9. *Reformbestrebungen*

a. *Entwurf des Reichsjustizministeriums von 1939*

Nach der AktG-Reform 1937 sollte auch das GmbHG einer umfänglichen Erneuerung unterzogen werden.

Der Entwurf des Reichsjustizministeriums von 1939 regelte das Beschlussrecht der Gesellschafterversammlung in den §§ 48 ff. Ein Novum sollten die Vorschriften zur Niederschrift in den §§ 51 f. „zur Sicherstellung des Abstimmungsergebnisses" darstellen: Bei Antrag eines Gesellschafters sollte über jede Verhandlung der Gesellschafterversammlung eine Niederschrift anzufertigen sein. Für diese Niederschrift sollte grundsätzlich ein an der Versammlung teilnehmender Geschäftsführer, anderenfalls ein von der Gesellschaftermehrheit gewählter Anwesender, zuständig sein. Hat die Gesellschaft einen Versammlungsleiter, so sollte dieser nicht nur beschlussfeststellungskompetent sein, sondern auch die Niederschrift vornehmen. Der von einem Versammlungsleiter festgestellte und niedergeschriebene Beschluss sollte im Streitfall auch „Grundlage für eine Anfechtungsklage" sein. Für das schriftliche Verfahren sollte die Niederschrift des Geschäftsführers bzw. eines statutarisch festgelegten Dritten immer verpflichtend sein.[404]

Mitgesellschafter; aA *Raiser*, in: Ulmer/Habersack/Löbbe (Hrsg.), GmbHG, ²2014, Anh. § 47 Rn. 283: Rechtskrafterstreckung nur mit gesetzlicher Grundlage möglich; ohne Beschlussfeststellung keine analoge Anwendung der §§ 248 f. AktG; *Schmidt*, in: GmbHG, ¹¹2014, § 48 Rn. 52; wieder aA *ders.*, GmbHR 1992, 9, 12: Beschlussfeststellungsklage = Gestaltungsklage.

402 Vgl. Fn. 331.

403 *Altmeppen*, in: Roth/Altmeppen (Hrsg.), GmbHG, ⁹2019, Anh. § 47 Rn. 109 ff.

404 Entwurf der amtlichen Begründung, abgedruckt in: *Schubert* (Hrsg.), Entwurf des Reichsjustizministeriums zu einem Gesetz über Gesellschaften mit beschränkter Haftung von 1939, 1985, S. 171.

Das GmbHG hätte in den §§ 128 ff. auch ein eigenes Beschlussmängelrechtssystem mit eigenem Nichtigkeitskatalog nach aktienrechtlichem Vorbild erhalten. Die Nichtigkeitsklage gegen die Gesellschaft sollte jedem Gesellschafter, Geschäftsführer und Aufsichtsratsmitglied offenstehen. Anfechtbare Beschlüsse sollten nur innerhalb eines Monats gerichtlich mit inter omnes Wirkung für nichtig erklärt werden können. Anfechtungsbefugt sollte gem. § 130 I-III jeder Gesellschafter sein, der dem Beschluss nicht zugestimmt hat. Schriftlich gefassten Beschlüssen sollte ein Widerspruch des klagenden Gesellschafters vorausgehen müssen. Der Geschäftsführer sollte hingegen gem. § 131 IV nur für den Fall klagebefugt sein, dass dieser sich durch die Ausführung des anzufechtenden Beschlusses strafbar oder zumindest schadensersatzpflichtig machen würden.[405]

Der Entwurf wurde vom Reichstag abgelehnt.

b. *Entwürfe zur Reform von 1969 und zur „großen GmbH-Reform" von 1971/1973*

Auch im Anschluss zur Aktienrechtsreform von 1965 gab es wieder Bestrebungen das GmbHG einer weitreichenden Reform zu entziehen und ein ausdifferenziertes Beschluss(mängel)recht einzuführen: Der abgelehnte Referentenentwurf von 1969 stellte im Wesentlichen eine überarbeitete Neufassung des Referentenentwurfs von 1939 dar.[406]

Auch den Entwurf der sog. „großen GmbH-Reform" 1971/1973, der mehr als 300 Paragraphen umfasste, lehnte der Bundestag jedoch ab:

Nach § 83 I 1 des Entwurfs sollte den Gesellschaftern sowie den Geschäftsführern ein Individualanspruch auf schriftliche[407] Protokollierung der Beschlüsse zustehen, das insbes. Auskunft über Art und Ergebnis der Abstimmung gibt. Sofern durchgeführt, sollte nach S. 3 auch die Beschlussfeststellung eines Vorsitzenden in die Niederschrift aufgenommen werden müssen.[408] In der Begründung legte der Entwurf ausdrücklich fest, dass die Beschlussfeststellung zwar kein Wirksamkeitserfordernis für einen Beschluss sein sollte, „wohl aber konstitutive Wirkung in dem Sinne haben (sollte), daß sie jedenfalls für den Inhalt des

---

405 *Ders.*, Entwurf des Reichsjustizministeriums zu einem Gesetz über Gesellschaften mit beschränkter Haftung von 1939, 1985, S. 189 f.

406 Vgl. dazu auch *Hueck*, Gedanken zur Reform des Aktienrechts und des GmbH-Rechts, 1963.

407 Regierungsentwurf, BT-Drucks. 6/3088, S. 136.

408 Regierungsentwurf, BT-Drucks. 6/3088, S. 136.

Beschlusses maßgebend ist und bleibt, wenn die Feststellung nicht durch Klage und Urteil wieder beseitigt wird."[409]

Um auch gerade bei dem schriftlichen Beschlussverfahren Zweifel über Inhalt des Beschlusses sowie Art und Ergebnis der Abstimmung zu vermeiden, sollten nach § 84 IV 1 die Geschäftsführer dazu verpflichtet sein, diese Informationen in eine Niederschrift aufzunehmen.[410] Ebenso wie für die Beschlussfassung in der Gesellschafterversammlung nach § 83 I 3, sollte die Feststellung der Geschäftsführer keine Wirksamkeitsvoraussetzung für den Beschluss sein. Die Beschlussfeststellung sollte auch hier lediglich eine fixierende Wirkung dahingehend haben, dass sie für den Inhalt des Beschlusses maßgeblich ist.[411]

Der 7. Teil des Entwurfs sollte ein für die GmbH eigenes Beschlussmängelrecht einführen. Dieses war weitegehend an das aktienrechtliche Beschlussmängelsystem angelehnt. Gleich dem § 241 AktG, enthielt § 191 einen abschließenden Katalog an Nichtigkeitsgründen.

c. 72. DJT

Im September 2018 tagte der 72. DJT in Leipzig. Die Fachabteilung Wirtschaftsrecht widmete sich dem Beschlussmängelrecht zu allen Gesellschaftsformen.[412] *Koch* forderte in seinem Gutachten den Gesetzgeber, auf ein verbandsübergreifendes Beschlussmängelrecht nach dem aktienrechtlichen Anfechtungsmodell einzuführen, das auf die Spezifika der einzelnen Gesellschaften Rücksicht nimmt (Institutionenbildung). Die etablierte Unterscheidung zwischen anfechtbaren und nichtigen Beschlüssen soll dabei beibehalten werden, da andernfalls die „unternehmerische Entfaltung nachhaltig" beeinträchtigt werde. Das Bedürfnis nach Rechtssicherheit überwiege das Legalitätsinteresse des einzelnen Gesellschafters. Der Beschluss sei im Gegensatz zu Verträgen anfälliger für Fehler und die Folgen „weiterfressender" Fehler ungleich drastischer.[413]

Dazu gestellte Anträge hat der DJT nahezu einstimmig angenommen.[414]

---

409 Regierungsentwurf, BT-Drucks. 6/3088, S. 136.

410 Regierungsentwurf, BT-Drucks. 6/3088, S. 138.

411 Regierungsentwurf, BT-Drucks. 6/3088, S. 138.

412 Vgl. Rahmenprogramm zum 72. DJT S. 14.

413 *Koch*, Gutachten F, 72. DJT, 2018, S. 28 f.; grundsätzlich zustimmend: *Löbbe* Referat Originalumdruck S. 13 ff.; *Schmidt* Referat Originalumdruck S. 1; zum. für die Einführung eines spezifischen GmbH-Beschlussmängelrechts: *Heidel* Referat Originalumdruck S. 1, 28 f.

414 Empfehlungen des 72. DJT, III Nr. 14, 15.

Die Problematik der Beschlussfeststellung soll nach *Koch* hingegen nicht gesetzlich festgelegt, sondern der Rechtsprechung überlassen werden. Die formellen Anforderungen an eine wirksame Beschlussfassung durch eine obligatorische Beschlussfixierung zu erhöhen, lasse sich nicht mit der gewollt zwanglosen Art und Weise der Beschlussfassung in der GmbH in Einklang bringen. Stattdessen sei ein Anspruch des Gesellschafters auf privatschriftliche Protokollierung gesetzlich einzuführen.[415]

Einen dahinlautenden Antrag hat der DJT mit großer Mehrheit angenommen.[416]

II. Resümee

1. Beschlussfeststellung

a. Förmliche Beschlussfeststellung

Die Argumentation der hM gegen eine Beschlussfeststellung beschränkt sich zumeist darauf, dass entgegen der Rechtslage im Aktienrecht weder die formelle Beschlussfeststellung noch das Organ Versammlungsleiter gesetzlich vorgesehen ist und die Gesellschafterversammlung auch ohne Versammlungsleiter und ohne förmliche Versammlung Beschlüsse fassen kann.[417]

Dabei übersieht die hM zum einen, dass sie sich damit nur gegen die formelle Beschlussfeststellung durch einen Versammlungsleiter ausspricht und eben nicht schlechthin gegen die Beschlussfeststellung als Wirksamkeitsvoraussetzung. Der BGH hat bereits 1989 richtig erkannt, dass ein Beschluss der Gesellschafterversammlung erst vorliegt, wenn neben den Stimmabgaben auch die förmliche Beschlussfeststellung erfolgt ist.[418]

Zum anderen erkennt die hM ohnehin auch selbst anderweitige Fixierungen an, die der förmlichen Beschlussfeststellung durch einen Versammlungsleiter gleichstehen sollen: 2008 und 2016 hat der BGH sehr richtig ausgeführt, dass es für eine förmliche Beschlussfeststellung nicht auf das Handeln eines Versammlungsleiters ankommt. Der Zweck der Beschlussfeststellung, die Beseitigung von Zweifel darüber, „ob ein wirksamer Beschluss gefasst wurde", könne in jeder Weise erreicht werden, „soweit das Ziel, Unsicherheit über die Fassung eines Beschlusses zu beseitigen, erreicht wird". Insbes. auch durch die

415 *Koch*, Gutachten F, 72. DJT, 2018, S. 80.
416 Empfehlungen des 72. DJT, III Nr. 16.
417 Vgl. 2. Teil C. I. 2. b. iii.
418 BGH ZIP 1989, 1261.

übereinstimmende Feststellung der Gesellschafter.[419] Die ganz hL lässt diese Art der Fixierungen nicht erst seit der neueren BGH-Judikatur zu: Gänzlich losgelöst von der Bestellung zum Versammlungsleiter könne jede Person, wohl als eine Art Sprachrohr der Gesellschaft, den Beschluss verbindlich feststellen, soweit die Gesellschaft der Verkündung zustimmt bzw. nicht wiederspricht.[420] Wenn die Gesellschafter sich über das Beschlussergebnis einig sind, könne auch die Gesellschaft selbst eine verbindliche Beschlussfeststellung vornehmen.[421] Diese einvernehmliche Feststellung könne sogar konkludent erfolgen.[422]

Darüber hinaus übersieht die hM, dass gerade im Aktienrecht zumindest die hL davon ausgeht, dass die Beschlussfeststellung Wirksamkeitserfordernis des Beschlusses ist. Die Beschlussfeststellungspflicht ist im Aktienrecht nicht einem Formerfordernis, z.B. der notariellen Beurkundung, gleichgesetzt. Ohne Beschlussfeststellung ist ein aktienrechtlicher Beschluss nicht mangels Einhaltung der Formvorschriften nichtig. Er ist *nicht existent*. Die Beschlussfeststellung entscheidet zudem nicht nur über das „Ob" des Beschlusses, sondern bestimmt darüber hinaus dessen Inhalt.[423]

b. Mehrheitserfordernis

Nicht stringent ist die hM auch hinsichtlich der Art der Beschlussfeststellung. Zum einen könne zwar die Gesellschafterversammlung die Beschlussfeststellung auch selbst vornehmen. Dies müsse aber zwingend einvernehmlich erfolgen, eine einfache Mehrheit genüge nicht. Zum anderen könne die Gesellschafterversammlung mit einfacher Mehrheit einen Versammlungsleiter wählen. Dieser könne jeder Dritte, aber auch der Mehrheitsgesellschafter sein. Demnach könne kurioserweise der Mehrheitsgesellschafter zwar einerseits auf gar keinen Fall selbst als Mehrheit des Organs Gesellschafterversammlung das Beschlussergebnis verkünden, andererseits aber auf jeden Fall sich ad-hoc zum Versammlungsleiter wählen und die Beschlussverkündung als Versammlungsleiter vornehmen.

---

419 BGH ZIP 2008, 757 Tz. 24; BGH ZIP 2016, 817 Tz. 33.

420 *Wolff*, in: MHdB, Bd. 3, [5]2018, § 39 Rn. 83; *Koch*, in: Bormann/Kauka/Ockelmann (Hrsg.), Handbuch GmbH-Recht, [3]2014, S. 338; *Wertenbruch*, in: MüKo GmbHG, [3]2019, Anh. § 47 Rn. 235; *Zöllner*, Schranken, 1963, S. 821, 827; *Bayer*, in: Lutter/Hommelhoff (Hrsg.), GmbHG, [19]2016, Anh. § 47 Rn. 38.

421 *Zöllner*, FS Lutter, 2000, S. 821, 828; *Bayer*, in: Lutter/Hommelhoff (Hrsg.), GmbHG, [19]2016, Anh. § 47 Rn. 38; *Wertenbruch*, in: MüKo GmbHG, [3]2019, Anh. § 47 Rn. 232.

422 *Ganzer*, in: Rowedder/Schmidt-Leithoff (Hrsg.), GmbHG, [6]2017, § 47 Rn. 21.

423 Vgl. 2. Teil A. I. 4. b. ii., 5. b. ii., 6. b. i.

Die Beschlussfeststellung durch die Gesellschafter selbst nur dann zuzulassen, wenn diese sich am Ende der Gesellschaft einig sind, bedeutet auch, dass der einzelne Gesellschafter es in der Hand hat, einen Beschluss risiko- und mühelos in der Schwebe zu halten. Ohne Versammlungsleiter hängt es nach der hM von der Zustimmung jedes einzelnen Gesellschafters ab, ob die mit der analogen Anwendung der aktienrechtlichen Beschlussmängelvorschriften bezweckte Rechtssicherheit erreicht wird.[424]

c. Delegation nicht vorhandener Kompetenzen

Auffällig ist auch, dass nach der hM die Gesellschafterversammlung an einen Dritten die Ermächtigung zur fixierenden Beschlussfeststellung erteilen kann, ohne diese selbst jemals originär inngehabt zu haben. Diese These ist juristisch nicht einzuordnen.[425]

d. Gespaltene Wirkung der Beschlussfeststellung

Des Weiteren geht die ganz hM kurioserweise davon aus, dass die Wirkung der Beschlussfeststellung eines Versammlungsleiters, ob deklaratorisch oder konstitutiv, davon abhängt, was er verkündet:[426] Wenn der verkündete Beschlussinhalt damit übereinstimmt, was auch die Subsumtion des Abstimmungsergebnisses unter Gesetz und Satzung ergeben würde, so sei die Verkündung lediglich deklaratorisch, weiche sie davon ab, so sei sie konstitutiv.[427]

Darüber hinaus befürworten manche eine weitergehende Einschränkung der vorläufig fixierenden Wirkung im Fall der Abberufung des Gesellschaftergeschäftsführers aus wichtigem Grund: Wenn der Geschäftsführer Mehrheitsgesellschafter ist oder es sich um eine Zweimann-Gesellschaft handelt, soll die Beschlussfeststellung eines Versammlungsleiters gänzlich bedeutungslos sein.[428]

Für diese gespaltene Wirkung gibt es keinen dogmatischen Anhaltspunkt.

---

424 Vgl. dazu auch *Zöllner*, Schranken, 1963, S. 404.

425 So auch bereits *Altmeppen*, in: Roth/Altmeppen (Hrsg.), GmbHG, 92019, § 47 Rn. 21; *Altmeppen*, GmbHR 2018, 225, 229; *Altmeppen*, NJW 2016, 2833, 2837.

426 So auch *Zöllner*, Schranken, 1963, S. 397: „wenig glücklich"; *Ballerstedt*, GmbHR 1955, 160, 161: „mißlich".

427 Statt aller *Noack*, GmbHR 2017, 792, 795.

428 *Wicke*, GmbHG, 32016, § 38 Rn. 11; *Stephan/Tieves*, in: MüKo GmbHG, 32019, § 38 Rn. 156; *Baukelmann*, in: Rowedder/Schmidt-Leithoff (Hrsg.), GmbHG, 62017, § 38 Rn. 25; weitergehend *Grunewald*, FS Zöllner, 1998, S. 177, 185 ff.

e. Gespaltene Rechtswirksamkeit des Beschlusses im Außenverhältnis

Auch die Rechtswirksamkeit des Beschlusses im Außenverhältnis beurteilt die hM unterschiedlich, je nachdem wer der Versammlung beiwohnt: Zwar sei grundsätzlich der Geschäftsführer für den Vollzug eines Beschlusses zuständig, ist jedoch ein betroffener Dritter (z.B. Vertragspartner eines Kaufvertrags, wenn die Gesellschaft über Vertragsschluss abstimmt) bei der Abstimmung anwesend, so soll der Beschluss ihm gegenüber unmittelbar Rechtswirksamkeit erlangen (z.B. bei einem Kaufvertrag Antrag bzw. Annahme unmittelbar zugehen).[429] Gleichermaßen gilt nach hM der Beschluss zur Abberufung eines Geschäftsführers diesem, soweit er während der Beschlussfassung anwesend ist, bereits als zugegangen.[430]

Es ist mit der allgemeinen Rechtsgeschäftslehre, nach der eine Willenserklärung zu dessen Wirksamkeit zwingend kundgetan werden muss, nicht zu vereinen, dass der Beschluss am Ende der Versammlung nicht verkündet wird, anwesenden Betroffenen gegenüber aber wirksam sein soll.

f. Vorliegen eines Beschlusses

Zudem sind sich Rechtsprechung und Judikatur[431] einig, dass die Anfechtungsklage sowie die Nichtigkeitsklage nach aktienrechtlichem Vorbild zwingend das Vorliegen eines Beschlusses als tauglichen Streitgegenstand voraussetzt. Andernfalls fehle der Gegenstand, wogegen sich diese Klage richten könnte. Eine richterliche Gestaltung der Rechtslage könne nur dort eintreten, wo die Rechtslage, die vorher galt, feststeht. Daher sei nur die positive bzw. negative Beschlussfeststellungsklage statthaft.

Dieses Vorliegen eines Beschlusses ist nach ihrer Ansicht nicht bereits mit der Abgabe der letzten Stimme, sondern erst mit der Beschlussfeststellung gesichert. Ohne Beschlussfeststellung könne nicht davon ausgegangen werden, dass ein Beschluss existiert. Begründet wird dies auch damit, dass der Beschluss bei Zweifel über den Inhalt nicht bestandskräftig werden könne, da sonst niemals feststellbar sei, was die Versammlung beschlossen hat.[432] Außerdem sei ein kassatorisches Urteil, das sich auf einen „fiktiven Beschluss" bezieht, nutzlos.[433]

---

429 *Wiedemann*, Gesellschaftsrecht, Bd. 1, 1980, S. 177.

430 Vgl. *Stephan/Tieves*, in: MüKo GmbHG, ^{3}2019, § 38 Rn. 42.

431 Vgl. 2. Teil C. I. 7. b. iii., c. iii.

432 *Koch*, Gutachten F, 72. DJT, 2018, S. 77; *Fehrenbach*, Der fehlerhafte Gesellschafterbeschluss, 2011, S. 157; *Hoffmann/Köster*, GmbHR 2003, 1327, 1328.

433 *Fehrenbach*, Der fehlerhafte Gesellschafterbeschluss, 2011, S. 157 Fn. 941.

Nach dieser Sichtweise kommt ein Beschluss somit grundsätzlich zwar bereits ipso iure durch die Stimmabgaben zu Stande, für die Statthaftigkeit der Beschlussmängelklagen liegt ein Beschluss aber erst ab Beschlussfeststellung vor. Gleichzeitig behaupten sie zum einen, dass ohne Beschlussfeststellung nichts vorhanden ist, wogegen sich eine Anfechtungsklage richten kann. Zum anderen, dass die Beschlussfeststellungsklage eine Unterart der allgemeinen Feststellungsklage sei, da der Beschluss mit dem „richtigen“ Ergebnis auch bereits vor dem Feststellungsurteil existiere.[434]

g. Unsicherheiten bzgl. des Beschlussergebnisses

Um Unsicherheiten zum Beschlussergebnis zu vermeiden, hat der BGH[435], und ihm folgend einige Stimmen in der Literatur[436], für versammlungslose Beschlussverfahren, also für das schriftliche sowie für das kombinierte Beschlussverfahren, die Feststellung und Verkündung des Beschlussergebnisses ausdrücklich als Wirksamkeitsvoraussetzung festgesetzt.

Wie die diversen Beschlussfeststellungsklagen in Zwei-Mann-Gesellschaften zeigen[437], haben die Zweifel über das Beschlussergebnis oft weniger mit der Übersichtlichkeit bzw. mit der Möglichkeit der Kenntnisnahme der Stimmabgaben zu tun, sondern mehr mit den persönlichen Differenzen der Gesellschafter.

Die hM nimmt es hin, dass im Streitfall „das Beschlossene“, sc. das Subsumtionsergebnis aus dem Abstimmungsverhältnis, gilt, obwohl „eben vorläufig keiner weiß“, wie dieses lautet. Solange es sich nicht um eine „wirklich fundamentale Entscheidung“ handle, z.B. die Abberufung des Geschäftsführers aus wichtigem Grund, sei diese Unklarheit bis zu einem gerichtlichen Feststellungsurteil „akzeptabel“, da in der Gesellschaft „keine klaren Verhältnisse herrschen müssen“.[438]

---

434 OLG München GmbHR 1996, 451; *Raiser/Veil*, Recht der Kapitalgesellschaften, [6]2015, § 43 Rn. 80; *Lutz*, Der Gesellschafterstreit, [5]2017, Rn. 673; *Wolff*, in: MHdB, Bd. 3, [5]2018, § 40 Rn. 90; *Trölitzsch*, VGR 2017, Bd. 23, 2018, 117, 155.

435 BGHZ 15, 324, 329 = NJW 1955, 220; BGH NZG 2017, 303 Tz. 19; BGH NJW 2006, 2044, 2045.

436 *Drescher*, in: MüKo GmbHG, [3]2019, § 47 Rn. 54; *Fischer/Schmidt*, in: Winkeljohann/Prinz (Hrsg.), Beck'sches Handbuch der GmbH, [5]2014, § 4 Rn. 72; *Fischer*, GmbHG, [10]1983, § 48 Rn. 1; *Fischer*, in: Staub (Hrsg.), HGB, [3]1973, § 119 Anm. 5; *Blasche*, GmbHR 2011, 232, 236; *Gehrlein*, BB 2006, 1126, 1128.

437 BGH ZIP 2016, 817; 1995, 1982.

438 Vgl. *Grunewald*, FS Zöllner, 1998, S. 177, S. 187.

Die grenzenlose Widersinnigkeit dieser Behauptung verdeutlicht sich bei einem Vergleich mit einem Gerichtsurteil: Soll dieses bereits ohne Verkündung, also unmittelbar nach der Abstimmung der Richter im Richterzimmer wirksam sein? Was soll gelten, wenn die Richter sich bis zur Verkündung noch einmal umentscheiden? Was, wenn der Vorsitzende Richter ein falsches Beratungsergebnis widergibt? Die Stimmabgabe des Richters kann jedenfalls nur eine Prozesshandlung und noch kein Urteil sein. Die Verkündung eines falschen Ergebnisses stellt wohl jedenfalls einen absoluten Revisionsgrund dar.

h. Auseinandertreten bei Streit

Die hM geht wohl auch tatsächlich davon aus, dass es in der Praxis üblich ist, dass die Gesellschafter trotz Streit über das Beschlussergebnis einfach auseinander treten, ohne zu wissen, welchen Inhalt der gerade eben behandelte Beschluss hat.[439] Der lapidare Verweis auf die Beschlussfeststellungsklage ist nicht nur aus Kostengründen merkwürdig. Mit einem baldigen gerichtlichen Urteil ist in Deutschland jedenfalls nicht zu rechnen. Eine Schwebelage über mehrere Jahre ist unzumutbar. In der Praxis kommt es daher auch gar nicht vor, dass die Gesellschafter über einen Antrag abstimmen, ohne das Beschlussergebnis anschließend, zumindest konkludent, festzustellen.[440]

i. Beschlussfeststellung als Analogievoraussetzung für das aktienrechtliche Beschlussmängelsystem

Nach der ganz hM ist es aus Gründen des Rechtsfriedens, der Rechtssicherheit und -klarheit unumgänglich, das aktienrechtliche System der Beschlussmängel und der Beschlussmängelklagen analog anzuwenden. Es sei zu einschneidend, wenn bereits jeder Mangel zur Nichtigkeit führe und diese Nichtigkeit von jedermann unbefristet geltend gemacht werden könne.[441]

Soweit allerdings die rein fakultative (!) Beschlussfeststellung nicht vorliegt, soll es bei den allgemeinen Grundsätzen bleiben, die die hM so versteht, dass eben grundsätzlich jeder Mangel zur Nichtigkeit führt und nur die unbefristete[442]

---

439 Vgl. dazu *Wertenbruch*, in: MüKo GmbHG, ³2019, Anh. § 47 Rn. 229: Unsicherheiten hinsichtlich des Vorliegens eines wirksamen Beschlusses könnten sich insbes. daraus ergeben, dass eine Versammlung unmittelbar nach Bekanntgabe des Abstimmungsergebnisses „in Tumult untergeht" und nachträglich behauptet wird, es hätte sich nur um eine Probeabstimmung gehandelt.

440 So auch *Altmeppen*, GmbHR 2018, 225, 228.

441 Vgl. 2. Teil C. I. 7. b. ii., c. ii.

442 Vgl. *Herchen*, VGR 2016, Bd. 22, 2017, S. 83, 105: „unbefriedigend".

allgemeine Feststellungsklage statthaft ist.[443] Mit dieser Klage will die hM dem Gesellschafter ein Instrument zur Klärung des Inhalts eines gefassten Beschlusses, der eben nicht durch Beschlussfeststellung fixiert wurde, an die Hand geben. Das Gericht soll zum einen untersuchen welche Mehrheit für den in Streit stehenden Beschluss erforderlich war und zum anderen, ob diese Mehrheit tatsächlich erreicht wurde.

Aus Praktikabilitätsgründen finden nach der hM für die Beschlussfeststellungklage wiederum Vorschriften der Anfechtungsklage entsprechend Anwendung, so insbes. die Rechtskrafterstreckung des Urteils nach § 241 I Nr. 5 und § 248 I 1 AktG.[444]

Mangels Beschlussfeststellung können nach der hM Beschlussmängel eines nicht festgestellten Beschlusses somit zwar nicht durch die Aktien- oder Nichtigkeitsklage analog §§ 241 ff. AktG gerichtlich geltend gemacht werden. Bei der stattdessen statthaften Beschlussfeststellungsklage seien die aktienrechtlichen Vorschriften allerdings sehr wohl analog anwendbar.[445] Die hM wendet die aktienrechtlichen Vorschriften letztendlich somit unabhängig von einer Beschlussfeststellung analog an.

Zudem soll von der fakultativen (!) Beschlussfeststellung abhängen, ob grundsätzlich jeder Beschlussmangel zur Nichtigkeit des Beschlusses von Anfang an führt, die darüber hinaus unbefristet festgestellt werden kann oder ob der Beschluss bis zur gegenteiligen gerichtlichen Feststellung nur anfechtbar, also wirksam ist.[446]

Es ist inkonsequent, einerseits die analoge Anwendung der Vorschriften zur Anfechtungsklage mit dem, in der AG vergleichbaren, Bedürfnis nach Rechtssicherheit zu begründen und andererseits der Beschlussfeststellung die doppelt konstitutive Wirkung mit dem Hinweis abzusprechen, das Rechtssicherheitsbedürfnis sei in der GmbH geringer als in der AG.[447]

Die Begründung der hM für eine analoge Anwendung der §§ 241 ff. AktG stellt sich bei näherer Betrachtung als Argumentation pro Beschlussfeststellung als Wirksamkeitsvoraussetzung heraus.

---

443 Vgl. 2. Teil C. I. 6., 8.

444 Statt aller *Waclawik*, Prozessführung im Gesellschaftsrecht, ²2013, Rn. 434.

445 Vgl. auch *Herchen*, VGR 2016, Bd. 22, 2017, S. 83, 102: „kurios".

446 Vgl. auch *ders.*, VGR 2016, Bd. 22, 2017, S. 83, 102: „kurios".

447 Vgl. dazu auch *Zöllner*, Schranken, 1963, S. 402.

2. *Beschlussmängelklage*

Trotz zahlreicher Gegenstimmen hat die hM erkannt, dass es sich bei den §§ 241 ff. AktG nur um die Beschränkung des Rechts auf prozessuale Geltendmachung von Beschlussmängeln handelt, das jedem Gesellschafter zustehen muss.[448] Die Beschränkung ist auch im GmbH-Recht sinnvoll, die §§ 241 ff. AktG folglich analog anzuwenden.[449]

D. Rechtsfähiger Verein

I. Entstehungsgeschichte

1. *Gesetzgebung*

Die Beschlussfassung der Mitgliederversammlung des Vereins als oberstes Vereinsorgan regelt bis heute § 32. Die Mitgliederversammlung beschließt mit der Mehrheit der erschienenen Mitglieder (§ 32 I 3 BGB aF) bzw. der abgegebenen Stimmen (§ 32 I 3 BGB seit dem 30.09.2009).

2. *Beschlussfeststellung als Wirksamkeitsvoraussetzung*

a. *Rechtsprechung*

Die Judikatur geht davon aus, dass die Beschlussfeststellung keine Wirksamkeitsvoraussetzung von Beschlüssen ist. Da der Gesetzgeber im Vereinsrecht, im Gegensatz zum Aktien- und Genossenschaftsrecht, keine fristgebundene Anfechtungsklage eingeführt hat und diese Klage auch nicht analog anwendbar sei, es daher nur gültige oder ungültige Beschlüsse gebe, fehle die Notwendigkeit für eine sofort maßgebliche Fixierung eines Vereinsbeschlusses.[450]

b. *Literatur*

Auch die hL geht seit Anfang des letzten Jahrhunderts davon aus, dass bereits die Abstimmung den Beschluss unmittelbar zustande bringt. Eine Beschlussfeststellung sei nur dann erforderlich, wenn sie durch die Satzung vorgeschrieben ist.[451]

---

448 RGZ 170, 83, 89; Vgl. 2. Teil C. I. 7. b. i., c. i.

449 Vgl. 2. Teil C. I. 7. b. ii., c. ii.

450 BGH NJW 1975, 2101; bestätigend NJW 1997, 318, 320.

451 *Rudloff*, Die Rechtsnatur der Vereinsbeschlüsse, 1932, S. 47 ff.; *Denecke/Oegg*, in: RGRK BGB, [10]1953, § 32 Anm. 3; *Nipperdey*, in: Lehrbuch des Bürgerlichen Rechts, Bd. 1, 2, [15]1960, S. 911 f.; *Baltzer*, Der Beschluß, 1965, S. 127; *Schultze-v. Lasaulx*,

Die Verkündung sei der Beschlussfassung nur nachfolgender Vorgang, gleich der Ausführung des Beschlusses. Sie finde in kleineren, übersichtlichen Gesellschaften auch in der Praxis gar nicht statt, da die Gesellschafter das Beschlussergebnis ohne Weiteres anhand der Stimmabgaben ablesen können.[452]

Mangels analoger Anwendung der aktienrechtlichen Anfechtungsklage bestehe auch kein Bedürfnis für eine Beschlussfeststellung. Die Gesellschafter können Mängel jederzeit einredeweise oder per Feststellungsklage geltend machen. Zwar sei eine Feststellung empfehlenswert, um die Bestandskraft von mangelhaften Beschlüssen und dadurch den Rechtsfrieden im Verein zu erhöhen. Diese Vorteile reichen jedoch nicht aus um der Feststellung eine konstitutive Bedeutung beizumessen.[453]

Als weiteres Argument wird angeführt, dass selbst der fertige Beschluss nur den internen Vorgang zur Willensbildung, sog. Willensbildungsakt, darstelle und gleich dem inneren Willen einer physischen Person noch nicht erklärt werden müsse. Die Zuführung des internen Willensakts zum äußeren Geschäftsverkehr iFd Erklärung obliege dem mit der Ausführung des Willens gesetzlich oder statutarisch beauftragten Organs, also typischerweise dem Vorstand.[454]

Nach der Gegenansicht muss neben den Stimmabgaben auch die ausdrückliche oder stillschweigende Feststellung bzw. Verlautbarung des Beschlussergebnisses erfolgen.[455]

---

in: Soergel/Siebert (Hrsg.), Bürgerliches Gesetzbuch, Bd. 1, [10]1967, § 32 Rn. 30; *Weick*, in: Staudinger, 2005, § 32 Rn. 14, 36; *Waldner/Wörle-Himmel*, in: Sauter/Schweyer/Waldner (Hrsg.), Der eingetragene Verein, [20]2016, Rn. 192; *Westermann*, in: Bürgerliches Gesetzbuch, [15]2017, § 32 Rn. 2; *Leuschner*, in: MüKo BGB, [8]2018, § 32 Rn. 49.

452 *Baltzer*, Der Beschluß, 1965, S. 127.

453 *Zöllner*, Schranken, 1963, S. 396; *Stöber/Otto*, Handbuch zum Vereinsrecht, [10]2012, Rn. 763, 835: dringende Empfehlung Wirksamkeit des Beschlusses statutarisch von Verkündung abhängig zu machen.

454 *Rudloff*, Die Rechtsnatur der Vereinsbeschlüsse, 1932, S. 49.

455 *Lehmann*, Gesellschaftsrecht, [2]1959, S. 183; *Coing*, in: Staudinger, [12]1980, § 32 Rn. 13: „Beschluß gefaßt, (…), wenn der Vorsitzende das Ergebnis der Abstimmung verkündet und der Tenor des Beschlusses protokolliert ist"; ebenso noch *Weick*, in: Staudinger, 1995, § 32 Rn. 13; *Steffen*, in: Johansen/Kregel (Hrsg.), RGRK BGB, [12]1982, § 32 Rn. 14: Beschluss erst existent mit Erkennbarkeit des Ergebnisses; *Larenz*, Allgemeiner Teil des deutschen Bürgerlichen Rechts, [7]1989, S. 320; Beschluss wird erst mit Bekanntgabe der Stimmauswertung wirksam: *Reichert*, Handbuch des Vereins- und Verbandsrechts, [7]1999, Rn. 1063; *Ernst*, Liber Amicorum Leenen, 2012, S. 1, 9 ff., 25 ff.; *Wagner*, in: Schimke/Dauernheim (Hrsg.), Reichert VereinsR, [14]2018, Rn. 1765: Beschluss entsteht/ wird wirksam mit „Bekanntgabe der Stimmauswertung";

Beschlüsse seien „in Worte gefaßte Ergebnisse (Verlautbarungen) der Willensbildung einer Personenvereinigung, einer Gesellschaft" oder „einer Körperschaft". Eine Verkündung sei daher bereits aus dogmatischen Gründen erforderlich.[456]

Bereits die Begründung der Vorentwürfe der Redaktoren zum BGB für die erste Kommission spreche dafür, dass die Stimmabgaben alleine noch nicht ausreichend sind einen Beschluss entstehen zu lassen. In der Mitgliederversammlung solle nicht nur der Wille des Vereins gebildet werden; der Beschluss sei bereits die „Willensbethätigung".[457] Für eine Betätigung müsse allerdings eine greifbare, nach außen wahrnehmbare Kundgabe des Willens in Form einer Verkündung erfolgen. Auch nach den Motiven des BGB zum Stimmrecht der Mitglieder können die Stimmabgaben allein den Beschluss noch nicht herbeiführen, da das Stimmrecht nur „die Befugnis" sei, „bei der Herstellung des Willens für die Körperschaft mitzuwirken"[458]. Es handle sich daher bei der Stimmabgabe nicht um eine „Bewirkungs-", sondern nur um eine „Erwirkungshandlung".[459]

Viele Vertreter des Schrifttums begnügen sich damit, dass die Voraussetzungen des Beschlusses in der Satzung zu bestimmen seien.[460]

3. *Beschlussinhalt*

a. *Rechtsprechung*

Der BGH ist der Ansicht, dass die Beschlussfeststellung eines Versammlungsleiters nicht das Beschlussergebnis festlegen kann, sich dieses vielmehr bereits ipso iure aus der Abstimmung ergibt und durch Subsumtion des Abstimmungsergebnisses unter Gesetz und Satzung von jedermann abgelesen werden könne. Mangels Statthaftigkeit der befristeten Anfechtungsklage sei ein für alle Mitglieder eindeutiger Beschlussinhalt nicht erforderlich.[461]

Altmeppen, in: Roth/Altmeppen (Hrsg.), GmbHG, [9]2019, § 47 Rn. 3 ff.; sympathisierend *Notz*, in: Geibel (Hrsg.), Beck.OGK BGB, 2018, § 32 Rn. 189.

456 *Larenz*, Allgemeiner Teil des deutschen Bürgerlichen Rechts, [7]1989, S. 320; *Altmeppen*, in: Roth/Altmeppen (Hrsg.), GmbHG, [9]2019, § 47 Rn. 3 ff.; *Ernst*, Liber Amicorum Leenen, 2012, S. 1, 9 ff., 25 ff.

457 Abgedruckt in *Schubert*, Redaktoren, 1981, S. 122.

458 *Mugdan* (Hrsg.), Die gesammelten Materialien zum Bürgerlichen Gesetzbuch für das Deutsche Reich, Bd. 1, 1899, S. 411.

459 *Ernst*, Liber Amicorum Leenen, 2012, S. 1, 17 f.

460 Vgl. *Keidel*, in: Staudinger, 1912, S. 14; *Brändl/Coing*, in: Staudinger, [11]1957, § 32.

461 BGH NJW 1975, 2101; 1987, 2430; zustimmend OLG München NZG 2008, 351, 353.

b. Literatur

Bereits seit Anfang des letzten Jahrhunderts befürwortet auch die hL, dass es nicht auf das festgestellte, sondern nur auf das „richtige" Beschlussergebnis ankommt.[462] Im Gegensatz zur hM im Aktien- und GmbH-Recht habe die Feststellung bzw. Verkündung eines Versammlungsleiters beim Verein nicht die Wirkung eines konstitutiven, den Beschlussinhalt fixierenden Akts. Dies sei darauf zurückzuführen, dass der Gesetzgeber im Vereinsrecht die befristete Anfechtungsklage nicht eingeführt hat.[463] Die konstitutive Wirkung einer förmlichen Beschlussfeststellung könne nur per Satzungsklausel eingeführt werden.[464]

Nach der Gegenansicht ist, mit divergierender Begründung, das festgestellte bzw. verlautbarte Beschlussergebnis maßgeblich:[465]

Die Einen ziehen eine Parallele zur Willenserklärung: Auch hier gelte allein der kundgegebene Wille.[466] Andere argumentieren, dass „die Tatsache der ordnungsmäßigen Verkündung nicht einfach unbeachtet bleiben" dürfe, da die Gesellschafter auf den verkündeten Inhalt vertrauen. Bei tatsächlicher durchgeführter Beschlussfeststellung sei diese daher maßgeblich. Andernfalls das materille Beschlussergebnis.[467] Für manche ist die fixierende Wirkung notwendiger Bestandteil der Einführung der Anfechtungsklage.[468]

---

462 *Oertmann*, in: Allgemeiner Teil des BGB, [2]1908, § 32 Anm. 3; *Nipperdey*, in: Lehrbuch des Bürgerlichen Rechts, Bd. 1, 2, [15]1960, S. 912; *Schultze-v. Lasaulx*, in: Soergel/Siebert (Hrsg.), Bürgerliches Gesetzbuch, Bd. 1, [10]1967, § 32 Rn. 30; *Coing*, in: Staudinger, [12]1980, § 32 Rn. 13; *Reichert*, Handbuch des Vereins- und Verbandsrechts, [7]1999, Rn. 1074; *Weick*, in: Staudinger, 2005, § 32 Rn. 14; *Westermann*, in: Bürgerliches Gesetzbuch, [15]2017, § 32 Rn. 2; *Leuschner*, in: MüKo BGB, [8]2018, § 32 Anm. 49.

463 *Zöllner*, Schranken, 1963, S. 397; *Schultze-v. Lasaulx*, in: Soergel/Siebert (Hrsg.), Bürgerliches Gesetzbuch, Bd. 1, [10]1967, § 32 Rn. 30; *Reichert*, Handbuch des Vereins- und Verbandsrechts, [7]1999, Rn. 1074; *Weick*, in: Staudinger, 2005, § 32 Rn. 36; *Westermann*, in: Bürgerliches Gesetzbuch, [15]2017, § 32 Rn. 2; krit. *Leuschner*, in: MüKo BGB, [8]2018, § 32 Rn. 49.

464 *Reichert*, Handbuch des Vereins- und Verbandsrechts, [7]1999, Rn. 1074; *Westermann*, in: Bürgerliches Gesetzbuch, [15]2017, § 32 Rn. 2.

465 *Baltzer*, Der Beschluß, 1965, S. 127; *Larenz*, Allgemeiner Teil des deutschen Bürgerlichen Rechts, [7]1989, S. 320; *Schmidt*, Gesellschaftsrecht, [4]2002, S. 696; *Schmidt*, FS Reuter, 2010, S. 345, 356; einschränkend *Wagner*, in: Schimke/Dauernheim (Hrsg.), Reichert VereinsR, [14]2018, Rn. 1787 zumindest bei Verschmelzungsbeschlüsse, da fristgebunden.

466 *Larenz*, Allgemeiner Teil des deutschen Bürgerlichen Rechts, [7]1989, S. 320.

467 *Baltzer*, Der Beschluß, 1965, S. 127.

468 *Schmidt*, Gesellschaftsrecht, [4]2002, S. 696; *Schmidt*, FS Reuter, 2010, S. 345, 356.

4. *Beschlussmängel*

a. *Generelle Nichtigkeit*

i. Allgemeines

Nach der ganz hM sind Vereinsbeschlüsse, die gegen Gesetz oder Statut verstoßen, ohne Rücksicht auf Schwere des Verstoßes und Bedeutung der betreffenden Angelegenheit, grundsätzlich nichtig. Ausgenommen seien nur sanktionslose Ordnungsverstöße.[469] Nichtigkeit aufgrund von Verstößen gegen Gesetz oder gute Sitten folge zwingend aus §§ 134, 138 BGB. Nichtigkeit aufgrund von Verstößen gegen zwingende Satzungsvorschriften beruhe darauf, dass Mitglieder nur an Mehrheitsentscheidungen, die im Rahmen der Satzung gefasst wurden, gebunden seien.[470]

Die §§ 241 ff. AktG seien auf den rechtsfähigen Verein „wegen der Vielgestaltigkeit vereinsrechtlicher Zusammenschlüsse und der darum anders gelagerten tatsächlichen und rechtlichen Verhältnisse", „insbesondere mit Rücksicht auf die geringeren Förmlichkeiten des Vereinsrechts, das gerade nicht zwischen rechtsgestaltender Beschlussanfechtung und deklaratorischer Feststellung der Nichtigkeit unterscheidet"[471] weder direkt noch analog anwendbar.[472]

Es erfolgt somit keine Unterscheidung in fehlerhafte Beschlüsse, die erst durch erfolgreiche Anfechtung gerichtlich als nichtig erklärt werden, und solche, die bereits ex-iure nichtig sind.

Für Mitglieder sowie Dritte seien rechtsfehlerhafte Beschlüsse unbeachtlich.[473] Der Vorstand dürfe rechtsfehlerhafte Beschlüsse nicht ausführen und der Registerrichter sie nicht eintragen.[474] Die Nichtigkeit eines Beschlusses könne grundsätzlich durch jedermann zeitlich unbegrenzt geltend gemacht werden.[475]

---

469 BGHZ 49, 209, 211 = NJW 1968, 543; BGHZ 59, 369, 372 = NJW 1973, 235; OLG Hamm NJW-RR 1997, 989; OLG Schleswig NJW 1960, 1892; *Tuhr*, AT, Bd. 1, 1910, S. 517; *Denecke/Oegg*, in: RGRK BGB, [10]1953, § 32 Anm. 4; *Ellenberger*, in: Palandt, [78]2019, § 32 Rn. 9; *Schöpflin*, in: Prütting/Wegen/Weinreich (Hrsg.), BGB, [12]2017, § 32 Rn. 13; *Wagner*, in: Schimke/Dauernheim (Hrsg.), Reichert VereinsR, [14]2018, Rn. 1917.

470 BGHZ 59, 369, 372 = NJW 1973, 235; *Nipperdey*, in: Lehrbuch des Bürgerlichen Rechts, Bd. 1, 2, [15]1960, S. 912; *Ellenberger*, in: Palandt, [78]2019, § 32 Rn. 9.

471 BGH NJW 2008, 69 Tz. 36.

472 BGHZ 59, 369, 372 = NJW 1973, 235; *Westermann*, in: Bürgerliches Gesetzbuch, [15]2017, § 32 Rn. 6.

473 *Tuhr*, AT, Bd. 1, 1910, S. 517 f.

474 *Ders.*, AT, Bd. 1, 1910, S. 515.

475 *Denecke/Oegg*, in: RGRK BGB, [10]1953, § 32 Anm. 4.

ii. Kausalität/ Relevanz

Um die schrankenlose Möglichkeit der Geltendmachung zu begrenzen, hat der BGH 1967 das Kausalitätserfordernis ins Vereinsrecht eingeführt: Ein Verfahrensfehler führe nur dann zur Nichtigkeit des Beschlusses, wenn er sich auf das Abstimmungsergebnis ausgewirkt hat. Im vom BGH zu entscheidenden Fall hatte ein Unberechtigter mitabgestimmt. Da aber die Beschlussmehrheit auch ohne dessen Stimme erreicht wurde, sei der Beschluss trotz Verfahrensfehler gültig.[476] Diese Rechtsprechungslinie hat der BGH 1972 bestätigt: Sogar die Nichtladung einzelner Mitglieder könne unbeachtlich sein, wenn die erreichte Stimmenmehrheit selbst im Falle ihres Erscheinen unter keinen Umständen abgeändert worden wäre. Beweispflichtig sei der Verein. Wenn der Abstimmung eine Aussprache vorangegangen ist, könne allerdings ein entscheidender Einfluss der Nichtgeladenen auf das Abstimmungsverhalten der anderen Mitglieder nicht mehr ausgeschlossen werden.[477] Seit 2008 stellt der BGH gleich der aktienrechtlichen Judikatur[478] neben den Kausalitätserwägungen „auf die Relevanz des Verfahrensfehlers für die Ausübung der Mitwirkungsrechte durch ein objektiv urteilendes Verbandsmitglied" ab. Die nicht bzw. nicht genaue Angabe der Tagesordnungspunkte sei ein relevanter Verfahrensmangel, der somit zur Nichtigkeit führe, da der Entschluss der Mitglieder, an der Versammlung teilzunehmen, maßgeblich vom Inhalt der Tagesordnung abhänge.[479]

Die hL hat sich der Rechtsprechung angeschlossen, soweit gegen Verfahrensvorschriften nicht aus Manipulationsgründen verstoßen wurde.[480] Ein Verfahrensmangel soll daher grundsätzlich nur dann zur Nichtigkeit führen, wenn dieser sich auf das Beschlussergebnis ausgewirkt hat (Kausalitätsprinzip). Auch wenn das Abstimmungsergebnis nicht auf dem Verfahrensverstoß beruht, könne der Beschluss bei „Relevanz" des Verstoßes nichtig sein.[481]

---

476 BGHZ 49, 209, 212 = NJW 1968, 543.

477 BGHZ 59, 369, 372 = NJW 1973, 235.

478 Vgl. BGHZ 160, 385, 391 f. = NJW 2005, 828.

479 BGH NJW 2008, 69 Tz. 44.

480 *Flume*, BGB AT I/ 2, 1983, S. 255; *Schöpflin*, in: Prütting/Wegen/Weinreich (Hrsg.), BGB, [12]2017, § 32 Rn. 14.

481 *Ellenberger*, in: Palandt, [78]2019, § 32 Rn. 11; *Schöpflin*, in: Prütting/Wegen/Weinreich (Hrsg.), BGB, [12]2017, § 32 Rn. 14.

iii. Vollversammlung

Um die Nichtigkeitsfolge zu beschränken, führt nach der hM, gleich der Lage im Aktien-/ GmbH-Recht, eine Vollversammlung zur Heilung von Einberufungsmängel.[482]

iv. Widerspruchserfordernis

Aus dem gleichen Grund führen Verstöße gegen individualschützende Verfahrensvorschriften[483] und gegen bestimmte Satzungsklauseln[484] nur dann zur Nichtigkeit, wenn der betroffene Gesellschafter den Verstoß alsbald nach Kenntnis rügt. Welche Vorschriften individualschützend sein sollen, wird nur abstrakt geklärt. Die präzisierenden Beispiele der Literatur divergieren teils erheblich.[485]

b. Differenzierung zwischen Anfechtbarkeit und Nichtigkeit

Nach der Gegenmeinung sind die Beschlussmängel aufzuteilen in Nichtigkeits- und Anfechtungsgründe.[486]

Dass die hM bereits selbst davon überzeugt sei, dass die strikte Nichtigkeitslehre zu einem falschen Ergebnis führe, zeige sich in ihren zahlreichen materiell- und prozessrechtlichen Korrekturen (Kausalitäts-/ Relevanzmoment, Vollversammlung, Widerspruch, Verwirkung). Der Versuch, durch Rechtsfortbildung das angeblich grundsätzlich unbeschränkte vereinsrechtliche Beschlussmängelrecht dem aktienrechtlichen Stück für Stück anzugleichen, übersteige

---

482 BGHZ 59, 369, 373 = NJW 1973, 235 f.

483 BGHZ 59, 369 = NJW 1973, 235; *Wagner*, in: Schimke/Dauernheim (Hrsg.), Reichert VereinsR, [14]2018, Rn. 1918, 1920; *Ellenberger*, in: Palandt, [78]2019, § 32 Rn. 10.

484 *Waldner/Wörle-Himmel*, in: Sauter/Schweyer/Waldner (Hrsg.), Der eingetragene Verein, [20]2016, Rn. 213.

485 Vgl. *Fluck*, Vereinsbeschlüsse, 2017, S. 15 f.

486 *Coing*, in: Staudinger, [12]1980, § 32 Rn. 26; *Gierke*, Handelsrecht, [8]1958, S. 317; *Zöllner*, Schranken, 1963, S. 382; *Sauter*, Der eingetragene Verein, [3]1954, S. 51 f.; *Schmidt*, FS Stimpel, 1985, S. 217, 227. 238 f., 241 ff.; *Noack*, Fehlerhafte Beschlüsse in Gesellschaften und Vereinen, 1989, S. 159 ff.; *Grunewald*, Der Ausschluss aus Gesellschaft und Verein, 1987, S. 267 ff.; *Waldner/Wörle-Himmel*, in: Sauter/Schweyer/Waldner (Hrsg.), Der eingetragene Verein, [20]2016, Rn. 212 ff.; *Zöllner/Noack*, in: Baumbach/Hueck (Hrsg.), GmbHG, [21]2017, Anh. § 47 Rn. 1; *Fluck*, Vereinsbeschlüsse, 2017, S. 22 ff.; *Leuschner*, in: MüKo BGB, [8]2018, § 32 Rn. 49; *Schmidt*, Gesellschaftsrecht, [4]2002, S. 447, 696 ff.; *Schmidt*, in: Scholz – Kommentar zum GmbH-Gesetz (begründet von Franz Scholz), [7]1988, § 45 Rn. 35; *Richert*, NJW 1957, 1543, 1544; *Koch*, ZHR 182 (2018), 378, 403 ff.; *Grunewald*, ZIP 1989, 962, 967; *Scholz*, WM 2006, 897, 904; *Schmidt*, AG 2009, 248, 253.

allerdings den „Komplexitätsgrad", den der historische Gesetzgeber[487] durch die Nichteinführung eines vereinsrechtlichen Sonderrechts zu entgehen versuchte, in hohen Maßen.[488] Das Vorgehen der hM sei deshalb inkohärent.[489]

Manche halten die Unterscheidung zwischen Anfechtbarkeit und Nichtigkeit bereits nach den allgemeinen Grundsätzen des BGB (§§ 125, 134, 138) für zwingend, nachdem rechtswidrige Beschlüsse nur ausnahmsweise nichtig seien.[490] Beschlüsse, die gegen Gesetz oder Satzung verstoßen, seien grundsätzlich nicht form-, verbots- oder sittenwidrig, sondern verletzen in der Regel nur das Recht des Vereinsmitglieds auf gesetzes- und satzungsgemäße Behandlung. Ein Verstoß gegen dieses Recht des Vereinsmitglieds führe grundsätzlich nur dazu, dass das betroffene Mitglied den Beschluss nicht gegen *sich* gelten lassen müsse. Der Betroffene könne nur durch ein Beseitigungsverlangen erreichen, dass die Mitgliederversammlung den Beschluss aufhebt, sodass dieser niemandem mehr gegenüber gilt.[491] Zur prozessualen Durchsetzung müsse der Betroffene daher Leistungsklage auf Aufhebung eines rechtsrechtwidrigen Beschlusses gegen den Verein erheben.[492]

Für Andere ist die analoge Anwendung der aktien- bzw. genossenschaftsrechtlichen Unterscheidung zwischen Anfechtungs- und Nichtigkeitsgründe, wie sie auch für die GmbHG erfolgt, naheliegender.[493]

Für Dritte ergibt sich diese Unterscheidung aus dem genossenschaftlichen Ordnungsprinzip. Nichtigkeit folge nur „bei krasser Ordnungswidrigkeit".[494]

c. 72. DJT

Auch die DJT-Mitglieder *Koch* und *Heidel* befürworten aufgrund der strukturellen Ähnlichkeit des rechtsfähigen Vereins mit der AG, GmbH und

---

487 *Mugdan* (Hrsg.), Die gesammelten Materialien zum Bürgerlichen Gesetzbuch für das Deutsche Reich, Bd. 1, 1899, S. 627.

488 *Leuschner*, in: MüKo BGB, [8]2018, § 32 Rn. 58.

489 *Grunewald*, Der Ausschluss aus Gesellschaft und Verein, 1987, S. 268.

490 *Reuter*, in: MüKo BGB, [6]2012, § 32 Rn. 57; *Leuschner*, in: MüKo BGB, [8]2018, § 32 Rn. 49; *Fluck*, Vereinsbeschlüsse, 2017, S. 22.

491 *Reuter*, in: MüKo BGB, [6]2012, § 32 Rn. 57; *Coing*, in: Staudinger, [12]1980, § 32 Rn. 26; *Leuschner*, in: MüKo BGB, [8]2018, § 32 Rn. 49.

492 *Reuter*, in: MüKo BGB, [6]2012, § 32 Rn. 58.

493 *Zöllner*, Schranken, 1963, S. 382; *Reuter*, in: MüKo BGB, [6]2012, § 32 Rn. 56, 61 ff.; *Zöllner/Noack*, in: Baumbach/Hueck (Hrsg.), GmbHG, [21]2017, Anh. § 47 Rn. 1; *Scholz*, WM 2006, 897, 904.

494 *Gierke*, Handelsrecht, [8]1958, S. 317.

Genossenschaft die Übernahme des aktienrechtlichen Systems der Unterscheidung zwischen Nichtigkeit und Anfechtbarkeit.[495]

5. *Beschlussmängelklagen*

a. *Gesetzgebung*

Die prozessuale Geltendmachung von Beschlussmängeln hat der Gesetzgeber für den rechtsfähigen Verein zu keiner Zeit gesondert geregelt. Die Motive verweisen für die gerichtliche Feststellung des Bestehens oder Nichtbestehens von Rechtsverhältnissen, die auf einen Vereinsbeschluss beruhen, auf die allgemeine Feststellungsklage. Diese sei gegen die Gesellschaft selbst zu richten. Das Recht des einzelnen Gesellschafters, gesetzes- oder statutenwidrige Beschlüsse anzufechten, betreffe „das Gebiet der Sonderrechte", das sich für die AG in Art. 190a HGB 1884 (entspricht §§ 241 ff. AktG nF), für die Genossenschaft in § 49 GenG 1889 (entspricht § 51 GenG nF) befinde.[496]

Einen Antrag auf Einführung eines vereinsrechtlichen Sonderrechts lehnte die 2. Kommission ab. Dieser Antrag hätte die ausschließliche Zuständigkeit des Landgerichts, eine einmonatige Klagefrist und eine Rechtskrafterstreckung auf alle Mitglieder des Vereins festgesetzt. Er bezweckte zudem die Beschränkung der vereinsrechtlichen Beschlussmängelklage: Klagebefugt hätten nur den Beschluss ablehnende und abwesende Mitglieder sein sollen.[497] Die 2. Kommission begründete ihre Ablehnung des Antrags damit, dass das Bestehen des mitgliedschaftlichen Rechts „Beschlüsse der Körperschaft wegen Gesetz- oder Verfassungswidrigkeit durch Richterspruch für ungültig erklären zu lassen" „nicht bezweifelt" werden könne. Es sei so auch für die AG bereits vor der Aktienrechtsnovelle von 1884 anerkannt gewesen. Eine diesbezügliche Regelung sei daher überflüssig. Um allerdings die intendierte Beschränkung der Beschlussmängelklagen zu erreichen, sei der Antrag nicht ausreichend. Eine ausgefeilte Regelung wiederum sei zu „kompliziert" und wäre nur durch ein „dringendes

---

495 *Koch*, Gutachten F, 72. DJT, 2018, S. 72 ff.; vgl. auch *ders.*, NJW-Beil 2018, 53 ff.; *Heidel* Referat S. 32.

496 Motive zu dem Entwurfe eines Bürgerlichen Gesetzbuches für das Deutsche Reich, Bd. 1, 1888, zu § 48, S. 109; *Mugdan* (Hrsg.), Die gesammelten Materialien zum Bürgerlichen Gesetzbuch für das Deutsche Reich, Bd. 1, 1899, S. 412.

497 *Mugdan* (Hrsg.), Die gesammelten Materialien zum Bürgerlichen Gesetzbuch für das Deutsche Reich, Bd. 1, 1899, S. 626 f.; vgl. auch die Vorentwürfe, abgedruckt in *Schubert*, Redaktoren, 1981, S. 133 f.; *Jakobs/Schubert*, Die Beratung des Bürgerlichen Gesetzbuchs – Allgemeiner Teil, 1. Teilband, 1985, S. 282 f.

praktisches Bedürfnis" zu rechtfertigen. Wenn die aktienrechtlichen Vorschriften schon für die GmbH nicht analog anzuwenden sind, müsse dies erst recht für den vermögensrechtlich weniger bedeutenden Verein gelten.[498]

b. Rechtsprechung

i. Statthaftigkeit der Anfechtungsklage

1901 prüfte das RG eine Anfechtungsklage eines Vereinsmitgliedes gegen einen ihn ausschließenden Vereinsbeschluss. Das Gericht hat die Klage nicht aufgrund Unzulässigkeit verworfen, sondern mangels Verstoß gegen Satzung bzw. Gesetz abgewiesen. Die Bewertung des Ausschließungsgrundes falle nicht in die gerichtliche Nachprüfungskompetenz.[499] Die Art der Beschlussmängelklage hat das Gericht somit nicht moniert.

1914 entschied das RG über eine Anfechtungsklage eines Gesellschafters einer GmbH. Zur Klageberechtigung stellte das Gericht fest, dass „den Mitgliedern rechtsfähiger Personenvereine und Gesellschaften die Anfechtungsklage gegen gesetz- oder statutenwidrige Beschlusse der Vereinsorgane in der Rechtsprechung stets zugestanden worden" war.[500] Das RG nahm dabei auch explizit Bezug auf die aktienrechtliche Anfechtungsklage, die im AktG von 1884 kodifiziert wurde.

ii. Statthaftigkeit der allgemeinen Feststellungklage gem. § 256 ZPO

In der späteren Judikatur gingen die Gerichte einheitlich und ausdrücklich davon aus, dass die §§ 241 ff. AktG aufgrund der „ganz anders gearteten Verhältnisse" im Verein, im Gegensatz zu den Kapitelgesellschaften bzw. Genossenschaften, und insbes. aufgrund „des weiten Spielraums für Zusammenschlüsse mit höchst unterschiedlicher Zweckbestimmung, Größe und Bedeutung" im Vereinsrecht nicht analog anzuwenden sind. Stattdessen sei die allgemeine Feststellungsklage gem. § 256 ZPO statthaft.[501] Auch eine Differenzierung nach der wirtschaftlichen Bedeutung der Vereine komme aus Gründen der Rechtssicherheit nicht in

---

498 *Mugdan* (Hrsg.), Die gesammelten Materialien zum Bürgerlichen Gesetzbuch für das Deutsche Reich, Bd. 1, 1899, S. 627.

499 RGZ 49, 50.

500 RGZ 85, 311, 313.

501 Vgl. BGHZ 49, 209, 211 = NJW 1968, 543; BGH NJW 1971, 879; BGHZ 59, 369, 372 = NJW 1973, 235; BGH NJW 1975, 2101; BGH NJW 2008, 69, 75; OLG Hamm NJW-RR 1997, 989; OLG Schleswig NJW 1960, 1892.

Betracht.[502] Eine planwidrige Regelungslücke sei zu verneinen, da der Gesetzgeber ausweislich der Motive zum BGB[503] bewusst von der Einführung des aktienrechtlichen Systems für den Verein abgesehen habe.

iii. Modifikation der allgemeinen Feststellungsklage

Auch wenn die Rechtsprechung sich gegen die analoge Anwendung der §§ 241 ff. AktG entschieden hat, hat sie die allgemeine Feststellungsklage in den letzten Jahrzehnten stark an die aktienrechtliche Anfechtungsklage angeglichen: Eine schrankenlose Feststellungsklage würde zum einen die Willensbildung und -betätigung innerhalb des Vereins, zum anderen dessen Rechtsbeziehung nach außen „mit unerträglichen Unsicherheit" belasten.[504]

1. Aktivlegitimation

Gleich der Lage im Aktienrecht (vgl. § 245 AktG) seien neben den Vereinsmitgliedern nur Organe bzw. Organmitglieder berechtigt die Nichtigkeit von Vereinsbeschlüssen gerichtlich feststellen zu lassen. Außerhalb des Vereins stehende Dritte seien hingegen mangels eines „anerkennenswerten Feststellungsinteresse(s)" nicht klagebefugt.[505]

2. Verwirkung

Um, ohne eine Klagefrist nach dem Vorbild von § 246 I AktG einzuführen, Rechtssicherheit bzw. –frieden durch Bestandskraft nach Zeitablauf zu erreichen, bedient sich die Judikatur der allgemeinen Grundsätze der Verwirkung gem. § 242 BGB: Verstöße gegen individualrechtliche Schutzvorschriften seien geheilt bzw. das Klagerecht verwirkt, wenn das betroffene Mitglied dem Beschluss nicht alsbald nach Kenntnis widerspricht.[506]

3. Rechtskrafterstreckung

Ein rechtskräftiges Feststellungsurteil wirkt gem. § 325 I ZPO grundsätzlich nur inter partes. Aus Gründen der Rechtssicherheit erstrecke sich die Rechtskraft einer gerichtlichen Nichtigkeitsfeststellung eines Beschlusses auf alle Mitglieder und Organe des Vereins (vgl. § 248 AktG).[507]

---

502 BGHZ 59, 369, 372.

503 Motive zu dem Entwurfe eines Bürgerlichen Gesetzbuches für das Deutsche Reich, Bd. 1, 1888, zu § 48, S. 109; *Mugdan* (Hrsg.), Die gesammelten Materialien zum Bürgerlichen Gesetzbuch für das Deutsche Reich, Bd. 1, 1899, S. 412.

504 Vgl. BGHZ 59, 369 = NJW 1973, 235.

505 BGH NJW 1975, 2101 = 2008, 69, 75.

506 BGHZ 59, 369 = NJW 1973, 235; OLG Hamm NJW-RR 1997, 989.

507 BGH NJW RR 1992, 1209.

c. *Literatur*

i. Statthaftigkeit der allgemeinen Feststellungsklage nach § 256 ZPO

Auch die hL spricht sich seit Anfang des 20. Jahrhunderts dafür aus, dass gegen mangelhafte Beschlüsse nur die unbefristete allgemeine Feststellungsklage nach § 256 ZPO statthaft ist. Die Sondervorschriften für die AG bzw. Genossenschaften seien nicht analog anwendbar,[508] können aber durch eine entsprechende Satzungsklausel eingeführt werden.[509]

Die Klage sei gegen den Verein, vertreten durch den Vorstand, zu richten.[510] Die Aktivlegitimation ist hingegen umstritten. Manche halten nur die Gesellschafter[511], andere grundsätzlich auch jeden Dritten für klagebefugt.[512] Betreffe ein Verfahrensmangel jedoch nur bestimmte Mitglieder, so sollen grundsätzlich auch nur diese klagebefugt sein, soweit der Beschluss nicht „inhaltlich gegen ein die Nichtigkeit bewirkendes Verbotsgesetz oder gegen die guten Sitten verstößt oder mit dem Wesen des Vereins nicht vereinbar ist".[513] Das Recht, Verstöße gegen individualschützende Verfahrensvorschriften gerichtlich geltend zu machen, sei zudem verwirkt, wenn das betroffene Mitglied dem Beschluss nicht innerhalb angemessener Frist (wohl vier bis sechs Monate) widerspricht.[514] Das

508 *Biermann*, Bürgerliches Recht, Bd. 1, 1908, S. 495; *Oertmann*, in: Allgemeiner Teil des BGB, [2]1908, § 32 Anm. 3; *Tuhr*, AT, Bd. 1, 1910, S. 518; *Denecke/Oegg*, in: RGRK BGB, [10]1953, § 32 Anm. 4; *Coing*, in: Staudinger, [12]1980, § 32 Rn. 28; *Ellenberger*, in: Palandt, [78]2019, § 32 Rn. 11; *Schöpflin*, in: Prütting/Wegen/Weinreich (Hrsg.), BGB, [12]2017, § 32 Rn. 15; krit. *Flume*, BGB AT I/ 2, 1983, S. 252 f.; *Zöllner*, Schranken, 1963, S. 382.

509 *Rieger/Götze*, in: Heidenhain/Meister (Hrsg.), Münchener Vertragshandbuch, Bd. 1, [6]2005, III. 3, § 8 VIII; vgl. auch *Noack*, Fehlerhafte Beschlüsse in Gesellschaften und Vereinen, 1989, S. 155; aA *Leuschner*, in: MüKo BGB, [8]2018, § 32 Rn. 64: Die Schaffung von Gestaltungsklagen unterliege nicht der Privatautonomie.

510 *Oertmann*, in: Allgemeiner Teil des BGB, [2]1908, § 32 Anm. 3; *Tuhr*, AT, Bd. 1, 1910, S. 518; *Ellenberger*, in: Palandt, [78]2019, § 32 Rn. 11.

511 *Westermann*, in: Bürgerliches Gesetzbuch, [15]2017, § 32 Rn. 6; *Ellenberger*, in: Palandt, [78]2019, § 32 Rn. 11.

512 *Oertmann*, in: Allgemeiner Teil des BGB, [2]1908, § 32 Anm. 3; *Denecke/Oegg*, in: RGRK BGB, [10]1953, § 32 Anm. 4; *Waldner/Wörle-Himmel*, in: Sauter/Schweyer/Waldner (Hrsg.), Der eingetragene Verein, [20]2016, Rn. 215a.

513 *Flume*, BGB AT I/ 2, 1983, S. 225.

514 *Flume*, BGB AT I/ 2, 1983, S. 256; *Ellenberger*, in: Palandt, [78]2019, § 32 Rn. 10; *Westermann*, in: Bürgerliches Gesetzbuch, [15]2017, § 32 Rn. 6; *Schöpflin*, in: Prütting/Wegen/Weinreich (Hrsg.), BGB, [12]2017, § 32 Rn. 14; *Waldner/Wörle-Himmel*, in: Sauter/Schweyer/Waldner (Hrsg.), Der eingetragene Verein, [20]2016, Rn. 214a.

erforderliche Feststellungsinteresse liege vor, wenn der Verein den fehlerhaften Beschluss als gültig behandelt.[515]

Das Schrifttum ging anfangs selbst bei stattgebenden Feststellungsurteilen noch von einer Rechtskraftwirkung inter partes aus.[516] Nach der inzwischen hM erstreckt sich diese Rechtskraft aus praktischen Gründen[517] bzw. aus einer Analogie zu § 248 AktG[518] auf alle Vereinsmitglieder und Organe. Bei Klageabweisung sind die anderen Gesellschafter nach allgemeiner Meinung nicht daran gehindert eine eigene Feststellungsklage zu erheben.[519]

ii. Analoge Anwendung der §§ 241 ff. AktG

Nach der Gegenansicht sind die aktienrechtlichen Vorschriften zu den Beschlussmängelklagen analog anwendbar.[520]

Der Vorbehalt des BGB-Gesetzgebers gegen die wirtschaftliche Bedeutung der Vereine habe sich inzwischen „rechtstatsächlich" erledigt. Sein Verweis auf das GmbH-Recht habe sich indessen „rechtssystematisch" erledigt: Obwohl auch das GmbHG kein eigenes Beschlussmängelrecht enthält, werden die §§ 241 ff. AktG nach ganz hM analog angewendet. Die mangelnde Kodifizierung könne somit auch für den rechtsfähigen Verein kein argumentum e contrario sein.[521]

---

515 *Tuhr*, AT, Bd. 1, 1910, S. 518.

516 *Biermann*, Bürgerliches Recht, Bd. 1, 1908, S. 495; *Oertmann*, in: Allgemeiner Teil des BGB, ²1908, § 32 Anm. 3; *Coing*, in: Staudinger, ¹²1980, § 32 Rn. 28; *Strohal*, in: Planck's Kommentar zum BGB, ⁴1913, § 32 Anm. 4: Eine Erstreckung der Rechtskraft sei rechtspolitisch zwar erfreulich, positiv-rechtlich aber nicht begründbar.

517 *Tuhr*, AT, Bd. 1, 1910, S. 519; *Denecke/Oegg*, in: RGRK BGB, ¹⁰1953, § 32 Anm. 4; *Schultze-v. Lasaulx*, in: Soergel/Siebert (Hrsg.), Bürgerliches Gesetzbuch, Bd. 1, ¹⁰1967, § 32 §n 36; *Steffen*, in: Johansen/Kregel (Hrsg.), RGRK BGB, ¹²1982, § 32 Rn. 17; *Ellenberger*, in: Palandt, ⁷⁸2019, § 32 Rn. 11; *Westermann*, in: Bürgerliches Gesetzbuch, ¹⁵2017, § 32 Rn. 6; *Schöpflin*, in: Prütting/Wegen/Weinreich (Hrsg.), BGB, ¹²2017, § 32 Rn. 15; *Waldner/Wörle-Himmel*, in: Sauter/Schweyer/Waldner (Hrsg.), Der eingetragene Verein, ²⁰2016, Rn. 215a; *Wagner*, in: Schimke/Dauernheim (Hrsg.), Reichert VereinsR, ¹⁴2018, Rn. 1918; *Kisch*, GrünhutZ 29 (1902), 335–342, 337.

518 *Noack*, Fehlerhafte Beschlüsse in Gesellschaften und Vereinen, 1989, S. 86.

519 *Tuhr*, AT, Bd. 1, 1910, S. 520; *Schultze-v. Lasaulx*, in: Soergel/Siebert (Hrsg.), Bürgerliches Gesetzbuch, Bd. 1, ¹⁰1967, § 32 Rn. 36.

520 *Schmidt*, Gesellschaftsrecht, ⁴2002, S. 697; *Grunewald*, Der Ausschluss aus Gesellschaft und Verein, 1987, S. 269 ff.; *Leuschner*, in: MüKo BGB, ⁸2018, § 32 Rn. 64: zumindest dann, wenn die Beschlussfeststellung (per Satzungsklausel) Wirksamkeitsvoraussetzung ist; *Schmidt*, AG 1977, 243, 249 f.; *Scholz*, WM 2006, 897, 904.

521 *Zöllner*, Schranken, 1963, S. 382; *Schmidt*, AG 1977, 243, 249.

Der Verein sei, gleich der AG, ein parteifähiger Verband, der seinen Willen durch das Organ Gesellschafterversammlung mit Mehrheitsbeschlüssen bildet. Zudem bestehe auch im Verein das Bedürfnis die Beschlussmängelklagen hinsichtlich Klagebefugnis und -frist zu begrenzen sowie die Rechtskraft stattgebender Urteile gleich §§ 248, 241 Nr. 5 AktG zu erweitern. Die Analogievoraussetzungen liegen daher vor.[522]

iii. 72. DJT

Der 72. DJT fordert eine Kodifizierung des vereinsrechtlichen Beschlussmängelrechts nach aktienrechtlichem Vorbild. Die Klagefrist sei auf zwei oder drei Monate zu verlängern.[523]

II. Resümee

1. *Beschlussfeststellung*

Die hM lehnt die konstitutive Wirkung der Beschlussfeststellung ab. Sie sei lediglich Besonderheit des Aktienrechts: Nur aufgrund der Befristung der aktienrechtlichen Anfechtungsklage müssen die Anfechtungsberechtigten sofort von einem bestimmten Beschlussergebnis als maßgeblich ausgehen können.

Dabei übersieht sie, dass die hM im Aktienrecht die obligatorische Beschlussfeststellung nicht mit der Statthaftigkeit der befristeten Anfechtungsklage begründet, sondern mit der Notwendigkeit der Verkündung eines inneren Willens gemäß der allgemeinen Rechtsgeschäftslehre.[524]

Die MM hingegen spricht sich zwar für das aktienrechtliche System der Beschlussmängel und Beschlussmängelklagen aus, übergeht dabei aber gänzlich die Rolle der Beschlussfeststellung, obgleich sie nach der hM im GmbH-Recht für das Vorliegen eines tauglichen Streitgegenstands[525] zwingend durchzuführen ist.[526]

Das Argument der hL, der Beschluss stelle entsprechend des inneren Willen einer natürlichen Person lediglich den internen Vorgang zur Willensbildung dar,

---

522 *Schmidt*, FS Stimpel, 1985, S. 217, 227, 234 ff.; *Schmidt*, Gesellschaftsrecht, ^{4}2002, S. 696 ff.; *Schmidt*, AG 1977, 243, 249.

523 *Koch*, Gutachten F, 72. DJT, 2018, S. 72 ff.; vgl. auch *ders.*, NJW-Beil 2018, 53 ff.

524 S. Fn. 66 und 2. Teil A. I. 4. b., 5. b. ii., 6. b. i.

525 Vgl. hM im GmbH-Recht: Beschlussfeststellung als Analogievoraussetzung für die analoge Anwendung der §§ 241 ff. AktG, s. 2. Teil C. 7. b. iii., c. iii.

526 So auch *Zöllner*, Schranken, 1963, S. 395: Einführung der Anfechtungsklage nur sinnvoll im Zusammenhang mit einer verbindlichen Ergebnisfeststellung.

ist absurd. Es bezweifelt doch heutzutage niemand, dass ein wirksamer Beschluss Gesellschafter, Organe und Organwalter bindet. Eine interne, lediglich theoretische und flüchtige Willensbildung kann aber weder natürliche Personen, noch Mitglieder einer Gesellschaft binden.

Die Behauptung, dass die Verkündung eines Beschlusses in der Praxis nicht stattfindet, ist wiederum nicht nur eine petitio principii, sondern schlichtweg realitätsfern.

2. *Beschlussmängelklage*

Die hM begründet die Nichtanwendung der §§ 241 ff. AktG pauschal damit, dass in AG und Verein unterschiedliche tatsächliche und rechtliche Verhältnisse vorliegen. Im Verein werde auch gar nicht „zwischen rechtsgestaltender Beschlussanfechtung und deklaratorischer Feststellung der Nichtigkeit“[527] unterschieden.

Die erste Aussage hat der BGH mit Blick auf die tatsächliche Diversität der Vereine bereits revidiert.[528] Leider bisher ohne die nötigen Konsequenzen zu ziehen. Die zweite Aussage stellt abermals lediglich eine petitio principii dar.

Faktisch hat die hM die allgemeine Feststellungsklage in puncto Klagebefugnis, Klagegegner und Rechtskrafterstreckung bereits weitestgehend der aktienrechtlichen Anfechtungsklage angeglichen. Sogar in zeitlicher Hinsicht beschränkt die hM die Beschlussmängelklage, indem sie sich der Rechtsfigur der Verwirkung bedient. Eine analoge Anwendung der §§ 241 ff. AktG hinsichtlich der Beschlussmängelklagen nach dem Vorbild des GmbH-Rechts würde noch die nötige Rechtssicherheit mit sich bringen.[529]

Die Ablehnung der analogen Anwendung ist umso mehr verwunderlich, da sich die hM im Personengesellschaftsrecht mit den gleichen Argumenten sogar gegen jede Angleichung versperrt: Bei der Beschlussfeststellungsklage in der Personengesellschaft soll es in puncto Aktivlegitimation bei der Jedermanns-Klagebefugnis bleiben. In puncto Passivlegitimation sollen die einzelnen opponierenden Mitgesellschafter und eben nicht die Gesellschaft die Beklagtenrolle einnehmen.[530] Von einem stimmigen Beschlussmängelrecht bzw. von einer kohärenten Argumentation kann keine Rede sein.

---

527 BGH NJW 2008, 69, 72.

528 BGHZ 59, 369 = NJW 1973, 235.

529 Vgl. dazu auch *Koch*, Gutachten F, 72. DJT, 2018, S. 73; *Leuschner*, in: MüKo BGB, [8]2018, § 32 Rn. 58; *Schmidt*, Gesellschaftsrecht, [4]2002, S. 697; *Schmidt*, FS Reuter, 2010, S. 345, 348 ff.

530 Vgl. 2. Teil E. I. 2. e. ii.

Auch wenn die hM noch von dem Begriff „Anfechtungsgrund" Abstand nimmt, so nähert sie sich auch hinsichtlich der Einteilung der Beschlussmängel dem aktienrechtlichen System an, indem sie das Kausalitäts- bzw. Relevanz- und Widerspruchserfordernis sowie die Möglichkeit der Heilung bei Abhaltung einer Vollversammlung eingeführt hat.[531] Mangels Übernahme der aktienrechtlichen Vorschriften, insbes. des abschließenden Katalogs der Nichtigkeitsgründe in § 241 AktG, steht das Vereinsrecht allerdings in puncto Rechtssicherheit noch auf dem Stand des Kapitalgesellschaftsrechts vor 1937. Das Bedürfnis nach Rechtssicherheit kann die provisorische Rechtsfortbildung somit noch nicht befriedigen. Auch dogmatisch kann sie nicht überzeugen.

E. Personengesellschaften (OHG, KG, Außen-GbR)

I. Entstehungsgeschichte

1. ADHGB von 1861

Das ADHGB von 1861 hat die Gesamthandsgesellschaften OHG und KG in den Art. 85 ff. und 150 ff. geregelt.

Beschlüsse der Gesellschafterversammlung waren grundsätzlich nur für den Fall vorgesehen, dass der Gesellschaftsvertrag eine vorherige Beschlussfassung durch die Gesellschafter explizit vorschrieb oder es sich um Angelegenheiten außerhalb der Kompetenz der Geschäftsführer handelte. Für die Vornahme von Geschäften, die über den „Betrieb des Handelsgewerbes der Gesellschaft hinausgehen, oder welche dem Zweck derselben fremd" sind (Art. 90 II, 103 I, 157), musste daher zuerst die Gesellschafterversammlung beschließen.

Weder das Verfahren der Beschlussfassung noch die Voraussetzungen eines Beschlusses wurden im ADHGB von 1861 sowie in der Literatur näher thematisiert.[532] Sofern statutarisch nicht anders geregelt, galten für die Beschlussfassung auch keine besonderen Formvorschriften. Selbst die Abhaltung einer förmlichen Versammlung war somit nicht notwendig.[533] Aufgrund der solidarischen

---

531 *Schmidt*, FS Stimpel, 1985, S. 217, 241 f.

532 Vgl. *Makower*, ADHGB, ^{2}1865, Art. 103; *Lastig*, in: Endemann (Hrsg.), Handbuch des Deutschen Handelsrechts, 1881, S. 343 ff.; *Behrend*, Lehrbuch des Handelsrechts, Bd. I 1, 1886, S. 488 ff.; *Hahn*, ADHGB, 1863, Vorb. Art. 99 – 104; zum ADHGB 1884 *Staub*, in: Kommentar zum ADHGB, ^{2}1894, Art. 103.

533 *Hahn*, ADHGB, 1863, Vorb. Art. 99 – 104 § 4; *Lutz* (Hrsg.), Protokolle der Kommission zur Berathung eines allgemeinen deutschen Handelsgesetzbuches (1858), S. 198.

Haftung[534] blieb es für die handelsrechtlichen Personengesellschaften gem. Art. 103 III (, 157) grundsätzlich beim Einstimmigkeitsprinzip.[535] Zudem sollte die „Persönlichkeit des einzelnen Gesellschafters“ und dessen Wille nicht in der Gesellschaft untergehen. Durch entsprechende Satzungsklauseln konnte gem. Art. 90 II das Majoritätsprinzip eingeführt werden.[536]

2. *HGB ab 1897 und BGB ab 1896*

a. Allgemeines

Durch Inkrafttreten des BGB am 01.01.1900 hat sich das Verhältnis zwischen dem bürgerlichen Recht und dem Handelsrecht geändert: Im ADHGB 1861 und 1884 waren die handelsrechtlichen Gesellschaften, sc. OHG, KG, AG und KAG, im zweiten Buch unter „Handelsgesellschaften“ noch vollständig losgelöst vom bürgerlichen Recht geregelt. Erst im Anschluss folgte im dritten Buch die Behandlung der stillen Gesellschaft und der Gelegenheitsgesellschaft. Im BGB ab 1896 ist die GbR einheitlich in den §§ 705 ff. geregelt. Diese Vorschriften gelten gem. §§ 105 II, 161 II HGB auch für die OHG und die KG, soweit das HGB keine Sondervorschriften für sie enthält. Hierdurch sollte „zum Ausdruck gebracht (werden), daß der prinzipielle Aufbau dieser beiden Handelsgesellschaften derselbe ist wie der der Gesellschaft des bürgerlichen Rechts“.[537]

i. Außen-GbR

Nach dem „Prinzip der deutsch-rechtlichen Gemeinschaft zu gesamten Hand“ entscheide in der Außen-GbR nicht „der Wille der einzelnen Gesellschafter“, sondern der „Gesamtwille der Gesellschafter“.[538] Das Beschlussrecht ist im BGB allerdings nur rudimentär geregelt. Die Beschlüsse in § 709 stellen solche im Rahmen der Geschäftsführung dar: Wenn die Geschäftsführung allen Gesellschaftern zusteht, ist die Zustimmung aller, wenn der Gesellschaftsvertrag nach § 709 II die Mehrheit entscheiden lässt, die Zustimmung der Mehrheit erforderlich. Ob die Zustimmung aller bzw. der Mehrheit vorliegt, wurde in der Regel

---

534 *Lutz* (Hrsg.), Protokolle der Kommission zur Berathung eines allgemeinen deutschen Handelsgesetzbuches (1858), S. 198 f.

535 Der Preußische Entwurf hätte Stimmenmehrheit eingeführt (Art. 103 II, 104 II, 106).

536 *Hahn*, ADHGB, 1863, Art. 103 § 5; zum ADHGB 1884 *Staub*, in: Kommentar zum ADHGB, ²1894, Art. 103 § 5.

537 *Geiler*, in: Düringer/Hachenburg (Hrsg.), HGB, Bd. 2/ 1, ³1932, Anm. 1.

538 *Schwarz*, in: Kommentar zum HGB, 1931, § 105 Anm. 4; *Hoeniger*, in: Hachenburg (Hrsg.), HGB, 1931, XII f.

im Wege der Beschlussfassung ermittelt. Aber nur die Gesellschafterbeschlüsse außerhalb der Geschäftsführung, stellen die willensbildenden Beschlüsse des Organs Gesellschafterversammlung dar.[539] Für alle Angelegenheiten, welche die Grundlagen der Gesellschaft betreffen oder die außerhalb der Zwecke der konkreten Gesellschaft liegen, muss der Wille der Gesellschaft in Form eines Beschlusses gebildet werden. Auch diese Beschlüsse unterliegen grundsätzlich dem Einstimmigkeitsprinzip. Die Gesellschaft kann stattdessen für alle oder bestimmte Beschlussgegenstände auch das Mehrheitsprinzip statutarisch einführen.[540] Soweit der Gesellschaftsvertrag keine Formvorschriften enthält, kann der Beschluss formfrei gefasst werden. Durch das grundsätzlich geltende Konsensualprinzip sei gesichert, dass alle Gesellschafter, die dem Antrag zugestimmt haben, auch mit der Verfahrensart einverstanden sind.[541]

Handelsrechtliche Formvorschriften oder diejenigen des Vereins sollen nicht analog anwendbar sein.[542]

ii. OHG, KG

Das Beschlussrecht der OHG bzw. KG ist nur rudimentär in den §§ 119, 161 II, 164 S. 1 geregelt. Gem. § 119 I, II gilt auch für diese beiden Gesellschaften weiterhin das Einstimmigkeitsprinzip, soweit nach dem Gesellschaftsvertrag nicht die Mehrheit entscheidet.[543]

Über die Form der Beschlüsse enthält das Gesetz, wohl wiederum aufgrund des Konsensualprinzips[544], keine Bestimmungen. Das Abhalten einer Versammlung ist daher nur erforderlich, soweit der Gesellschaftsvertrag dies vorschreibt.[545] Gesichert sein müsse nur, dass allen Gesellschaften zumindest die Teilnahme an der Abstimmung möglich ist.[546]

---

539 *Geiler*, in: Düringer/Hachenburg (Hrsg.), HGB, Bd. 2/ 1, ^{3}1932, Anm. 126.

540 *Ders.*, in: Düringer/Hachenburg (Hrsg.), HGB, Bd. 2/ 1, ^{3}1932, Anm. 126: einschränkend für den Fall, dass die Einführung im Widerspruch mit dem personalistischen Charakter der Personengesellschaft steht.

541 Vgl. dazu *Herchen*, VGR 2016, Bd. 22, 2017, S. 83, 86.

542 *Geiler*, in: Düringer/Hachenburg (Hrsg.), HGB, Bd. 2/ 1, ^{3}1932, Anm. 126b.

543 Denkschrift zu dem Entwurf eines Handelsgesetzbuchs, 1897, S. 94.

544 *Herchen*, VGR 2016, Bd. 22, 2017, S. 83, 86.

545 Bereits *Lehmann*, in: Lehmann/Ring (Hrsg.), Das Handelsgesetzbuch, Bd. 1, ^{2}1914, § 119 Nr. 2; *Jüdel*, Gesellschafterbeschlüsse bei Personengesellschaften, 1933, S. 25.

546 *Geiler*, in: Düringer/Hachenburg (Hrsg.), HGB, ^{2}1917, § 119 Anm. 4; *Flechtheim*, in: Das Handelsgesetzbuch, Bd. 2, 2, ^{3}1932, § 119 Anm. 4; *Jüdel*, Gesellschafterbeschlüsse bei Personengesellschaften, 1933, S. 25.

Die Stimmabgaben seien empfangsbedürftige Willenserklärungen. Adressat sei nicht die Gesellschaft, sondern die Mitgesellschafter oder ein von ihnen bestimmter Empfangsbote.[547]

b. Beschlussfeststellung als Wirksamkeitsvoraussetzung

i. Rechtsprechung

Der grundsätzlichen Geltung des Einstimmigkeitsprinzips ist es wohl auch geschuldet, dass sich die Rechtsprechung bisher wenig bis gar nicht mit der Beschlussfeststellung als Wirksamkeitserfordernis im Personengesellschaftsrecht befasst hat:

1940 widmete sich das RG allgemein den Voraussetzungen eines Beschlusses der Gesellschafterversammlung der KG. Soweit der Gesellschaftsvertrag keine Formvorschriften aufstellt, genüge es, dass die Gesellschafter sich ausdrücklich oder stillschweigend einigen. Die Stimmabgaben können auch zeitlich versetzt erfolgen. Die Beschlussfeststellung wurde hingegen nicht als Bedingung genannt.[548]

2016 befasste sich der BGH mit einer Feststellungsklage gegen einen Beschluss einer Publikums-KG, der in einem Umlaufverfahren gefasst wurde. Das Gericht verwies auf die GmbH-Rechtsprechung zur Beschlussfassung im schriftlichen bzw. kombinierten Verfahren[549]. Es führte aus, dass auch in der KG ein Beschluss beim schriftlichen Verfahren grundsätzlich erst dann als gefasst gilt, wenn ihn der Abstimmungsleiter feststellt und verkündet. Anschließend gab das Gericht weitere Urteile als Quellen an, in denen sich der BGH für die GmbH und die Genossenschaft auch bei der Beschlussfassung unter Anwesenden für die Beschlussfeststellung als Wirksamkeitsvoraussetzung ausgesprochen hatte. Zudem erklärte es, dass ein Beschluss darüber hinaus jedenfalls immer dann festzustellen ist, wenn der Gesellschaftsvertrag die Beschlussmängelklage befristet, da dann die Klageberechtigten von einem bestimmten Beschlussergebnis als maßgeblich ausgehen können müssen.[550]

---

547 *Klimke*, in: Häublein/Hoffmann-Theinert/Baer (Hrsg.), HGB, 2017, § 119 Rn. 60 f.; *Psaroudakis*, in: Heidel/Schall (Hrsg.), HGB, 2011, § 119 Rn. 3; *Jüdel*, Gesellschafterbeschlüsse bei Personengesellschaften, 1933, S. 12 ff.; *Kindler*, in: Koller/Drüen/Kindler u.a. (Hrsg.), HGB, ^{9}2019, § 119 Rn. 1a.

548 RGZ 163, 385, 392 f.

549 BGHZ 15, 324; BGH NZG 2006, 428.

550 NJW 2017, 1467 Tz. 19 f.

ii. Literatur

Auch die Literatur widmete sich anfangs weder dem Beschlussverfahren noch der Rolle der Beschlussfeststellung.[551]

Erst nach und nach[552] kristallisierte sich die heutige hM heraus, nach welcher der Beschluss bereits wirksam ist, sobald alle respektive die erforderliche Mehrheit der Gesellschafter ihre Stimme abgegeben haben bzw. die Stimmabgaben zugegangen sind, ohne dass es einer Beschlussfeststellung bedarf.[553] Das Hauptargument dieser Meinung ist, dass das Beschlussverfahren der Personengesellschaften im Gegensatz zu den Kapitalgesellschaften keinen Förmlichkeiten unterworfen ist.[554] Mangels Statthaftigkeit der Anfechtungsklage bestehe in den Personengesellschaften, gleich der Lage in den Vereinen, auch keine Notwendigkeit dafür, dass das Beschlussergebnis vorläufig verbindlich vorliege. Die Gesellschafter können Mängel jederzeit einredeweise oder per Feststellungsklage geltend machen.[555] Eine förmliche Beschlussfeststellung halten manche zumindest aus Gründen der Rechtssicherheit für empfehlenswert.[556]

Nach der Gegenansicht ist die Beschlussfeststellung neben der Abstimmung ein konstitutives Element des Beschlusses.[557]

---

551 Vgl. *Litthauer*, in: ADHGB, 1897, § 119; *Makower*, in: Handelsgesetzbuch mit Kommentar, Bd. 1, [13]1906, § 119; *Ritter*, HGB, 1910, § 119; *Müller-Erzbach*, in: Deutsches Handelsrecht, [2]1928, S. 195 ff.; *Schwarz*, in: Kommentar zum HGB, 1931, § 119; *Lehmann*, Gesellschaftsrecht, [2]1959, S. 82, 114, 153; *Kamnitzer/Bohnenberg*, in: Das Handelsgesetzbuch, [4]1956, § 119.

552 *Jüdel*, Gesellschafterbeschlüsse bei Personengesellschaften, 1933, S. 53, 89; *Zöllner*, Schranken, 1963, S. 396; *Baltzer*, Der Beschluß, 1965, S. 127; *Hueck*, Das Recht der offenen Handelsgesellschaft, [4]1971, S. 167; *Fischer*, in: Staub (Hrsg.), HGB, [3]1973, § 119 Anm. 5; *Schilling*, FS Ballerstedt, 1975, S. 257, 261 f; *Winnefeld*, DB 1972, 1053, 1054 f.

553 *Enzinger*, in: MüKo HGB, [4]2016, § 119 Rn. 41; *Roth*, in: Baumbach/Hopt (Hrsg.), HGB, [38]2018, § 119 Rn. 26; *Lieder*, in: Oetker (Hrsg.), HGB, [5]2017, § 119 Rn. 40; *Klimke*, in: Häublein/Hoffmann-Theinert/Baer (Hrsg.), HGB, 2017, § 119 Rn. 70; *Freitag*, in: Boujong/Ebenroth/Joost u.a. (Hrsg.), HGB, [3]2014, § 119 Rn. 64; *Lutz*, Der Gesellschafterstreit, [5]2017, Rn. 129; *Weipert*, in: MHdB, Bd. 2, [5]2019, § 14 Rn. 102; *Weipert*, in: MHdB, Bd. 1, [5]2019, § 57 Rn. 97; *Schäfer*, in: Ulmer/Schäfer (Hrsg.), GbR und PartG, [7]2017, § 709 Rn. 71; *Sprau*, in: Palandt, [78]2019, Vorb § 709 Rn. 17.

554 *Freitag*, in: Boujong/Ebenroth/Joost u.a. (Hrsg.), HGB, [3]2014, § 119 Rn. 64.

555 *Zöllner*, Schranken, 1963, S. 396.

556 *Lieder*, in: Oetker (Hrsg.), HGB, [5]2017, § 119 Rn. 40.

557 *Gierke*, Handelsrecht, [8]1958, S. 199: Beschluss sei eine sozialrechtliche Einigung, die sich aus Stimmabgabe und Ergebnisfeststellung zusammensetze; *Altmeppen*, in: Roth/Altmeppen (Hrsg.), GmbHG, [9]2019, § 47 Rn. 3 ff.; *Larenz*, Allgemeiner

Bereits nach der allgemeinen Rechtsgeschäftslehre stelle nicht schon die innere Willensbildung den wirksamen Willen des Individuums dar. Hierfür habe das Individuum den Willen erst kundzutun.[558] Als Besonderheit des Gesellschaftsrechts seien die einzelnen Stimmabgaben für die Zuordnung des gebildeten Willens zur Gesellschaft erst per Beschlussfeststellung zu einem Beschluss der Gesellschaft zu „transponieren".[559] Zweck der Beschlussfeststellung sei darüber hinaus, dass sich die einzelnen Gesellschafter über den Inhalt des Gesellschafterbeschlusses und damit über den Willen der Gesellschaft bewusst werden.[560] Erst der Beschluss gebe den Gesellschaftern sowie den Organmitgliedern die „Marschrichtung" vor. Daher sei es unumgänglich, dass diesen die „Marschrichtung" auch bekannt gemacht werde.[561]

c. *Beschlussinhalt*

Nach der hM ist für den Beschlussinhalt grundsätzlich nur das tatsächlich erreichte Abstimmungsergebnis maßgeblich. Etwaig vorgenommene Beschlussfeststellungen seien, soweit keine eindeutigen Satzungsklauseln entgegenstehen, unerheblich.[562]

Manche befürworten immerhin, dass ein Beschluss, welcher die erforderliche Mehrheit nicht erreicht hat, als wirksam beschlossen gilt, wenn die Gesellschaft einhellig von diesem Beschlussergebnis ausgeht.[563]

Teil des deutschen Bürgerlichen Rechts, [7]1989, S. 320; *Ernst*, Liber Amicorum Leenen, 2012, S. 1, 9 ff., 25 ff.; zumindest für Massenpersonengesellschaften: *Koester*, Anfechtungs- und Nichtigkeitsklage OHG und KG, 1981, S. 116, 122.

558 *Larenz*, Allgemeiner Teil des deutschen Bürgerlichen Rechts, [7]1989, S. 320; *Ernst*, Liber Amicorum Leenen, 2012, S. 1, 9 ff., 25 ff.; *Altmeppen*, in: Roth/Altmeppen (Hrsg.), GmbHG, [9]2019, § 47 Rn. 3 ff.

559 *Altmeppen*, in: Roth/Altmeppen (Hrsg.), GmbHG, [9]2019, § 47 Rn. 3 ff.

560 *Koester*, Anfechtungs- und Nichtigkeitsklage OHG und KG, 1981, S. 116.

561 *Ernst*, Liber Amicorum Leenen, 2012, S. 1, 9.

562 *Enzinger*, in: MüKo HGB, [4]2016, § 119 Rn. 41; *Roth*, in: Baumbach/Hopt (Hrsg.), HGB, [38]2018, § 119 Rn. 26; *Lieder*, in: Oetker (Hrsg.), HGB, [5]2017, § 119 Rn. 40; *Klimke*, in: Häublein/Hoffmann-Theinert/Baer (Hrsg.), HGB, 2017, § 119 Rn. 70; *Haas*, in: Röhricht/Westphalen/Haas (Hrsg.), HGB, [4]2014, § 119 Rn. 1 ff.; *Freitag*, in: Boujong/Ebenroth/Joost u.a. (Hrsg.), HGB, [3]2014, § 119 Rn. 64; *Lutz*, Der Gesellschafterstreit, [5]2017, Rn. 129; *Weipert*, in: MHdB, Bd. 2, [5]2019, § 14 Rn. 102; *Weipert*, in: MHdB, Bd. 1, [5]2019, § 57 Rn. 97; *Zöllner*, Schranken, 1963, S. 397; *Sprau*, in: Palandt, [78]2019, Vorb § 709 Rn. 17.

563 *Roth*, in: Baumbach/Hopt (Hrsg.), HGB, [38]2018, § 119 Rn. 41. Vgl. auch die hM zur Verwirkung der Nichtigkeitsfeststellungsklage.

Nach der Gegenmeinung ist zumindest vorläufig allein das festgestellte Ergebnis maßgeblich.[564] Der Rechtsverkehr müsse sich auf verkündete Beschlüsse verlassen können.[565] Für manche folgt die fixierende Wirkung bereits daraus, dass ohnehin erst die Beschlussfeststellung das Beschlussergebnis formt, gleich der Kundgebung des Willens einer natürlichen Person.[566]

d. Beschlussmängel

Ein eigenes kodifiziertes Beschlussmängelrecht existierte zu keiner Zeit. Der historische Gesetzgeber der Personengesellschaften hat sich diesem Thema weder in der Gesetzesbegründung zum BGB noch zum HGB gewidmet.

i. Nichtigkeitslösung

Seit Inkrafttreten des BGB sowie des HGB ist nach ständiger Rechtsprechung und hL das aktien- bzw. genossenschaftsrechtliche Beschlussmängelsystem (§§ 241 ff. AktG, § 51 GenG) nicht analog anwendbar. Gerade hinsichtlich Haftungsbeschränkung und Formstrenge seien die typischen Kapitalgesellschaften AG, Genossenschaft und GmbH nicht mit der typischen Gesamthandsgesellschaft vergleichbar.[567] Stattdessen sei Nichtigkeit nach den allgemeinen

---

564 *Roth/Altmeppen*, in: Gesetz betreffend die Gesellschaften mit beschränkter Haftung, ^{9}2019, § 47 Rn. 3 ff.; *Larenz*, Allgemeiner Teil des deutschen Bürgerlichen Rechts, ^{7}1989, S. 320; *Heck*, FS Gierke, 1911, S. 319, 346 f.; *Ernst*, Liber Amicorum Leenen, 2012, S. 1, 9 ff., 25 ff.; wohl auch *Schäfer*, in: Ulmer/Schäfer (Hrsg.), GbR und PartG, ^{7}2017, § 709 Rn. 112: Treuwidrige Stimmen müsse er nicht mitzählen.

565 *Heck*, FS Gierke, 1911, S. 319, 346 f.

566 *Larenz*, Allgemeiner Teil des deutschen Bürgerlichen Rechts, ^{7}1989, S. 320; *Ernst*, Liber Amicorum Leenen, 2012, S. 1, 9 ff., 25 ff.; *Altmeppen*, in: Roth/Altmeppen (Hrsg.), GmbHG, ^{9}2019, § 47 Rn. 3 ff.

567 RGZ 163, 385, 393; BGH NJW 1999, 3113, 3114; KG NJW-RR 1995, 142, 1443; *Heck*, FS Gierke, 1911, S. 319 ff.; *Lehmann*, in: Lehmann/Ring (Hrsg.), Das Handelsgesetzbuch, Bd. 1, ^{2}1914, § 119 Nr. 4; *Geiler*, in: Düringer/Hachenburg (Hrsg.), HGB, ^{2}1917, § 119 Anm. 5; *Fischer*, in: Staub (Hrsg.), HGB, ^{3}1973, § 119 Anm. 15 ff.; *Sudhoff/Sudhoff*, Der Gesellschaftsvertrag der Personengesellschaften, ^{6}1985, S. 233; *Vogel*, Gesellschafterbeschlüsse und Gesellschafterversammlung, ^{2}1986, S. 219 ff.; *Roth*, in: Baumbach/Hopt (Hrsg.), HGB, ^{38}2018, § 119 Rn. 31; *Lieder*, in: Oetker (Hrsg.), HGB, ^{5}2017, § 119 Rn. 67; *Klimke*, in: Häublein/Hoffmann-Theinert/Baer (Hrsg.), HGB, 2017, § 119 Rn. 75; krit. *Enzinger*, in: MüKo HGB, ^{4}2016, § 119 Rn. 98. Eine Beschränkung der analogen Anwendung auf körperschaftliche strukturierte Personengesellschaften scheitere an der klaren Abgrenzbarkeit, vgl. *Nitschke*, Die körperschaftlich strukturierte Personengesellschaft, 1970, S. 208 f.

Grundsätzen des BGB, insbes. §§ 125, 134, 138 BGB, grundsätzlich die einzige Fehlerfolge von Beschlussmängeln. Nichtigkeitsbegründend seien daher insbes. Verstöße des Beschlussinhalts gegen Gesetz oder gute Sitten. Nach einer heutzutage nicht mehr vertretenen Ansicht im Schrifttum lag Nichtigkeit sogar auch dann vor, wenn der Beschluss die erforderliche Einstimmigkeit bzw. Mehrheit nicht in sich vereinigen konnte.[568] Sittenwidrig sei ein Beschluss vor allem dann, wenn der Beschluss der „Schikanierung eines Gesellschafters" dient oder „die Mehrheit ihre Rechte mißbraucht, um die Minderheit aus eigennützigen Interessen zu vergewaltigen".[569] Nichtigkeit bei Verstoß gegen die Satzung sei damit zu erklären, dass sich die Gesellschafter den Beschlüssen nur unter der Voraussetzung der Einhaltung der gesellschaftsvertraglichen Bedingungen unterworfen haben.[570]

Inwieweit auch Verstöße gegen gesellschaftsvertragliche sowie gesetzliche Formvorschriften zur Nichtigkeit führen, ist umstritten: Nach einer Ansicht zählen statutarische Beschlussverfahrensregelungen schon nicht zu den gesetzlichen Verboten iSd § 134 BGB. Somit könne ein Verstoß auch keine gesetzliche Nichtigkeit nach § 134 BGB hervorrufen.[571] Der allgemeinen Rechtsgeschäftslehre sei zudem ein allgemeiner Nichtigkeitsgrund der „Vertragswidrigkeit" fremd.[572] Daher plädieren manche dafür, dass den Gesellschaftern bei Vertragswidrigkeit nur ein Anspruch auf Unterlassen zustehe.[573] Für andere ergibt sich die Nichtigkeit in solchen Fällen nicht aus dem Gesetz, sondern aus dem Gesellschaftsvertrag selbst: Die Verfahrensvorschriften seien, soweit so vereinbart, zwingend zu beachtende Formvorschriften nach § 125 S. 2 BGB.[574] Nach einer älteren Ansicht im Schrifttum waren Beschlüsse, die gegen Formvorschriften

---

568 Bereits *Geiler*, in: Düringer/Hachenburg (Hrsg.), HGB, ²1917, § 119 Anm. 5; *Vogel*, Gesellschafterbeschlüsse und Gesellschafterversammlung, ²1986, S. 220 ff.; *Fischer*, in: Staub (Hrsg.), HGB, ³1973, § 119 Anm. 15.

569 Bereits *Geiler*, in: Düringer/Hachenburg (Hrsg.), HGB, Bd. 2/ 1, ³1932, Anm. 129.

570 *Hueck*, Das Recht der offenen Handelsgesellschaft, ⁴1971, S. 183; *Schäfer*, in: Staub HGB, ⁵2009, § 119 Rn. 87.

571 *Klimke*, in: Häublein/Hoffmann-Theinert/Baer (Hrsg.), HGB, 2017, § 119 Rn. 75; *Flechtheim*, in: Das Handelsgesetzbuch, Bd. 2, 2, ³1932, § 119 Anm. 5; *Geiler*, in: Düringer/Hachenburg (Hrsg.), HGB, ²1917, § 119 Anm. 5.

572 *Klimke*, in: Häublein/Hoffmann-Theinert/Baer (Hrsg.), HGB, 2017, § 119 Rn. 75.

573 *Casper*, ZHR 163 (1999), 54, 68 f.

574 *Klimke*, in: Häublein/Hoffmann-Theinert/Baer (Hrsg.), HGB, 2017, § 119 Rn. 75.

verstoßen, lediglich anfechtbar.[575] Nach der damaligen Gegenansicht wiederum waren selbst einstimmig gefasste mangelhafte Beschlüsse grundsätzlich immer nichtig.[576] Die wohl inzwischen hM vertritt, dass es bei Verstößen gegen gesetzliche sowie statutarische Verfahrensvorschriften zusätzlich darauf ankommt, dass sich der Verfahrensfehler auf das Abstimmungsergebnis ausgewirkt hat[577] bzw., dass dieser Verstoß „relevant" ist.[578]

Die Gesellschaft kann nach hM Abweichungen, insbes. das aktienrechtliche Beschlussmängelsystem, statutarisch einführen.[579]

ii. Anfechtungslösung nach den genossenschaftlichen Ordnungsprinzipien

Gierke befürwortete Mitte des letzten Jahrhunderts hingegen das Anfechtungsprinzip. Der Beschluss unterliege nicht den rechtsgeschäftlichen, sondern eigenen Grundsätzen, insbes. den „genossenschaftlichen Ordnungsprinzipien".[580] Daraus ergebe sich, dass mangelhafte Beschlüsse grundsätzlich „ordnungswidrig" seien. Diese Ordnungswidrigkeit sei durch Widerspruch in der Versammlung bzw. durch Widerspruchsklage geltend zu machen. Leide der Beschluss an schwerwiegenden formellen oder materiellen Fehlern, sei er ausnahmsweise nichtig. Die fehlende Beschlussfeststellung stelle einen Nichtigkeitsgrund dar.[581] Im AktG sei das Beschlussmängelsystem nur aufgrund der Bedeutung der aktienrechtlichen Beschlüsse für das gesamte Wirtschaftsleben zum Zwecke der Klarheit und Sicherheit kodifiziert.[582]

---

575 *Geiler*, in: Düringer/Hachenburg (Hrsg.), HGB, ^{2}1917, § 119 Anm. 5; *Flechtheim*, in: Das Handelsgesetzbuch, Bd. 2, 2, ^{3}1932, § 119 Anm. 5.

576 *Geiler*, in: Düringer/Hachenburg (Hrsg.), HGB, Bd. 2/ 1, ^{3}1932, Anm. 129.

577 BGH NZG 2013, 57, 62; 2014, 621; NJW 1987, 1262; ZIP 1984, 59; *Fischer*, in: Staub (Hrsg.), HGB, ^{3}1973, § 119 Anm. 15; *Roth*, in: Baumbach/Hopt (Hrsg.), HGB, ^{38}2018, § 119 Rn. 31; *Klimke*, in: Häublein/Hoffmann-Theinert/Baer (Hrsg.), HGB, 2017, § 119 Rn. 78.

578 *Wicke*, MittBayNot 2017, 125, 130.

579 *Roth*, in: Baumbach/Hopt (Hrsg.), HGB, ^{38}2018, § 119 Rn. 31; *Bayer/Möller*, NZG 2018, 801, 808; aA *Nitschke*, Die körperschaftlich strukturierte Personengesellschaft, 1970, S. 207: Vertragliche Regelungen können weder die Wirkung zwingender gesetzlicher Nichtigkeitsgründe beseitigen noch beschränken.

580 *Gierke*, Handelsrecht, ^{8}1958, S. 172, 199.

581 *Ders.*, Handelsrecht, ^{8}1958, S. 200.

582 *Ders.*, Handelsrecht, ^{8}1958, S. 317.

iii. Anfechtungslösung analog AktG

Nach der Gegenansicht ist das aktienrechtliche Beschlussmängelsystem nicht nur auf Beschlüsse der GmbH, sondern auch auf Beschlüsse der Personengesellschaften analog anwendbar (sog. Anfechtungslösung).[583]

Dass der Gesetzgeber für die Personengesellschaften keine Sondervorschriften erlassen hat, stehe einer Analogie der §§ 241 ff. AktG ebenso wenig im Wege wie im GmbH-Recht.[584]

Die hM unterscheide die Mängelfolgen irrtümlich nicht nach Schwere des Rechtsverstoßes. Das habe zur Folge, dass bereits geringfügige Mängel zur Nichtigkeit des Beschlusses führen. Mangels einer gesetzlichen Anfechtungsfrist bestehe für Gesellschafterbeschlüsse zudem kein ausreichender Bestandsschutz. Das daraus resultierende Defizit an Rechtssicherheit und -klarheit lasse auf eine planwidrige Regelungslücke schließen.[585]

Diese Lücke könne auch nicht durch die gesellschaftsrechtliche Treuepflicht bzw. durch die Möglichkeit der Verwirkung geschlossen werden.[586]

---

583 *Haas*, in: Röhricht/Westphalen/Haas (Hrsg.), HGB, [4]2014, § 119 Rn. 8a; *Schmidt*, Gesellschaftsrecht, [4]2002, S. 448; *Freitag*, in: Boujong/Ebenroth/Joost u.a. (Hrsg.), HGB, [3]2014, § 119 Rn. 82; *Schwab*, Prozeßrecht, 2005, S. 420 ff.; *Priester*, FS Hadding, 2004, S. 607, 617; *Zöllner/Noack*, in: Baumbach/Hueck (Hrsg.), GmbHG, [21]2017, Anh. § 47 Rn. 1; *Koch*, ZHR 182 (2018), 378, 403 ff.; *Schmidt*, AG 1977, 243, 251 ff.; *Richert*, NJW 1957, 1543, 1545; *Schröder*, GmbHR 1994, 532, 537; *Scholz*, WM 2006, 897, 904; einschränkend für den Fall, dass statutarisch Mehrbeschlüsse eingeführt wurden: *Enzinger*, in: MüKo HGB, [4]2016, § 119 Rn. 98 f., 105; *Schmidt*, in: Scholz – Kommentar zum GmbH-Gesetz (begründet von Franz Scholz), [7]1988, § 45 Rn. 35; *Schmidt*, FS Stimpel, 1985, S. 217, 232 ff.; *Schmidt*, Gesellschaftsrecht, [4]2002, S. 1397; *Schmidt*, AG 2009, 248, 254; *Schmidt*, JZ 2008, 425, 431; einschränkend für Beschlüsse in Publikumsgesellschaften *Grunewald*, Gesellschaftsrecht, [10]2017, § 1 Rn. 97; *Grunewald*, Der Ausschluss aus Gesellschaft und Verein, 1987, S. 275; *Reuter*, JZ 1986, 72, 81; einschränkend für den Fall, dass die Gesellschaft körperschaftlich strukturiert ist: *Koester*, Anfechtungs- und Nichtigkeitsklage OHG und KG, 1981, S. 116 ff., 124 ff.; *Timm*, FS Fleck, 1988, S. 365, 370 ff.; *Fluck*, Vereinsbeschlüsse, 2017, S. 65 ff.; einschränkend nur für die GbR und bei Dissens hinsichtlich Antrag und fehlerhafter Beschlusverkündung *Heck*, FS Gierke, 1911, S. 319, 346 f.

584 *Jüdel*, Gesellschafterbeschlüsse bei Personengesellschaften, 1933, S. 87; *Nitschke*, Die körperschaftlich strukturierte Personengesellschaft, 1970, S. 207; *Schmidt*, AG 1977, 243, 253.

585 *Enzinger*, in: MüKo HGB, [4]2016, § 119 Rn. 98; *Koester*, Anfechtungs- und Nichtigkeitsklage OHG und KG, 1981, S. 97 ff.; *Scholz*, WM 2006, 897, 904.

586 *Enzinger*, in: MüKo HGB, [4]2016, § 119 Rn. 98.

Ebenso wenig durch die Möglichkeit das aktienrechtliche System statutarisch einzuführen.[587]

In puncto Haftungsbeschränkung sei die Interessenslage in den Personengesellschaften und den Kapitalgesellschaften auch nur vordergründig ungleich, da in der Realität kaum noch natürliche Personen bzw. unbeschränkt haftende Gesellschafter als Vollhafter fungieren.[588] Ebenso wie in den Kapitalgesellschaften liege ein Bedürfnis nach eindeutigen gesetzlichen Regeln bzgl. der Bestandskraft der Gesellschafterbeschlüsse vor.[589]

Zudem führen die allgemeinen Vorschriften des BGB bei „richtiger Anwendung“ zu einer „extremen Verknappung“ des Minderheitsschutzes: Die Nichtigkeit nach § 134 BGB trete nach allgemeiner Meinung nur bei Verstößen gegen Gesetze ein, die ein Rechtsgeschäft gerade wegen der Art seines Zustandekommens bzw. seines Inhalts verbieten. Die Nichtigkeitssanktion müsse Sinn und Zweck des Verbotsgesetzes sein. Davon könne jedenfalls bei Verfahrensvorschriften, die bereits bei Vollversammlungen dispositiv sind und Verstöße gegen sie also nicht schlechthin verboten sind, nicht die Rede sein. Ebenso wenig fallen Satzungsklauseln mangels Gesetzesqualität unter die Verbotsgesetze nach § 134 BGB. Verstöße gegen das Sittenwidrigkeitsgesetz kommen nur ganz selten vor. Hierfür müsste der Beschluss in seinem Gesamtcharakter (Inhalt, Zweck und Beweggrund) grundlegende Werte der Rechts- und Sittenordnung verletzen. Für einen Verstoß gegen § 125 BGB müsse die Gesellschaft zuerst Formerfordernisse aufstellen. Im Ergebnis sei der Großteil der Beschlussmängel in den Personengesellschaften somit gar nicht justiziabel und die Minderheit in diesem Bereich schutzlos gestellt. Dieser Konsequenz müsse mit der analogen Anwendung der §§ 241 ff. AktG entgegengesteuert werden.[590]

iv. 72. DJT

Koch plädierte in seinem Gutachten für den 72. DJT für die gesetzliche Einführung der Anfechtungslösung gleich dem aktienrechtlichen Beschlussmängelsystem. Auch das Beschlussmängelrecht von Personengesellschaften, selbst wenn diese zumeist nicht körperschaftlich strukturiert sind, sei zu kodifizieren: Gerade bei persönlich haftenden Gesellschaftern sei das Interesse an Rechtssicherheit

---

587 *Enzinger*, in: MüKo HGB, [4]2016, § 119 Rn. 98; *Koch*, Gutachten F, 72. DJT, 2018, S. 75; *Tröger*, JZ 2016, 834, 840. *Noack*, GmbHR 2017, 792 ff.

588 *Haas*, in: Röhricht/Westphalen/Haas (Hrsg.), HGB, [4]2014, § 119 Rn. 8a.

589 *Ders.*, in: Röhricht/Westphalen/Haas (Hrsg.), HGB, [4]2014, § 119 Rn. 8a.

590 *Schwab*, Prozeßrecht, 2005, S. 425 f.;; *Schröder*, GmbHR 1994, 532, 536 f.

und Bestandskraft von fehlerhaften Beschlüssen besonders hoch, da sie eine Rückabwicklung von strukturverändernden Beschlüssen besonders hart treffen würde. Zudem reiche es nicht aus, auf die Möglichkeit zu verweisen ein dem Aktienrecht vergleichbares System statutarisch einzuführen, denn gerade in Personengesellschaften mangle es oftmals an professioneller Beratung. Außerdem sei es gerade Aufgabe des Gesetzgebers den Mitgliedern der Personengesellschaft eine unabdingbare „default option" zur Verfügung zu stellen.[591]

Der Referent *Heidel* sprach sich beim 72. DJT hingegen für die Beibehaltung der Nichtigkeitslösung aus.[592] Eine Unterscheidung gleich dem aktienrechtlichen System sei weder „geboten noch sinnvoll". Gesellschafter einer Personengesellschaft sollten nicht in eine gerichtliche Auseinandersetzung über die Wirksamkeit von Gesellschafterbeschlüssen gezwungen werden. Auch seien mangelhafte, aber bestandskräftige Beschlüsse aufgrund der persönlichen Haftung der Gesellschafter nicht hinnehmbar. Selbst wenn in einer GmbH-Komplementärin die aktienrechtliche Unterscheidung analog gilt, sollte es auch bei einer GmbH&Co.KG bei der Nichtigkeitslösung bleiben, da das Beschlussmängelrecht der KG nicht von der beliebig austauschbaren Komplementär-Gesellschaft abhängen soll.[593]

e. *Beschlussmängelklage*

Ebenso fanden zu keiner Zeit eigene Vorschriften zu Beschlussmängelklagen Einzug ins Gesetz. Auch diesem Thema hat sich der historische Gesetzgeber der Personalgesellschaften weder in der Gesetzesbegründung zum BGB noch zum HGB gewidmet.

i. Beschlussmängelklage nach den allgemeinen Grundsätzen

In dem bereits mehrfach angesprochenen RG-Urteil RGZ 85, 311 von 1914 befasste sich das Gericht nicht nur mit dem zu beurteilenden GmbH-Beschluss. Den Mitgliedern aller rechtsfähiger Vereine und Gesellschaften stehe „die

---

591 *Koch*, Gutachten F, 72. DJT, 2018, S. 74 f.; vgl. auch *ders.*, NJW-Beil 2018, 53 ff.; noch ablehnend 71. DJT: *Schäfer*, Gutachten E, 71. DJT, 2016, S. 109 ff.; ebenso *Mülbert/Petersen*, NJW 2018, 2771, 2774: Gerade die fehlende professionelle Beratung spreche dafür, den Personengesellschaften hinsichtlich der Beschlussfixierung keine zu hohen Formalvorschriften aufzuerlegen.

592 *Heidel* Referat zum 28. DJT „Empfiehlt sich eine Reform des Beschlussmängelrechts im Gesellschaftsrecht?" S. 30.

593 *Heidel* Referat zum 28. DJT „Empfiehlt sich eine Reform des Beschlussmängelrechts im Gesellschaftsrecht?" S. 30.

Anfechtungsklage gegen gesetzes- oder statutenwidrige Beschlüsse der Vereinsorgane" zu und zwar in gleicher Weise wie es den Aktionären bereits vor der gesetzlichen Einführung durch die Aktienrechtsnovelle von 1884 zugesprochen wurde, also nach den allgemeinen Grundsätzen der Abwehransprüchen eines Gesellschafters gegen seine Gesellschaft.[594]

ii. Allgemeine Feststellungsklage

Jedenfalls seit den 1930ern geht die ganz hM allerdings davon aus, dass Beschlussmängel nur in Form der allgemeinen Feststellungsklage gem. § 256 ZPO gerichtlich geltend gemacht werden können und das grundsätzlich unbeschränkt und von jedermann.[595]

Die Feststellungsklage sei grundsätzlich gegen die bestreitenden Gesellschafter und nicht gegen die Gesellschaft selbst zu richten, da letztere nur Objekt und nicht Subjekt des Beschlusses sei.[596] Die Klage sei nicht zeitlich befristet, unterliege aber der Verwirkung nach den allgemeinen Grundsätzen. Demnach könne sich ein Gesellschafter auf die Nichtigkeit eines Beschlusses nicht mehr berufen, wenn er für einen längeren Zeitraum (Zeitmoment) sich so verhalten hat, als würde er den behaupteten Mangel nicht rügen (Umstandsmoment).[597] Das Feststellungsinteresse eines Gesellschafters ergebe sich bereits aus dessen Zugehörigkeit zur Gesellschaft.[598] Ein stattgebendes Feststellungsurteil wirke gem. § 325

---

594 RGZ 85, 311, 313.

595 RGZ 151, 321, 329; BGH NZG 1999, 935; BGH NJW 1999, 3113, 3114; BB 1966, 1169; NJW-RR 1992, 227; WM 1999, 1619 *Fischer*, in: Staub (Hrsg.), HGB, [3]1973, § 119 Anm. 18; *Roth*, in: Baumbach/Hopt (Hrsg.), HGB, [38]2018, § 119 Rn. 32; *Lieder*, in: Oetker (Hrsg.), HGB, [5]2017, § 119 Rn. 67; *Klimke*, in: Häublein/Hoffmann-Theinert/Baer (Hrsg.), HGB, 2017, § 119 Rn. 83; *Sprau*, in: Palandt, [78]2019, Vor § 709 Rn. 17 b.

596 BGH ZIP 2014, 1422, 1424; ZIP 2011, 807, 808; NJW 1995, 1218; BGHZ 81, 263, 264 f. = NJW 1981, 2565;; BGH BB 1966, 1169; *Roth*, in: Baumbach/Hopt (Hrsg.), HGB, [38]2018, § 119 Rn. 32; *Finckh*, in: Henssler/Strohn (Hrsg.), Gesellschaftsrecht, [4]2019, § 119 Rn. 59; *Klimke*, in: Häublein/Hoffmann-Theinert/Baer (Hrsg.), HGB, 2017, § 119 Rn. 84; *Sprau*, in: Palandt, [78]2019, Vor § 709 Rn. 17b; aA *Weipert*, in: MHdB, Bd. 2, [5]2019, § 14 Rn. 122.

597 BGH DB 1973, 467; BGHZ 112, 339, 344 = NJW 1991, 691, 693; BGH NZG 1999, 935; BGH NJW 1999, 3113, 3114; WM 1999, 1619; *Lieder*, in: Oetker (Hrsg.), HGB, [5]2017, § 119 Rn. 67; *Roth*, in: Baumbach/Hopt (Hrsg.), HGB, [38]2018, § 119 Rn. 32; *Binnewies/Wollweber*, Der Gesellschafterstreit, 2017, Rn. 750; *Sprau*, in: Palandt, [78]2019, Vor § 709 Rn. 17b.

598 BGH NJW-RR 1992, 227.

I ZPO nur inter partes.[599] Die Mitgesellschafter können jedoch durch Abrede im Gesellschaftsvertrag schuldrechtlich verpflichtet werden sich an die ergangene Entscheidung zu halten.[600] Andere halten den Rechtsgedanken in § 248 AktG für verallgemeinerungsfähig.[601]

Die §§ 241 ff. AktG seien hingegen auch hinsichtlich der gerichtlichen Geltendmachung nicht analog anwendbar; können aber statutarisch eingeführt werden.[602] Eine planwidrige Regelungslücke sei zu verneinen: Der Gesetzgeber habe bewusst von der Einführung des aktienrechtlichen Klagesystems abgesehen. Das rechtsgeschäftliche Nichtigkeitssystem des BGB sowie die allgemeine Feststellungsklage seien für die Personengesellschaften ohnehin ausreichend. Sollte das Feststellungsurteil nur inter partes wirken, so sei der Verlust an Rechtssicherheit gerade bei der typischen Personengesellschaft aufgrund der geringen Gesellschafteranzahl hinnehmbar.[603] Das Legalitätsinteresse habe jedenfalls Vorrang vor den Vorteilen der Bestandskraft und Rechtssicherheit.[604] Die kurze Anfechtungsfrist des AktG von einem Monat passe nicht auf die Personengesellschaft. Selbst in der GmbH, die der AG strukturell näher steht, wendet die hM die Klagefrist nur entsprechend an, da sich die Festlegung auf eine sachgemäßen Anfechtungsfrist als schwierig gestaltet. Dies führe zu einer inakzeptablen Rechtsunsicherheit.[605]

---

599 BGH NZG 2011, 2048 Rz. 16; NZG 2015, 1242, 1245; *Lieder*, in: Oetker (Hrsg.), HGB, [5]2017, § 119 Rn. 73; *Schäfer*, in: MüKo BGB, [7]2017, § 709 Rn. 113.

600 BGHZ 91, 132, 133 = NJW 1984, 2104 ff.; BGH BB 1966, 1169; *Klimke*, in: Häublein/Hoffmann-Theinert/Baer (Hrsg.), HGB, 2017, § 119 Rn. 84; *Brandes*, WM 2000, 385, 389.

601 *Noack*, Fehlerhafte Beschlüsse in Gesellschaften und Vereinen, 1989, S. 86.

602 BGH NZG 1999, 935; NJW 2011, 2578, 2579; *Lehmann*, in: Lehmann/Ring (Hrsg.), Das Handelsgesetzbuch, Bd. 1, [2]1914, § 119 Nr. 4; *Klimke*, in: Häublein/Hoffmann-Theinert/Baer (Hrsg.), HGB, 2017, § 119 Rn. 76; *Sprau*, in: Palandt, [78]2019, Vor § 709 Rn. 17b; *Wicke* MittBayNotZ 2017, 125, 129; aA BGH NJW-RR 1990, 474: Anfechtungsklage sei nicht durch Satzungsklausel einführbar; so auch *Nitschke*, Die körperschaftlich strukturierte Personengesellschaft, 1970, S. 209; *Hueck*, Das Recht der offenen Handelsgesellschaft, [4]1971, S. 184.

603 *Timm*, FS Fleck, 1988, S. 365, 371 f.

604 *Koester*, Anfechtungs- und Nichtigkeitsklage OHG und KG, 1981, S. 104.

605 *Zöllner/Noack*, ZGR 1989, 525, 529.

iii. Analoge Anwendung der §§ 241 ff. AktG

Nach der Gegenansicht ist nicht nur das aktienrechtliche Beschlussmängelsystem, sondern es sind auch die Vorschriften zur gerichtlichen Geltendmachung von Beschlussmängeln analog anwendbar.[606]

Diese Vorschriften seien lediglich die gesetzliche Ausformulierung des Grundsatzes, dass jedem Mitglied eines rechtsfähigen Verbandes „eine Abwehrklage zum Schutz der Mitgliedschaft und der Interessen des betroffenen Mitglieds" zusteht.[607] Dass der Gesetzgeber nicht bereits selbst Sondervorschriften nach dem Vorbild des Aktienrechts eingeführt hat, könne nicht gleichzeitig für die GmbH unproblematisch sein und für die Personengesellschaften einen Hinderungsgrund darstellen.[608] Die Annäherung des GmbH-Rechts an das aktienrechtliche System stelle vielmehr den ersten Schritt zu einem geschlossenen Konzept für alle Mehrheitsbeschlüsse dar.[609]

Zusätzlich greifen die gleichen Gründe wie für die analoge Anwendung des aktienrechtlichen Beschlussmängelsystems Platz: Insbes. der ansonsten fehlende ausreichende Bestandsschutz, aufgrund der zeitlich unbefristeten Feststellungsklage und die dadurch verursachte mangelhafte Rechtssicherheit und -klarheit, spreche für eine analoge Anwendung. Im Interesse des Verkehrsschutzes sei die Möglichkeit der Geltendmachung von Gesetzes- bzw. Satzungswidrigkeit zurückzudrängen.[610]

Die Rechtskrafterstreckung eines Feststellungsurteils durch schuldrechtliche Vereinbarungen sei dogmatisch und verfassungsrechtlich verfehlt. Ohnehin könne sie bereits begriffsnotwendig die Bindung von Dritten und ausgetretenen Gesellschaftern nicht erklären. Dass Beschlüsse, auf die sich nur ein Teil der Gesellschafter bzw. Dritte berufen können, zu chaotischen, untragbaren Zuständen führen, sei selbsterklärend.[611]

---

606 Vgl. Quellen in Fn. 583. *Flechtheim*, FS Zitelmann, 1913, S. 1, § 119 Anm. 5 für den Fall, dass der Beschluss gegen statutarische Verfahrensklauseln verstößt.

607 *Schmidt*, FS Stimpel, 1985, S. 217, 234 f.; *Schmidt*, Gesellschaftsrecht, [4]2002, S. 448 f.; *Scholz*, WM 2006, 897, 904 f.

608 *Schmidt*, AG 1977, 243, 253.

609 *Ders.*, ZGR 2008, 1, 27.

610 *Enzinger*, in: MüKo HGB, [4]2016, § 119 Rn. 98; *Freitag*, in: Boujong/Ebenroth/Joost u.a. (Hrsg.), HGB, [3]2014, § 119 Rn. 82; *Richert*, NJW 1957, 1543, 1545.

611 *Enzinger*, in: MüKo HGB, [4]2016, § 119 Rn. 98; *Freitag*, in: Boujong/Ebenroth/Joost u.a. (Hrsg.), HGB, [3]2014, § 119 Rn. 82; *Noack*, Fehlerhafte Beschlüsse in Gesellschaften und Vereinen, 1989, S. 86 f.; *Koester*, Anfechtungs- und Nichtigkeitsklage OHG und KG, 1981, S. 86 f.

iv. Widerspruchsklage

Nach der Ansicht, welche fehlerhafte Beschlüsse nach einem genossenschaftlichen Ordnungsprinzip in lediglich ordnungswidrige (vergleichbar mit lediglich anfechtbar) und nichtige Beschlüsse unterteilt[612], sind gegen Ordnungswidrigkeiten (= Beschlussmängel), die nicht zur Nichtigkeit führen, die „Widerspruchsklage“ statthaft. Die Urteilswirkung erstrecke sich auf „alle Beteiligten“.[613]

v. 72. DJT

Koch plädierte in seinem Gutachten für die gesetzliche Ausarbeitung einer Anfechtungs- sowie einer besonderen Nichtigkeitsklage nach dem aktienrechtlichen System, das spezifisch auf die Belange der Personengesellschaften Rücksicht nimmt. Die Anfechtungsfrist sollte zwei bis drei Monate betragen.[614]

Der Referent *Heidel* befürwortete hingegen nur die Normierung einer Nichtigkeitsklage nach aktienrechtlichem Vorbild.[615]

II. Resümee

1. Beschlussfeststellung

Dass das ADHGB zur Beschlussfeststellung noch schwieg, ist wohl damit zu erklären, dass der Beschlussinhalt infolge des grundsätzlich geltenden Einstimmigkeitsprinzips für alle Gesellschafter selten uneindeutig war: Sobald bereits ein einziger Gesellschafter widersprach, konnte grundsätzlich nur ein negativer Beschluss vorliegen. Da die Gesellschafterversammlung ihre Beschlüsse auch konkludent feststellen kann[616], war eine gesetzliche Formalisierung der Beschlussfeststellung augenscheinlich nicht erforderlich.

Doch auch bei Geltung des Einstimmigkeitsprinzips kann zweifelhaft sein, ob Einstimmigkeit überhaupt erzielt wurde, etwa wenn ein Gesellschafter behauptet, seine Mitgesellschafter hätten seine Gegenstimme zu Unrecht wegen angeblicher Ungültigkeit übergangen.

---

612 S.o. 2. Teil E. I. 2. d. ii.

613 *Gierke*, Handelsrecht, [8]1958, S. 200.

614 *Koch*, Gutachten F, 72. DJT, 2018, S. 74 f.; vgl. auch *ders.*, NJW-Beil 2018, 53 ff.

615 *Heidel* Referat zum 28. DJT „Empfiehlt sich eine Reform des Beschlussmängelrechts im Gesellschaftsrecht?“ S. 31.

616 Vgl. zur GmbH *Bayer*, in: Lutter/Hommelhoff (Hrsg.), GmbHG, [19]2016, Anh. § 47 Rn. 38: Einigkeit der Gesellschafter steht förmlicher Feststellung gleich.

Das Einstimmigkeitsprinzip ist zudem keineswegs ius cogens und in der Praxis eher nicht gebräuchlich. Bei statutarischer Einführung des Majoritätsprinzips ist oft zweifelhaft, was beschlossen wurde.[617]

Nichtsdestotrotz verneint die hM die Rolle der Beschlussfeststellung als Wirksamkeitsvoraussetzung aus den gleichen Gründen wie im Vereinsrecht: Mangels Statthaftigkeit der befristeten Anfechtungsklage sei es für die Gesellschafter nicht erforderlich zu wissen, welchen Inhalt ein von ihnen gefasster Beschluss hat. Wie bereits besprochen, hat die Beschlussfeststellung auch nach der hM im Aktien- und Genossenschaftsrecht nichts mit der Anfechtungsklage zu tun. Sie ist Wirksamkeitsvoraussetzung.[618] Dass die Gesellschafter einer Personengesellschaft kein Bedürfnis hätten, vom Beschlussinhalt Kenntnis zu erlangen, ist schlichtweg absurd. Ein Beschluss, dessen Inhalt gänzlich unbekannt ist, ist nutzlos.

2. Beschlussmängelklage

Statthaft gegen fehlerhafte Beschlüsse ist nach der hM im Personengesellschaftsrecht nur die allgemeine Feststellungsklage nach § 256 ZPO, die gegen die Mitgesellschafter zu richten sei. Das bedeutet, dass der klagende Gesellschafter alle zustellungsfähigen Adressen derjenigen ermitteln muss, die der Auffassung des Klagenden widersprochen haben. Dieser Aufwand ist gerade in Publikumsgesellschaften kaum zu bewältigen. Durch diese Sichtweise können in der KG zudem auch Kommanditisten, die sich meist als reine Kapitalanleger verstehen, in die Beklagtenrolle eines Beschlussmängelstreits gedrängt werden – mit dem damit verbundenen Aufwand, Anwalts- sowie Gerichtskosten.[619]

Auch im Personengesellschaftsrecht versucht die hM die grundsätzlich schrankenlose allgemeine Feststellungsklage zu begrenzen: Nach ganz hM kann das Klagerecht um des Rechtsfriedens bzw. der Rechtssicherheit willen verwirkt sein, wenn die Nichtigkeit eines Beschlusses erst verspätet geltend gemacht wird.

Allerdings können sich die Vertreter der hM nicht darauf einigen, wann diese Verwirkung eintritt. Das verwundert umso mehr, da sie die analoge Anwendung der §§ 241 ff. AktG insbes. aus dem Grund ablehnen, dass eine sachgemäße Anfechtungsfrist, wie schon das GmbH-Recht zeige, nicht zu bestimmen sei und das aktienrechtliche Beschlussmängelsystem daher zu Rechtsunsicherheiten

617 Vgl. dazu *Herchen*, VGR 2016, Bd. 22, 2017, S. 83, 87 „Mehrheitsbeschlüsse als Quelle von Beschlussmängeln".

618 S. Fn. 66 und 2. Teil A. I. 4. b., 5. b. ii., 6. b. i.

619 Vgl. dazu auch *Herchen*, VGR 2016, Bd. 22, 2017, S. 83, 112 f., 114.

führe. Die strikte Anwendung der einmonatigen Anfechtungsfrist passe jedenfalls nicht auf personalistisch strukturierte Gesellschaften.

Die hM kann auch keine Lösung dafür bieten, wie es eine Gesellschaft handhaben soll, dass Nichtigkeitsfeststellungen nur inter partes wirken. Wenn das Gericht beispielsweise die Abberufung eines Geschäftsführers als nichtig erklärt, in einer Mehrpersonengesellschaft aber nur der betroffene Gesellschaftergeschäftsführer und ein klagender Gesellschafter Parteien des Gerichtsverfahrens waren, was soll dann gegenüber den Mitgesellschaftern gelten? Oder gegenüber Dritten? Es kann doch niemand ernsthaft behaupten, dass es hinsichtlich des Innehabens eines Amtes auf die Sicht des Betrachters ankomme.

Verstöße, die im Personengesellschaftsrecht durch Zeitablauf heilbar sind, sind inhaltlich mit denen vergleichbar, die im aktienrechtlichen System lediglich zur Anfechtbarkeit führen: Verletzungen von Schutzvorschriften zugunsten der Gesellschafter. Anstatt die Beschlussmängel nach dem klassischen Modell in nichtig und anfechtbar zu unterteilen, hat sich die hM somit für ein System nichtig und nichtig, aber heilbar bzw. nicht mehr darauf berufbar entschieden. Damit gelangt die hM aber hinsichtlich der Einteilung der Beschlussmängel zu einer dem aktienrechtlichen System vergleichbaren Lage.[620]

Eine analoge Anwendung der §§ 241 ff. AktG würde nicht nur die Probleme der hM bzgl. Adressmitteilung und Urteilswirkung lösen und zu einem einheitlichen und kohärenten Beschlussmängelrecht führen, sondern ist auch dogmatisch die richtige Lösung.

---

620 Vgl. dazu auch *Nitschke*, Die körperschaftlich strukturierte Personengesellschaft, 1970, S. 210 ff.; *Hueck*, Das Recht der offenen Handelsgesellschaft, [4]1971, S. 184; *Schmidt*, FS Stimpel, 1985, S. 217, 242; *Schmidt*, AG 1977, 243, 252.

3. Teil – Die Rechtsnatur des Gesellschafterbeschlusses in Literatur und Rechtsprechung

A. Der Gesellschafterbeschluss als (mehrseitiges) Rechtsgeschäft

I. Kern

Nach der, auf von Tuhr[621] zurückgehenden, ganz hM ist der Beschluss der Mitgliederversammlung eines jeden rechtsfähigen Verbandes des Privatrechts ein (mehrseitiges) Rechtsgeschäft, das „im allgemeinen den Grundsätzen über Rechtsgeschäfte untersteht".[622] Um die Unanwendbarkeit einiger rechtsgeschäftlicher BGB-Vorschriften zu umschreiben, wurde der Begriff „Rechtsgeschäft eigener Art" eingeführt.[623]

Inwieweit die Feststellung und Verkündung des Beschlussergebnisses fakultativ und grundsätzlich lediglich deklaratorisch oder obligatorisch und konstitutiv sein soll, ist innerhalb dieser Lehrmeinung umstritten. Für die einen ist der Beschluss bereits „gefaßt, sobald sich in der Abstimmung die erforderliche Mehrheit ergeben hat". Die Beschlussfeststellungspflicht in der AG sei lediglich

---

621 *Tuhr*, AT, Bd. 1, 1910, S. 514.

622 *Hüffer/Schürnbrand*, in: Ulmer/Habersack/Löbbe (Hrsg.), GmbHG, ²2014, § 47 Rn. 3; *Walther*, Vereine und Gesellschaften, ²1980, S. 43; *Hüffer/Schäfer*, in: MüKo AktG, ⁴2016, § 241 Rn. 8; *Bartholomeyczik*, Die Stimmabgabe, 1937, S. 35 ff.; *Schilling*, in: Hachenburg (Hrsg.), GmbHG, ⁷1979, § 45 Rn. 11; *Heck*, FS Gierke, 1911, S. 319 ff.; *Hachenburg*, in: Staub's Kommentar zum GmbHG, ²1906, § 45 Anm. 3; *Baltzer*, Der Beschluß, 1965, S. 177 f.; *Roth*, in: Baumbach/Hopt (Hrsg.), HGB, ³⁸2018, § 119 Rn. 25; *Lieder*, in: Oetker (Hrsg.), HGB, ⁵2017, § 119 Rn. 35 *Geiler*, in: Düringer/Hachenburg (Hrsg.), HGB, Bd. 2/ 1, ³1932, Anm. 126a; *Geiler*, in: Düringer/Hachenburg (Hrsg.), HGB, ²1917, Anm.127; *Schmidt*, in: Scholz – Kommentar zum GmbH-Gesetz (begründet von Franz Scholz), ⁷1988, § 45 Rn. 18; *Lehmann*, Gesellschaftsrecht, ²1959, S. 49; *Raiser/Veil*, Recht der Kapitalgesellschaften, ⁶2015, § 16 Rn. 67; *Spindler*, in: Schmidt/Lutter (Hrsg.), AktG, ³2015, § 133 Rn. 2; *Bartholomeyczik*, ZHR 105 (1938), 293, 300.

623 *Koch*, in: Koch/Hüffer (Hrsg.), AktG, ¹³2018, § 133 Rn. 3; *Drescher*, in: MüKo GmbHG, ³2019, § 47 Rn. 8; *Hüffer/Schäfer*, in: MüKo AktG, ⁴2016, § 241 Rn. 8; *Geiler*, in: Düringer/Hachenburg (Hrsg.), HGB, Bd. 2/ 1, ³1932, Anm. 126a; *Lehmann*, Gesellschaftsrecht, ²1959, S. 49; *Raiser/Veil*, Recht der Kapitalgesellschaften, ⁶2015, § 16 Rn. 67; *Heck*, FS Gierke, 1911, S. 319, 321.

eine aktienrechtliche Besonderheit.[624] Für die anderen entsteht der Beschluss erst, sobald das Organ Gesellschafterversammlung ihren Willen (durch einen Versammlungsleiter) verbindlich und kollektiv geäußert hat.[625]

Überwiegend wird vertreten, dass die Gesellschaft selbst Träger des Beschlusses der Gesellschafterversammlung ist.[626] Nach *Bartholomeyczik* hingegen sind nur die, dem Beschlussantrag zustimmenden Mitglieder Träger des Beschlusses, „weil er allein von den Willenserklärungen der Mehrheit getragen wird".[627]

II. Gründe

Auch der Verbandsbeschluss müsse sich in den „numerus clausus von Aktstypen für die Gestaltung von Rechtsverhältnissen"[628] einordnen. Ein Rechtsgeschäft besteht nach der allgemeinen Meinung aus Willenserklärungen, die auf die Herbeiführung einer Rechtsfolge gerichtet sind.[629] Da die Stimmabgaben der Mitglieder Willenserklärungen seien, die auf eine verbindliche Regelung der rechtlichen Verhältnisse untereinander und des Verbandes gerichtet sind, sei der Beschluss der Mitgliederversammlung rechtsgeschäftlicher Natur.[630] Die Regelungen des BGB über Rechtsgeschäfte fänden somit grundsätzlich auf den Beschluss Anwendung.

Die einzelne Stimme hingegen sei noch nicht Rechtsgeschäft, da sie allein die gewünschte Rechtswirkung im Regelfall noch nicht herbeiführen kann.[631] Für

---

624 *Tuhr*, AT, Bd. 1, 1910, S. 511; *Lieder*, in: Oetker (Hrsg.), HGB, ^{5}2017, § 119 Rn. 40.

625 *Spindler*, in: Schmidt/Lutter (Hrsg.), AktG, ^{3}2015, § 133 Rn. 2, 37; *Hüffer/Schäfer*, in: MüKo AktG, ^{4}2016, § 241 Rn. 8 f.; *Tröger*, in: Kölner Kommentar AktG, ^{3}2019, § 133 Rn. 38; *Mülbert*, in: Hirte/Mülbert/Roth (Hrsg.), Großkomm AktG, ^{5}2017, Vor §§ 118 Rn. 30; *Wicke*, in: Spindler/Stilz (Hrsg.), AktG, ^{4}2019, § 130 Rn. 52, § 133 Rn. 3 mwN.

626 *Schmidt*, Gesellschaftsrecht, ^{4}2002, S. 435; *Baltzer*, Der Beschluß, 1965, S. 49 ff.; *Gierke*, Deutsches Privatrecht, Bd. 1, 1895, S. 503; *Tröger*, in: Kölner Kommentar AktG, ^{3}2019, § 133 Rn. 38 mwN; *Koppensteiner*, JBl 2017, 273, 275.

627 *Bartholomeyczik*, ZHR 105 (1938), 293, 306.

628 *Flume*, BGB AT II, ^{3}1979, S. 23 f.

629 So bereits *Gierke*, Deutsches Privatrecht, Bd. 1, 1895, S. 282 f.; *Tuhr*, AT, Bd. 2/ 1, 1914, S. 143 f.; vgl. auch *Mugdan* (Hrsg.), Die gesammelten Materialien zum Bürgerlichen Gesetzbuch für das Deutsche Reich, Bd. 1, 1899, S. 421.

630 *Koch*, in: Kommentar zum ADHGB, ^{2}1868, § 133 Rn. 3; *Geiler*, in: Düringer/Hachenburg (Hrsg.), HGB, Bd. 2/ 1, ^{3}1932, Anm. 126a; *Schilling*, FS Ballerstedt, 1975, S. 257, 261, 263; *Bartholomeyczik*, ZHR 105 (1938), 293, 300; *Koppensteiner*, JBl 2017, 273, 275. Nach *Lindemann*, Die Beschlussfassung in der Einmann-GmbH, 1996, S. 38 ist sogar der Einmann-„Beschluss" mehrseitiges Rechtsgeschäft.

631 *Geiler*, in: Düringer/Hachenburg (Hrsg.), HGB, Bd. 2/ 1, ^{3}1932, Anm. 126a.

sie gelten daher grundsätzlich nur die allgemeinen Vorschriften über Willenserklärungen.[632]

Die Beschlussfassung setze sich aus dem „tatsächlichen Vorgang" der Stimmabgabe und der anschließenden „Stimmauswertung" zusammen. Letztere wiederum bestehe zum einen aus der „zahlenmäßigen Gruppierung der Stimmen (Stimmzählung)" sowie aus der Bewertung der Stimmen.[633]

Diese Bewertung vollzieht sich nach einem Teil dieser Lehrmeinung ipso iure. Die einzelnen Stimmen fügen sich bereits von Rechts wegen zu einem Gesellschafterbeschluss zusammen, ohne dass es einer Beschlussfeststellung bedürfe.[634] Die Verkündung des Beschlusses, als „Feststellung und Verlautbarung des Abstimmungsergebnisses gegenüber dem beschließenden Personenkreis durch eine bestimmte Einzelperson", z.B. durch einen Versammlungsleiter, sei ein der Beschlussfassung nachfolgender Vorgang, also kein Wirksamkeitserfordernis.[635] Die Beschlussfeststellung sei vielmehr fakultativ, soweit sie nicht statutarisch oder gesetzlich angeordnet ist.[636] Die Feststellung des Inhalts eines Rechtsgeschäfts als Wirksamkeitserfordernis sei der Rechtsgeschäftslehre ohnehin fremd.[637]

Nach dem anderen Teil dieser Lehrmeinung bewirken erst die Feststellung und Verkündung die Wirksamkeit des Beschlusses. Dies folge nicht aus dem AktG bzw. GenG, sondern aus der Dogmatik des Gesellschafterbeschlusses: Der Erfolg, also der Beschluss, trete erst bei der „verbindlichen und kollektiven Willensäußerung des Organs Hauptversammlung" bzw. Gesellschafterversammlung ein. Die Beschlussfeststellung sei die Vollendung der einzelnen Stimmen der Gesellschafter zum Beschluss der Gesellschaft.[638] Bereits nach der allgemeinen Rechtsgeschäftslehre sei die Beschlussfeststellung unverzichtbarer Rechtsakt, da

---

632 *Tuhr*, AT, Bd. 1, 1910, S. 515; *Flume*, BGB AT I/ 2, 1983, S. 249.

633 *Baltzer*, Der Beschluß, 1965, S. 125 ff.

634 *Tuhr*, AT, Bd. 1, 1910, S. 511; *Hüffer/Schürnbrand*, in: Ulmer/Habersack/Löbbe (Hrsg.), GmbHG, ²2014, § 47 Rn. 4, 28; *Zöllner/Noack*, in: Baumbach/Hueck (Hrsg.), GmbHG, ²¹2017, § 47 Rn. 26 f.; *Drescher*, in: MüKo GmbHG, ³2019, § 47 Rn. 8, 54; *Leuschner*, in: MüKo BGB, ⁸2018, § 32 Rn. 49; *Lieder*, in: Oetker (Hrsg.), HGB, ⁵2017, § 119 Rn. 40; *Koppensteiner*, JBl 2017, 273, 275.

635 *Baltzer*, Der Beschluß, 1965, S. 127; *Herzfelder*, Stimmrecht, 1927, S. 156; *Bartholomeyczik*, ZHR 105 (1938), 293, 299 f.

636 *Baltzer*, Der Beschluß, 1965, S. 127.

637 *Bartholomeyczik*, ZHR 105 (1938), 293, 306.

638 *Spindler*, in: Schmidt/Lutter (Hrsg.), AktG, ³2015, § 133 Rn. 2, 37; *Hüffer/Schäfer*, in: MüKo AktG, ⁴2016, § 241 Rn. 8 f.; *Tröger*, in: Kölner Kommentar AktG, ³2019, § 133 Rn. 38; *Wicke*, in: Spindler/Stilz (Hrsg.), AktG, ⁴2019, § 130 Rn. 52, § 133 Rn. 3; *Mülbert*, in: Hirte/Mülbert/Roth (Hrsg.), Großkomm AktG, ⁵2017, Vor §§ 118 Rn. 30;

erst durch sie die Zurechnung des Beschlusses zum Organ Gesellschafterversammlung und damit zum Verband selbst erfolge.[639]

III. Kritik

Kritiker entgegnen, dass die Bezeichnung der Beschlüsse als „Rechtsgeschäft eigener Art" keine praktischen Fragen beantworten könne und daher unnütz sei.[640]

Auch unterscheiden sich Beschlüsse durch ihre Rechtswirkung von den typischen Rechtsgeschäften: Sie zielen nicht auf die Ordnung individueller Rechtsbeziehungen, sondern auf die kollektive Willensbildung innerhalb eines Kooperationsverhältnisses ab.[641]

Es könne sich auch nicht zwingend nur um mehrseitige Rechtsgeschäfte handeln, da die Generalversammlung nach allgemeiner Meinung auch bei Anwesenheit eines einzelnen Aktionärs beschlussfähig ist.[642] Auf der anderen Seite könne ein Einmann-„Beschluss" jedoch auch nicht den einseitigen Rechtsgeschäften zugerechnet werden, da diese Zuordnung nach allgemeiner Meinung voraussetzt, dass an eine Willenserklärung automatisch eine Rechtswirkung geknüpft ist.[643]

Auch die Ablehnung eines Antrags stellt nach ganz hM einen Beschluss dar.[644] Die Rechtsnatur des ablehnenden Beschlusses könne jedoch mit der pauschalen Zuordnung der Beschlüsse zu den Rechtsgeschäften nicht erklärt werden: Ein Gesellschafter, der auf einen Antrag mit Nein stimmt, lehnt die beantragte Maßnahme ab. Seine Erklärung ziele daher weder auf Begründung noch auf Aufhebung oder Veränderung der Rechtsverhältnisse ab und sei deshalb nicht auf die unmittelbare Herbeiführung einer Rechtsfolge gerichtet, also auch keine Willenserklärung.[645] Der ablehnende Beschluss enthalte daher somit auf der

---

Würdinger, in: Aktien- und Konzernrecht, ²1966, S. 145 f.; *Würdinger*, Aktienrecht, ⁴1981, S. 144.

639 *Tröger*, in: Kölner Kommentar AktG, ³2019, § 133 Rn. 179.

640 *Austmann*, in: MHdB, Bd. 4, ⁴2015, § 40 Rn. 2; *Flume*, BGB AT II, ³1979, S. 602 f; *Altmeppen*, GmbHR 2018, 225, 228.

641 *Busche*, FS Säcker, 2011, S. 45, 49.

642 So bereits: RGZ 34, 110, 116; 114, 202, 205; 119, 229, 230; *Litthauer*, in: ADHGB, 1897, Art. 221 Anm. b.

643 *Busche*, FS Säcker, 2011, S. 45, 52.

644 So bereits RGZ 122, 102, 107; 142, 123, 127 ff.

645 *Ernst*, Liber Amicorum Leenen, 2012, S. 1, 6 f.; *Winnefeld*, DB 1972, 1053, 1054 f.; aA *Schmidt*, in: GmbHG, ¹¹2014, § 45 Rn. 31: Rechtsfolge sei der Verbrauch des Antrags;

„ablehnenden Seite“ nur ein „mixtum compositum aus Nein-Stimmen“ und könne nicht als Rechtsgeschäft qualifiziert werden.[646] Bei einstimmiger Ablehnung fehle mangels Ja-Stimmen jegliche Willenserklärung.

Für manche ist der Beschluss ohnehin scharf von der Beschlussfassung (iSv Abstimmung) zu trennen. Die Rechtsnatur der Stimmabgaben könne sich daher nicht auf die Rechtsnatur des Beschlusses auswirken.[647]

Für andere bestätigt das aktienrechtliche Beschlussmängelsystem der Nichtigkeit und Anfechtbarkeit, dass es sich bei den Beschlüssen nicht um Rechtsgeschäfte im Sinn des Allgemeinen Teils handeln kann. Das BGB kenne als einzige Fehlerfolge nur die Nichtigkeit.[648]

Gegen die Ansicht, die Beschlussfeststellung sei der Rechtsgeschäftslehre fremd, wird angeführt, dass der Begriff des „Rechtsgeschäfts“ im BGB unstrittig nicht normiert ist. Die Literatur hat ihn daher in den letzten hundert Jahren immer wieder neu definiert.[649] In den Motiven des BGB wurde beispielsweise das Rechtsgeschäft der Willenserklärung noch grundsätzlich gleichgesetzt.[650] Nach *Savigny* war bereits Mitte des 19. Jahrhunderts die Erklärung zwingendes Moment der Willenserklärung bzw. des Rechtsgeschäfts.[651] *Mannigk* verstand das Rechtsgeschäft als, „die der Privatautonomie der Rechtssubjekte dienstbare juristische Handlung, in deren Tatbestand der auf die Rechtswirkung gerichtete, in einem äußeren Verhalten zur Vollendung gekommene Wille des Subjekts wesentlich ist“.[652] Der Wille „perfiziere“ sich erst in dem äußeren Verhalten.[653] *Sohm* und *Mitteis* definierten das Rechtsgeschäft als „die vom Recht zu willensgemäßer Wirkung bestimmte (in diesem Sinne privatrechtlich erhebliche) Willenserklärung der Privatpersonen“.[654] Wobei die Willenserklärung zwingend

---

Koobs, Der Mehrheitbeschluß im bürgerlichen Recht, 1920, S. 14: intendierte Rechtsfolge sei, dass Antrag nicht „zum Beschluss erhoben wird“.

646 *Ernst*, Liber Amicorum Leenen, 2012, S. 1, 6 f.; *Winnefeld*, DB 1972, 1053, 1055.

647 *Rudloff*, Die Rechtsnatur der Vereinsbeschlüsse, 1932, S. 50 ff.

648 *Gierke*, Handelsrecht, [8]1958, S. 199.

649 „Diese (die Wissenschaft) hat sich mit dem Begriff sehr lebhaft beschäftigt, ist aber zu einer vollständigen Einigung nicht gelangt“ *Koobs*, Der Mehrheitbeschluß im bürgerlichen Recht, 1920, S. 13.

650 *Mugdan* (Hrsg.), Die gesammelten Materialien zum Bürgerlichen Gesetzbuch für das Deutsche Reich, Bd. 1, 1899, S. 421; so bereits *Savigny*, System des heutigen römischen Rechts, Bd. 3, 1840, S. 6, 98 f.

651 *Savigny*, System des heutigen römischen Rechts, Bd. 3, 1840, S. 99.

652 *Manigk*, Willenserklärung und Willensgeschäft, 1907, S. 639.

653 *Ders.*, Willenserklärung und Willensgeschäft, 1907, S. 639.

654 *Sohm/Mitteis*, Instutitionen, [17]1926, S. 210.

aus Wille und Erklärung bestehe. Der nicht kundgegebene Wille sei „rechtlich bedeutungslos".[655]

Nach all diesen Vertretern ist die Kundgabe somit wesentlicher Bestandteil des Rechtsgeschäfts.

Die Vertreter der von Tuhr'schen Lehre können somit nicht die Beschlussfeststellung als Wirksamkeitserfordernis verneinen, indem sie sich auf Quellen aus dem Beginn des 20. Jahrhunderts stützen, nach denen der Beschluss ein Rechtsgeschäft ist.[656]

Auch das Argument, die Feststellung eines Rechtsgeschäfts sei der Rechtsgeschäftslehre fremd und der Beschlussinhalt könne bei Bedarf immer noch durch die Beschlussfeststellungsklage gerichtlich fixiert werden, hinkt: Selbst bei einem Zwei-Personen-Vertrag gehen die Vertragspartner nicht einfach auseinander und lassen den Vertragsinhalt später gerichtlich klären. Sie stellen den Inhalt zumindest konkludent fest. Einige wirtschaftlich bedeutende Verträge, die typischerweise unter mehreren Personen geschlossen werden, z.B. Gesellschaftsvertrag der GmbH,[657] unterliegen zudem der notariellen Beurkundung, um den Gesellschaftern die Tragweite und Bedeutung des Vertrags bewusst zu machen.

B. Der Gesellschafterbeschluss als Organakt

I. Kern

In jüngster Zeit hat sich eine Lehrmeinung im Schrifttum herausgebildet, nach welcher der Beschluss kein mehraktiges Rechtsgeschäft der zustimmenden Gesellschafter, sondern einseitiger Rechtsakt der Versammlung als ganzer, sog. Organakt, ist.[658] Zwar sei der Beschluss wohl je nach Definition auch als Rechtsgeschäft zu qualifizieren[659], doch bringen die bloßen Stimmabgaben gerade noch nicht den Rechtsakt des Beschlusses hervor.[660] Diese stellen nur

655 *Dies.*, Instutitionen, ^{17}1926, S. 212 ff., 217 ff.

656 Vgl. *Krause*, Gesellschafterbeschluß und Abstimmung, 1937, S. 10 ff.; *Koobs*, Der Mehrheitbeschluß im bürgerlichen Recht, 1920, S. 13.

657 Vgl. *Schmidt*, in: Michalski/Heidinger/Leible u.a. (Hrsg.), GmbHG, ^{3}2017, § 2 Rn. 45.

658 *Ernst*, Liber Amicorum Leenen, 2012, S. 1, 9 ff., 25 ff.; *Altmeppen*, in: Roth/Altmeppen (Hrsg.), GmbHG, ^{9}2019, § 47 Rn. 3 ff.; *Altmeppen*, NJW 2016, 2833, 2836 ff.; *Altmeppen*, ZIP 2017, 1185, 1187 f.; *Altmeppen*, GmbHR 2018, 225, 228; *Maier-Reimer/Flume*, KSzW 2013, 30, 34; so bereits *Brodmann*, in: Aktienrechtskommentar, 1928, § 252 Rn. 1d, § 259 Rn. 2a.

659 *Ernst*, Liber Amicorum Leenen, 2012, S. 1, 41 f.

660 *Ernst*, Liber Amicorum Leenen, 2012, S. 1, 16; *Altmeppen*, in: Roth/Altmeppen (Hrsg.), GmbHG, ^{9}2019, § 47 Rn. 3 ff.; *Altmeppen*, ZIP 2017, 1185, 1187 f.; *Altmeppen*,

Verfahrenshandlungen im Abstimmungsvorgang der Beschlussfassung dar. Der Beschluss bedürfe zwingend der konstitutiven Beschlussfeststellung, um Wirksamkeit zu erlangen.[661] Der Gesellschafterbeschluss sei als „gemeinschaftliche Verwirklichung der überindividuellen Körperschaftsidee" „Akt der körperschaftlichen Willensbildung".[662]

II. Gründe

Das Hauptargument dieser Lehrmeinung besteht darin, dass die hM die Gegenstimmen der Mitgesellschafter rechtlich nicht einzuordnen vermag. Eine solche Betrachtungsweise sei nur dann zulässig, wenn der Beschluss nicht für einen Verband erfolge, beispielsweise bei der Abstimmung unter Bruchteilseigentümern[663] oder auch bei der nichtrechtsfähigen Innen-GbR, die gerade kein rechtsfähiger Verband ist. Die auf von Tuhr zurückgehende hM übergehe die Rechtsfähigkeit des Verbandes, dem der Beschluss seines Organs Gesellschafterversammlung zugerechnet werde, während die jeweilige Stimmabgabe der Gesellschafter gleichsam nur ein Akt in der Prozedur sei, welcher mit der Beschlussfeststellung den Organakt Gesellschafterbeschluss für den Verband als ganzen zustande bringe. Der Beschluss als Handlungsform für einen rechtsfähigen Verband ist danach etwas grundsätzlich anderes als ein gewöhnlicher Mehrheitsbeschluss einer Personengruppe, die keinen rechtsfähigen Verband bildet. Die überstimmten Gruppenmitglieder sollen dann – insofern in Übereinstimmung mit der hM – am „Beschluss" nicht im Sinne einer Urheberschaft beteiligt sein. Die Mehrheitsentscheidung nehme ihnen lediglich das Recht, sich der Durchführung der Maßnahme zu widersetzen. Grundlegend anders verhalte sich der Beschluss des Organs eines rechtsfähigen Verbandes, an welchem auch die Minderheit beteiligt sei, wenn und weil gerade nicht ein rechtlicher Akt der Versammlungsmehrheit, sondern ein solcher des rechtsfähigen Verbandes in Rede stehe.[664]

GmbHR 2018, 225, 228; *Maier-Reimer/Flume*, KSzW 2013, 30, 34; so bereits *Brodmann*, in: Aktienrechtskommentar, 1928, § 259 Rn. 2a.

661 *Ernst*, Liber Amicorum Leenen, 2012, S. 1, 9 f.; *Altmeppen*, ZIP 2017, 1185, 1187 f.; *Altmeppen*, GmbHR 2018, 225, 228; *Maier-Reimer/Flume*, KSzW 2013, 30, 34; so bereits *Brodmann*, in: Aktienrechtskommentar, 1928, § 259 Rn. 2a.

662 *Brodmann*, in: Aktienrechtskommentar, 1928, § 252 Rn. 1d; so wohl auch *Reuter*, in: MüKo BGB, [4]2001, § 32 Rn. 23; *Busche*, FS Säcker, 2011, S. 45 ff.

663 *Ernst*, Liber Amicorum Leenen, 2012, S. 1, 4.

664 *Ders.*, Liber Amicorum Leenen, 2012, S. 1, 4 f.

Zudem bestätige sich gerade im Falle der Ablehnung des Antrages, dass die Betrachtungsweise des Beschlusses als mehrseitiges Rechtsgeschäft keinen Bestand habe: Die Nein-Stimmen, die ungültigen Stimmen und die Enthaltungen seien nämlich als „mixtum compositum", gerichtet auf Ablehnung des Beschlussantrages, keineswegs „inhaltlich übereinstimmende gleichlautende Willenserklärungen", die zusammen ein mehrseitiges Rechtsgeschäft ergeben. Dass jedoch auch die Ablehnung eines Antrags einen Beschluss darstellt, bezweifelt heutzutage wohl niemand mehr. Mit der Anerkennung des Negativbeschlusses sei die von Tuhr'sche Lehre daher nicht mehr aufrecht zu erhalten.[665]

Ein weiteres Argument gegen die hM sei der Vorrang der Beschlussaufhebung: Hier genüge die einfache Mehrheit, während es keineswegs der Teilnahme solcher Mitglieder bedürfe, die zuvor mit ihren Stimmen den ursprünglichen Beschluss gefasst haben.[666] Da die Teilnehmer, welche den ursprünglichen Mehrheitsbeschluss getroffen haben, es in einer Folgeversammlung gar nicht verhindern können, dass eine neue Mehrheit mit anderen Mitgliedern den Beschluss mehrheitlich aufheben, könne der Ausgangsbeschluss kein mehrseitiges Rechtsgeschäft seiner ursprünglichen Befürworter sein. Dies bestätige sich an dem umgekehrten Fall, dass die ursprünglichen Träger des Mehrheitsbeschlusses diesen aufheben wollen, eine neue Mehrheit hinzukommender Gesellschafter in der Folgeversammlung aber an ihm festhalten will. Daraus folge zugleich, dass die ursprünglichen Befürworter des Ausgangsbeschlusses keineswegs das relevante Rechtsgeschäft allein aufgrund ihrer übereinstimmenden (zustimmenden) Stimmabgaben zustande gebracht haben könnten. „Auctor" des Beschlusses sei danach gerade nicht die im Ausgangsbeschluss unter sich einige Mehrheit. Anderenfalls könne ohne und gegen sie keine Beschlussaufhebung erfolgen bzw. könne sie ohne und gegen den Willen späterer Mehrheiten an ihrem Beschluss festhalten, deren „auctor" sie alleine aufgrund ihrer Mehrheitsentscheidung sein soll.[667] Erkenne man, dass das Organ Gesellschafterversammlung[668] bzw. der Verband[669] Urheber des Beschlusses sei, lasse sich plausibel erklären, warum eine Mehrheit im Organ Gesellschafterversammlung auch ohne die Vertreter, welche die Mehrheit im Ausgangsbeschluss bilden, diesen aufheben oder gegen

665 *Ernst*, Liber Amicorum Leenen, 2012, S. 1, 6 f.; *Altmeppen*, in: Roth/Altmeppen (Hrsg.), GmbHG, [9]2019, § 47 Rn. 2 f.

666 *Ernst*, Liber Amicorum Leenen, 2012, S. 1, 8.

667 *Ders.*, Liber Amicorum Leenen, 2012, S. 1, 8.

668 So *ders.*, Liber Amicorum Leenen, 2012, S. 1, 8.

669 *Altmeppen*, NJW 2016, 2833, 2837.

den Willen dieser ursprünglichen Mehrheit, die den Ausgangsbeschluss getroffen haben, beibehalten kann.

Gerade auch bei Uneinigkeit darüber, wie nach Abgabe der letzten, an der Abstimmung beteiligten, Stimme das Beschlussergebnis zu bewerten sei, ergebe sich die Unrichtigkeit der hM. Gehe man ohne Beschlussfeststellung auseinander oder hebe die Bewertung der Auszählung zu einem späteren Zeitpunkt auf, gebe es nach der hM bereits mit der letzten Stimmabgabe einen Beschluss, während erst der Vorgang einer Rechtsanwendung, möge er schwierig oder trivial sein, ein dem Verband zurechenbares Beschlussergebnis hervorbringe, deren Urheber das Verbandsorgan Gesellschafterversammlung sei.[670]

Für die Beschlussfeststellung als relevanten Akt und gegen die hM spreche zudem der Fall des Beschlusses durch einen einzigen Gesellschafter, sei es der Alleingesellschafter oder der einzige, der in der Versammlung erschienen ist. Die Grundlage der Anfechtung sei in diesem Fall der Organakt, der dem Verband zuzurechnen sei, während auf der Grundlage der hM die Anfechtung in solchen Fällen des Einmannbeschlusses auf Grundlage der Vorstellungen, der Gesellschafterbeschluss sei eine rechtsgeschäftliche Entscheidung allein der Mehrheit, dogmatisch kaum zu erklären sei.[671]

Endlich sprechen die Fälle der Abberufung der Mehrheitsgesellschafter-Geschäftsführer aus wichtigem Grund für die Beschlussfeststellung: Wenn die Verkündung des Beschlusses zwingend ist und die Kompetenz grundsätzlich bei der Versammlung selbst liegt, so könne die Minderheit dem Mehrheitsgesellschafter das Stimmrecht und somit das Amt des Geschäftsführers nicht mit bloßen Behauptungen eines wichtigen Grundes absprechen. Die Klageerhebung obliege somit der Minderheit, die insoweit auch die Darlegungs- und Beweislast trage.[672]

III. Kritik

Kritiker entgegnen, dass die bloße Einordnung des Beschlusses als Organakt nichts darüber aussage, ob dieser erst mit seiner Feststellung zustande komme. Die Einführung eines neuen Begriffes sei daher unnütz.[673] Da bereits das Abstimmungsresultat den Beschluss forme, sei es „überkonstruiert" bzw.

---

670 *Ernst*, Liber Amicorum Leenen, 2012, S. 1, 10.

671 *Ders.*, Liber Amicorum Leenen, 2012, S. 1, 11.

672 *Altmeppen*, in: Roth/Altmeppen (Hrsg.), GmbHG, ^{9}2019, § 38 Rn. 53 ff.; *Altmeppen*, NJW 2016, 2833, 2837; *Altmeppen*, ZIP 2017, 1185, 1186; *Altmeppen*, GmbHR 2018, 225, 230.

673 *Hüffer/Schürnbrand*, in: Ulmer/Habersack/Löbbe (Hrsg.), GmbHG, ^{2}2014, § 47 Rn. 4.

eine überflüssige „Formalie", die Beschlussfeststellung als weiteres Tatbestandsmerkmal bzw. Wirksamkeitserfordernis aufzufassen. Zudem sei die Einordnung als Rechtsgeschäft aufgrund des numerus clausus der Rechtsverhältnisse zwingend.[674]

C. Der Gesellschafterbeschluss als Willensbildung bzw. Willenserklärung

I. Kern

Nach einer älteren Ansicht im Schrifttum sind Gesellschafterbeschlüsse Willenserklärungen.[675] Für einen gültigen Beschluss müsse nicht nur eine „gültige Beschlußfassung" in einer „wirklichen Mitgliederversammlung" vorliegen, sondern der Beschluss müsse darüber hinaus „als solcher verkündet" sein.[676]

II. Gründe

Die Rechtsnatur des Beschlusses einer Mitgliederversammlung bestimme sich im Inneren nach dessen „Wesen": Der formell ordnungsgemäß zum Ausdruck gekommene Wille der Mehrheit der Gesellschafter gelte als Wille des Organs

---

674 *Noack*, GmbHR 2017, 792, 793; *Bayer/Möller*, NZG 2018, 801, 807; *Trölitzsch*, VGR 2017, Bd. 23, 2018, 117, 155.

675 *Primker*, in: Endemann (Hrsg.), Handbuch des Deutschen Handelsrechts, 1881, S. 567; *Horrwitz*, Das Recht der Generalversammlungen, 1913, S. 71; *Nord*, Die Rechte des Aktionärs, 1925, S. 72; *Oertmann*, in: Bürgerliches Gesetzbuch, [3]1927, Vor. § 145 Anm. 1; *Jacusiel*, Gültige und fehlerhafte Generalversammlungsbeschlüsse der Aktiengesellschaft, 1928, S. 17; *Becher*, Die Protokollierung, 1929, S. 20 f., 24; *Vormbaum*, Beschluß der Generalversammlung, 1929, S. 18 f.; *Teske*, Anfechtbarkeit und Nichtigkeit von Generalversammlungsbeschlüssen bei Aktiengesellschaften, 1930, S. 12; *Lehmann*, in: Das Handelsgesetzbuch, Bd. 3, [3]1933, § 250 Anm. 24, § 259 Anm. 3; *Godin/Wilhelmi*, AktG, 1937, § 103 Anm. I.; *Steffen*, in: Johansen/Kregel (Hrsg.), RGRK BGB, [12]1982, § 32 En 13; *Heilbrunn*, JW 1927, 1358.

676 *Eiser*, Nichtigkeit und Anfechtbarkeit, 1930, S. 23 f; *Lehmann*, in: Das Handelsgesetzbuch, Bd. 3, [3]1933, § 250 Anm. 39; *Godin/Wilhelmi*, AktG, 1937, § 103 Anm. I; *Nord*, Die Rechte des Aktionärs, 1925, S. 12; *Teske*, Anfechtbarkeit und Nichtigkeit von Generalversammlungsbeschlüssen bei Aktiengesellschaften, 1930, S. 12; *Feine*, in: Ehrenberg (Hrsg.), Handbuch, Bd. 3, III, 1929, S. 515; *Vormbaum*, Beschluß der Generalversammlung, 1929, S. 18 f.; *Fürst*, LZ 1912, 506, 511 f.; *Heilbrunn*, JW 1927, 1358; wohl auch *Horrwitz*, Das Recht der Generalversammlungen, 1913, S. 73: „Insbesondere bedarf es keiner ausdrücklichen Erklärung des GVBeschlusses, es genügt die Erkennbarkeit seiner Absicht.".

und ersetze den Entschluss der Gesellschaft. Er sei deshalb weder Vertrag noch einseitiges Geschäft, sondern nur interne Willensbildung.[677]

Nach außen hingegen trage jedenfalls der Gesellschafterbeschluss einer Körperschaft einen „Januskopf": Er sei nicht nur Willensbildung, sondern auch Willenserklärung.[678]

Auch wenn anfangs des 20. Jahrhundert das Wesen einer Willenserklärung, insbes. die Verkörperung des Willens nach außen als Voraussetzung einer wirksamen Willenserklärung, noch nicht einheitlich definiert war[679], ist nach der vorwiegenden Meinung dieser Lehre der Beschluss erst „vollendet", sobald der Beschlussinhalt erklärt bzw. festgestellt wurde und „der fertige Entschluß" damit „erkennbar in die Außenwelt getreten ist".[680] Erst die Verkündung bewirke die Vereinigung der durch die Abstimmung geschaffenen Summe von parallel laufender Erklärungen zum Beschluss[681]. Die Beschlussfeststellung lasse somit erst erkennen, was die Gesellschaft als Beschluss ansieht und schaffe somit Rechtssicherheit.[682]

Die Willenserklärung wiederum sei zudem „rechtsgeschäftlicher" Natur, wenn durch den Beschluss unmittelbar „oder in Verbindung mit anderen Tatsachen" Rechte Dritter entstehen (z.B. Anstellungsvertrags des Vorstands) sowie in die Rechtsbeziehungen zu anderen Organen (z.B. Abberufungsbeschluss) oder in die Rechte der Aktionäre (z.B. Kapitalherabsetzungsbeschluss) eingegriffen wird. Rechtsgeschäftlichen Charakter sollen aber auch Beschlüsse haben, die lediglich die „eigene Rechtssphäre" betreffen, z.B. ein Beschluss, der

---

677 *Lehmann*, in: Das Handelsgesetzbuch, Bd. 3, [3]1933, § 250 Anm. 23 f.; *Jacusiel*, Gültige und fehlerhafte Generalversammlungsbeschlüsse der Aktiengesellschaft, 1928, S. 17; *Vormbaum*, Beschluß der Generalversammlung, 1929, S. 18 f.

678 *Lehmann*, in: Das Handelsgesetzbuch, Bd. 3, [3]1933, § 250 Anm. 24, § 259 Anm. 3; *Jacusiel*, Gültige und fehlerhafte Generalversammlungsbeschlüsse der Aktiengesellschaft, 1928, S. 17; *Godin/Wilhelmi*, AktG, 1937, § 103 Anm. I.

679 *Düringer/Hachenburg*, in: Das Handelsgesetzbuch, Bd. 2, [1]1901, S. 6 f.: „Man wird nicht von einer That sprechen können, in der der Wille sich verkörpern müsse.".

680 *Lehmann*, in: Das Handelsgesetzbuch, Bd. 3, [3]1933, § 250 Anm. 39; *Godin/Wilhelmi*, AktG, 1937, § 103 Anm. I.; *Nord*, Die Rechte des Aktionärs, 1925, S. 12; *Horrwitz*, Das Recht der Generalversammlungen, 1913, S. 73; vgl. zu Willenserklärungen *Tuhr*, AT, Bd. 2/ 1, 1914, S. 456; *Becher*, Die Protokollierung, 1929, S. 20 f.; *Steffen*, in: Johansen/ Kregel (Hrsg.), RGRK BGB, [12]1982, § 32 Rn. 14; *Heilbrunn*, JW 1927, 1358.

681 *Eiser*, Nichtigkeit und Anfechtbarkeit, 1930, S. 23 f; *Feine*, in: Ehrenberg (Hrsg.), Handbuch, Bd. 3, III, 1929, S. 515.

682 *Fürst*, LZ 1912, 506, 512 f.

den Unternehmensgegenstand oder den Gesellschaftssitz ändert.[683] Nicht zu den rechtsgeschäftlichen Beschlüssen gehören die „Ordnungsbeschlüsse, die den formalen Vorgang der Generalversammlung regeln“ und „organschaftlich ablehnende Beschlüsse“ (z.B. Beschluss den Unternehmensgegenstand nicht zu ändern). Diesen Beschlüssen mangle es an der Intention eine Rechtswirkung herbeizuführen oder den rechtlichen status quo zu ändern und seien deshalb „bloße Willensäußerungen“.[684]

Auf einen rechtsgeschäftlichen Beschluss sollen auch die Vorschriften des BGB bzgl. Rechtsgeschäfte anwendbar sein, soweit sie nicht durch speziellere handelsrechtliche Vorschriften verdrängt sind.[685]

III. Kritik

Kritiker entgegnen, dass diese Konstruktion „wenig fruchtbar“ sei, weil die, auf Willenserklärungen zugeschnittenen BGB-Vorschriften (§§ 116 ff.) auf den Beschluss nicht passen: Wenn bei internen Beschlüssen, z.B. Kapitalerhöhungen, die Gesellschafter selbst die Erklärungsempfänger seien, stünden diese auf beiden Seiten der Willenserklärung. Auch die Vorschriften zu Scherzerklärungen oder Anfechtung wegen Drohung bzw. Irrtum seien nicht sinnvoll anwendbar.[686]

D. Der Gesellschafterbeschluss als Vertrag

I. Kern

Im Schrifttum wird nach wie vor auch vertreten, dass der Gesellschafterbeschluss grundsätzlich oder zumindest teilweise dem Vertragstypus zuzuordnen ist.[687]

683 *Lehmann*, in: Das Handelsgesetzbuch, Bd. 3, ^{3}1933, § 250 Anm. 25 ff.; *Godin/Wilhelmi*, AktG, 1937, § 103 Anm. I.; so wohl auch *Jacusiel*, Gültige und fehlerhafte Generalversammlungsbeschlüsse der Aktiengesellschaft, 1928, S. 17; *Vormbaum*, Beschluß der Generalversammlung, 1929, S. 20; aA *Horrwitz*, Das Recht der Generalversammlungen, 1913, S. 71: Beschlüsse die nur das Innenleben der Gesellschaft betreffen seien nie rechtsgeschäftlicher Natur.

684 *Lehmann*, in: Das Handelsgesetzbuch, Bd. 3, ^{3}1933, § 250 Anm. 81 ff.; *Godin/Wilhelmi*, AktG, 1937, § 103 Anm. I.

685 *Lehmann*, in: Das Handelsgesetzbuch, Bd. 3, ^{3}1933, § 250 Anm. 34.

686 *Krause*, Gesellschafterbeschluß und Abstimmung, 1937, S. 38 ff.

687 *Affolter*, in: Kohler/Ring/Oertmann (Hrsg.), Archiv für Bürgerliches Recht, Bd. 35, 1910, S. 225, 242; *Tuhr*, AT, Bd. 2/ 1, 1914, S. 235; *Enneccerus*, in: Lehrbuch des Bürgerlichen Rechts, Bd. I 1 Einleitung, Allgemeiner Teil, ^{30}1928, S. 359; *Reuter*, in: MüKo BGB, ^{4}2001, § 32 Rn. 24; *Ulmer*, FS Niederländer, 1991, S. 415, 424 ff.; *Schäfer*,

II. Gründe

Ein Vertrag setzt nach allgemeiner Meinung immer einen Konsens in Form von übereinstimmenden Willenserklärungen voraus.[688]

Bei einstimmigen Beschlüssen stimmen die einzelnen Stimmabgaben der Gesellschafter überein. Da die Stimmabgaben als Willenserklärungen zu qualifizieren seien, gehöre jedenfalls der einstimmige Beschluss zu den Verträgen.[689]

Um auch Mehrheitsbeschlüsse, die also Ja- und Neinstimmen enthalten, zu den Verträgen zählen zu können, haben die Vertreter dieser Lehre verschiedene Erklärungsansätze verfolgt:

Der notwendige Konsens ergibt sich nach *Krause* aus der Übereinstimmung des Beschlussantrags mit den Ja-Stimmen. Die Bindungswirkung des Beschlusses gegenüber den Ablehnenden folge aus dem vertraglich oder gesetzlich eingeführten Majoritätsprinzip.[690]

Nach der Ansicht *Reuters* überwindet § 315 BGB den fehlenden Konsens bei Mehrheitsbeschlüssen. Gem. dieser Vorschrift sei es bei der Vertragsschließung möglich, dass nur eine Partei zumindest teilweise den Vertragsinhalt bestimmt. Die Beschlüsse personalistischer GmbHs seien zudem als rechtsgeschäftliche Konkretisierungen der vertraglichen Regelungen des Gesellschaftsstatuts ebenfalls als Vertrag zu qualifizieren.[691]

Der Konsens aller Beteiligten ist nach einer früheren Ansicht *Ulmers* zumindest in Ausnahmefällen bereits in der vorweggenommenen Zustimmung zu Mehrheitsbeschlüssen im Gesellschaftsvertrag anzusehen.[692]

Nach *Schäfer* und *Kindler* hat zumindest in der Personengesellschaft der Beschluss Vertragsqualität, soweit er den Gesellschaftsvertrag ändert oder sich auf die Verhältnisse der Gesellschafter untereinander auswirkt.[693]

---

in: Ulmer/Schäfer (Hrsg.), GbR und PartG, [7]2017, § 709 Rn. 51; *Kindler*, in: Koller/Drüen/Kindler u.a. (Hrsg.), HGB, [9]2019, § 119 Rn. 1a.

688 *Flume*, BGB AT II, [3]1979, S. 601 f.

689 *Affolter*, in: Kohler/Ring/Oertmann (Hrsg.), Archiv für Bürgerliches Recht, Bd. 35, 1910, S. 225, 242; *Tuhr*, AT, Bd. 2/ 1, 1914, S. 235; *Heck*, FS Gierke, 1911, S. 319, 326

690 *Krause*, Gesellschafterbeschluß und Abstimmung, 1937, S. 61.

691 *Reuter*, in: MüKo BGB, [4]2001, § 32 Rn. 24.

692 *Ulmer*, FS Niederländer, 1991, S. 415, 429.

693 *Schäfer*, in: Ulmer/Schäfer (Hrsg.), GbR und PartG, [7]2017, § 709 Rn. 51; *Kindler*, in: Koller/Drüen/Kindler u.a. (Hrsg.), HGB, [9]2019, § 119 Rn. 1a.

III. Kritik

Kritiker entgegnen, dass aufgrund der folgenden zwei Prämissen Beschlüsse keinesfalls den Verträgen zuzuordnen sind: 1. Verträge setzen zwingend einen Konsens voraus. 2. Für das Gros der Beschlüsse gilt das Majoritätsprinzip.[694] Die oben dargestellten Erklärungsansätze für Mehrheitsbeschlüsse seien konstruiert. Die Einordnung von einstimmig gefassten Beschlüssen in den Vertragstypus sei jedenfalls nicht verallgemeinerungsfähig.[695]

Bei einem Vertrag werden die sich ergänzenden Willenserklärungen zudem gegenseitig ausgetauscht, beim Beschluss hingegen werden die Stimmabgaben parallel an die Gesellschaft, meist vertreten durch einen Vorsitzenden, gerichtet. Im Gegensatz zum Vertrag müsse den einzelnen Mitgliedern der Inhalt der Stimmabgabe auch gar nicht mitgeteilt werden (Paradigma: geheime Abstimmung).[696]

Für einen Vertragsschluss müssen zwingend zwei oder mehrere Vertragsparteien vorliegen. Hingegen sei anerkannt, dass auch ein einzelner Gesellschafter „Beschlüsse" fassen kann, sei es, dass von einer Mehrpersonengesellschaft nur ein Gesellschafter zur Gesellschafterversammlung erscheint oder sei es, dass es sich um eine Einmann-Gesellschaft handelt.[697]

Im Gegensatz zum Vertrag regele der Beschluss zudem nicht die Beziehung der Abstimmenden zueinander als Einzelpersonen, sondern den ihnen gemeinsamen Bereich des Verhältnisses des Verbands.[698]

Darüber hinaus binde ein Beschluss, im Gegensatz zum Vertrag, gerade auch diejenigen Gesellschafter, die gegen den Antrag oder gar nicht abgestimmt haben, sowie diejenigen, die der Gesellschaft erst nachträglich beigetreten sind.[699]

Auch das aktienrechtliche Beschlussmängelsystem der Nichtigkeit und Anfechtbarkeit bestätige, dass es sich bei den Beschlüssen nicht um Verträge handeln kann.[700]

---

694 *Tuhr*, AT, Bd. 1, 1910, S. 515; *Flume*, BGB AT II, [3]1979, S. 602; *Jüdel*, Gesellschafterbeschlüsse bei Personengesellschaften, 1933, S. 17 f.

695 So auch *Busche*, FS Säcker, 2011, S. 45, 51.

696 *Lehmann*, Gesellschaftsrecht, [2]1959, S. 49; *Tuhr*, AT, Bd. 1, 1910, S. 514 f.; *Bartholomeyczik*, ZHR 105 (1938), 293, 326.

697 *Winnefeld*, DB 1972, 1053, 1056.

698 *Dietz*, in: Gesellschaftsrecht, [3]1970, S. 59.

699 *Schultze-v. Lasaulx*, in: Soergel/Siebert (Hrsg.), Bürgerliches Gesetzbuch, Bd. 1, [10]1967, § 32 Rn. 29; *Hüffer/Schürnbrand*, in: Ulmer/Habersack/Löbbe (Hrsg.), GmbHG, [2]2014, § 47 Rn. 3; *Römermann*, in: Michalski/Heidinger/Leible u.a. (Hrsg.), GmbHG, [3]2017, § 47 Rn. 9.

700 *Gierke*, Handelsrecht, [8]1958, S. 199.

Der Ansatz von Krause würde mE nur zu Einzelverträgen zwischen den zustimmenden Gesellschaftern und der Gesellschaft führen, aber nicht zu einem den Willen der Gesellschaft bildenden Beschluss des Organs Gesellschafterversammlung.

E. Der Gesellschafterbeschluss als Gesamtakt

I. Kern

Ein Teil der Literatur[701] und älteren Rechtsprechung[702] versteht den Gesellschafterbeschluss als sozialrechtliche Einigung bzw. als Darstellung eines Gemeinwillens und somit als einen Gesamtakt.[703] Inwieweit der Gesellschafterbeschluss darüber hinaus rechtsgeschäftlicher Natur ist, wird nicht einheitlich beantwortet.

II. Gründe

Die Willenserklärungen und Verträge des allgemeinen Teils des BGB seien auf „Individuen" zugeschnitten und daher auf Gesellschaften nur begrenzt anwendbar.[704]

Der Begriff Gesamtakt leite sich davon ab, dass der Beschluss aus vielen Einzelakten, den Stimmabgaben, bestehe und den Gemeinwillen bzw. „Gesammtwillen" darstelle.[705] Der Beschluss sei stets gemeinschaftlicher Willensentschluss und nicht lediglich eine Ansammlung von einzelnen Stimmen.[706]

---

701 *Walther*, Vereine und Gesellschaften, ²1980, S. 43; *Gierke*, Deutsches Privatrecht, Bd. 1, 1895, S. 501 ff.; *Gierke*, Die Genossenschaftstheorie, 1887, S. 682; *Eltzbacher*, Die Handlungsfähigkeit, Bd. 1, 1903, S. 165; *Gierke*, Handelsrecht, ⁸1958, S. 199; *Denecke/Oegg*, in: RGRK BGB, ¹⁰1953, § 32 Anm. 3; *Ellenberger*, in: Palandt, ⁷⁸2019, § 32 Rn. 8, Übb v § 104 Rn. 12, Vorb § 709 Rn. 10 ff.; *Schöpflin*, in: Prütting/Wegen/Weinreich (Hrsg.), BGB, ¹²2017, § 32 Rn. 8; *Ruth*, ZHR 88 (1926), 454, 524; *Altschul*, JW 1927, 1684.

702 RGZ 122, 367, 369; BGHZ 33, 189, 191 = NJW 1960, 2285; BGHZ 48, 163, 167, 173 = NJW 1967, 1963; BGHZ 52, 316, 318 = NJW 1970, 33; BGHZ 65, 93, 96 f. = NJW 1976, 49.

703 Zurückgehend auf *Kuntze*, Festgabe Müller, 1892, S. 27 ff.

704 *Gierke*, Handelsrecht, ⁸1958, S. 172.

705 *Walther*, Vereine und Gesellschaften, ²1980, S. 43; *Gierke*, Deutsches Privatrecht, Bd. 1, 1895, S. 501; *Altschul*, JW 1927, 1684.

706 *Gierke*, Die Genossenschaftstheorie, 1887, S. 568.

Inwieweit die Beschlussfeststellung Wirksamkeitsvoraussetzung ist, wurde nur vereinzelt und uneinheitlich besprochen.[707]

Die Judikatur verneinte explizit den rechtsgeschäftlichen Charakter des Beschlusses, um die Nichtanwendung rechtsgeschäftlicher BGB-Vorschriften, insbes. die §§ 125, 134, 138 und § 181, zu erklären.[708] In der Literatur ist der rechtsgeschäftliche Charakter umstritten.[709]

III. Kritik

Kritiker entgegnen, dass der Beschluss sich ohne Weiteres in den numerus clausus der von der Rechtsordnung bereits anerkannten Aktstypen der Gestaltung von Rechtsverhältnissen einfüge. Eine Erweiterung dieser Aktstypen sei daher nicht erforderlich. Insbes. sei mit der Einführung eines neuen Begriffes noch nichts „gewonnen". Der Ausdruck Gesamt- bzw. Sozialakt sei jedenfalls nicht aussagekräftig.[710]

Die Vertreter würden sich zudem zu Unrecht auf den Urheber der Gesamtaktstheorie *Kuntze* berufen. Nach *Kuntze* ist nämlich das Auftreten aller erforderlich.[711] Davon kann beim Mehrheitsbeschluss keine Rede sein.[712]

Zudem ginge es fehl, den Beschluss lediglich als Darstellung des Gemeinwillens iSv Summierung von Einzelwillen zu verstehen, da der Beschluss eigenständiger Wille der Gesellschaft selbst sei.[713]

---

707 Bejahend: *Gierke*, Handelsrecht, [8]1958, S. 1999: Der Beschlusse setze sich aus Stimmabgabe und Beschlussfeststellung zusammen; ablehnend: *Altschul*, JW 1927, 1684.

708 RGZ 122, 367, 369; BGHZ 33, 189, 191 = NJW 1960, 2285; BGHZ 48, 163, 167, 173 = NJW 1967, 1963; BGHZ 52, 316, 318 = NJW 1970, 33; BGHZ 65, 93, 96 f. = NJW 1976, 49.

709 Befürwortend *Denecke/Oegg*, in: RGRK BGB, [10]1953, § 32 Anm. 3; *Ellenberger*, in: Palandt, [78]2019, Übb v § 104 Rn. 12; *Eltzbacher*, Die Handlungsfähigkeit, Bd. 1, 1903, S. 165, 168 f.: Beschluss als Unterkategorie der Rechtsgeschäfts; ablehnend *Gierke*, Handelsrecht, [8]1958, S. 200.

710 *Flume*, BGB AT II, [3]1979, S. 603.; *Renkl*, Der Gesellschafterbeschluß, 1982, S. 76; *Hefermehl*, in: Soergel/Siebert (Hrsg.), Bürgerliches Gesetzbuch, Bd. 1, [10]1967, Vor. § 104 Rn. 3; *Jüdel*, Gesellschafterbeschlüsse bei Personengesellschaften, 1933, S. 19; *Reichert*, Handbuch des Vereins- und Verbandsrechts, [7]1999, Rn. 1061; *Schilling*, FS Ballerstedt, 1975, S. 257, 264 f.; *Winnefeld*, DB 1972, 1053, 1057.

711 *Kuntze*, Festgabe Müller, 1892, S. 27 ff.

712 *Lehmann*, Gesellschaftsrecht, [2]1959, S. 49.

713 *Haff*, Grundlagen einer Körperschaftslehre, Bd. 1, 1915, S. 21 ff.

4. Teil – Dogmatik der Gesellschafterbeschlüsse

A. Der Gesellschafterbeschluss als Organakt der Gesellschafterversammlung

Nach allgemeiner Meinung ersetzt der Beschluss des Organs Gesellschafterversammlung bei allen rechtsfähigen Verbänden des Privatrechtsrechts „den Entschluß, welcher im Normalfall des Individualvermögens vom Subjekt desselben gefaßt wird".[714] Der Organbeschluss wird daher der Gesellschaft zugerechnet, die Gesellschaft ist Träger des Organbeschlusses.[715]

Der Beschluss gestaltet als Wille der Gesellschaft vorerst immer nur deren „innere Rechtsverhältnisse".[716] Er kann zum einen innere Angelegenheiten der Gesellschaft regeln (z.B. Kapitalerhöhungen, Bestellung von Organmitgliedern). Zum anderen kann ein Beschluss die Organmitglieder anweisen, Handlungen auszuführen, die für die Realisierung des im Beschluss ausgedrückten Willens nötig sind. So weist der Beschluss über einen Kaufvertrag beispielsweise einen Geschäftsführer an, einem Kaufinteressenten einen Antrag bestimmten Inhalts zu erklären. Daher kann der Beschluss insofern auch als Willenserklärung bezeichnet werden, als dass mit ihm der Wille der Gesellschaft in einer für das interne Leben der Gesellschaft verbindlichen Weise erklärt wird.[717] Nur im Ausnahmefall wirkt der Beschluss unmittelbar nach außen, also bereits ohne nachfolgende Ausführung durch das dafür zuständige Organ. So beispielsweise wenn der Kaufinteressent der Versammlung beiwohnt.

Das Organ Gesellschafterversammlung besteht aus den zusammentretenden Gesellschaftern und zwar unabhängig davon, ob die Gesellschafter förmlich im Rahmen einer Versammlung zusammenfinden. Für die AG ist das Handeln der

---

714 *Tuhr*, AT, Bd. 2/ 1, 1914, S. 236; so auch *Wiedemann*, Gesellschaftsrecht, Bd. 1, 1980, S. 176.

715 Vgl. dazu auch *Schmidt*, Gesellschaftsrecht, [4]2002, S. 435; *Baltzer*, Der Beschluß, 1965, S. 49 ff.; *Gierke*, Deutsches Privatrecht, Bd. 1, 1895, S. 503; *Wiedemann*, Gesellschaftsrecht, Bd. 1, 1980, S. 176; *Koppensteiner*, JBl 2017, 273, 275.

716 *Tuhr*, AT, Bd. 2/ 1, 1914, S. 236.; *Horrwitz*, Das Recht der Generalversammlungen, 1913, S. 72; *Fischer*, in: Ehrenberg (Hrsg.), Handbuch, Bd. 3, I, 1916, S. 183 f.; *Busche*, FS Säcker, 2011, S. 45, 52; *Hueck*, Anfechtbarkeit und Nichtigkeit, 1927, S. 9 f.; *Winnefeld*, DB 1972, 1053, 1055.

717 Vgl. dazu *Schilling*, FS Ballerstedt, 1975, S. 257, 264.

Hauptversammlung im Rahmen einer förmlichen Versammlung gesetzlich vorgeschrieben, vgl. § 118 I 1 AktG.

Grundsätzlich kann ein die Gesellschafter bindender Beschluss nur durch Einstimmigkeit gefasst werden. Um auch bei Meinungsverschiedenheiten innerhalb des Organs Einigkeit zu erreichen, überträgt das Gesetz, innerhalb gewisser Schranken, die Willensbildung der Mehrheit der Gesellschafter.[718] Diese Übertragung erfolgt entweder unmittelbar durch gesetzliche Einführung des Majoritätsprinzips oder mittelbar durch die gesetzliche Zulassung von Mehrheitsbeschlüssen auf Grund einer Regelung im Gesellschaftsvertrag. Durch den Eintritt in die Gesellschaft unterwerfen sich die Gesellschafter dem gesetzlichen bzw. statutarischen Majoritätsprinzip.[719]

Zwingender Bestandteil eines jeden Beschlusses ist die Abstimmung. Unter Abstimmung versteht man die Abgabe einer Stimme zu einem bestimmten Antrag. Der Antrag gibt den Erklärungsinhalt des Beschlusses vor. Durch die Stimmabgabe in Form von Ja oder Nein bzw. Enthaltung erklärt der Gesellschafter seine Befürwortung, Ablehnung oder Ambivalenz hinsichtlich des Beschlussantrags. Ja- und Nein-Stimmen sind regelmäßig, aber nicht begriffsnotwendig, auf den rechtlichen Erfolg, positiver bzw. negativer Beschluss, gerichtet. Auch für vorläufige Abstimmungen, um Tendenzen der Gesellschafter abschätzen zu können, werden Stimmen abgegeben – ohne dass diese auf einen rechtlichen Erfolg gerichtet sind. Bei einer vorläufigen Abstimmung soll weder eine innere Angelegenheit geregelt noch eine Grundlage für eine Handlungsanweisung getroffen werden. Eine Stimmabgabe ist somit nur dann als Willenserklärung einzustufen, wenn sie darauf gerichtet ist zu einem den Willen der Gesellschaft bildenden Beschluss beizutragen. Der Erfolg der Abstimmung, Beschluss des Organs Gesellschafterversammlung, muss als solches gewollt sein. Nicht nur ein Beschluss einer Gruppe oder eine Bündelung von Einzelerklärungen.[720]

Unabhängig davon, welchem Charakter die Abstimmung zukommen soll, müssen die Stimmen, um ausgezählt und in ein Abstimmungsergebnis eingestellt werden zu können, notwendigerweise von der für die Auszählung und Einstellung zuständigen Stelle wahrgenommen werden. Die Beschlussfassung ist ein verbandsrechtliches Verfahren, um den Willen der Gesellschaft zu bilden. Die Gesellschaft selbst soll Träger des fertigen Beschlusses sein. Daher ist originär auch die Gesellschaft selbst Adressat der Stimmabgaben.[721] Sie handelt

---

718 S. § 133 I AktG, § 42 II 1 GenG, § 47 I GmbHG, § 32 I 2 BGB, § 705 BGB, § 119 II HGB.

719 Vgl. *Jüdel*, Gesellschafterbeschlüsse bei Personengesellschaften, 1933, S. 85.

720 *Horrwitz*, Das Recht der Generalversammlungen, 1913, S. 70.

721 So auch *Busche*, FS Säcker, 2011, S. 45, 47.

durch ihre Organe. In Versammlungen von geringer Teilnehmerzahl, bei der die Abstimmung durch Zuruf oder Handzeichen erfolgt, kann das Organ Gesellschafterversammlung durch ihre Organmitglieder die einzelnen Stimmen selbst wahrnehmen. Bei geheimer Stimmabgabe sowie bei unüberschaubar hoher Teilnehmerzahl bestimmt das Organ üblicherweise eine Empfangsperson, zumeist eine Art Versammlungsleiter.

Den Beschluss aufgrund der positiven Stimmabgaben, die die hM als Willenserklärung qualifiziert, dem Typus Rechtsgeschäft zuzuordnen, ist nach der gängigen Definition des Rechtsgeschäfts, auf den ersten Blick nicht zu beanstanden. Die Beharrung der hM auf diese Einordnung ist allerdings umso mehr verwunderlich, als sie gleichzeitig strikt befürwortet, dass die rechtsgeschäftlichen Vorschriften des BGB, insbes. die Vorschriften der Anfechtung nach §§ 119 ff. nicht, und die Nichtigkeitsregeln in §§ 125, 134, 138 jedenfalls nicht auf die AG, Genossenschaft und GmbH anzuwenden sind. Welche zwingenden Konsequenzen die hM aus der Zuordnung des Beschlusses zu den Rechtsgeschäften ziehen möchte, bleibt unklar. Da im Aktienrecht die Beschlussfeststellung losgelöst von § 130 II AktG für den Beschluss konstitutiv sein soll, kann mit der Zuordnung jedenfalls nicht erklärt werden, warum diese Feststellung keine Wirksamkeitsvoraussetzung für die Beschlüsse anderer Gesellschaftsformen sein soll.

Ohnehin soll es sich beim Beschluss nur um ein Rechtsgeschäft sui generis handeln. Dieser Zusatz soll erklären, warum die rechtsgeschäftlichen Vorschriften des BGB nur je nach Bedarf der Gesellschaftsform einschlägig sind. Ohne roten Faden bestimmt die hM also je nach Gesellschaftsform die aus ihrer Sicht zwingenden Bestandteile eines Beschlusses. Nur in AG und Genossenschaft müsse der Abstimmung zwingend noch die Feststellung und Verkündung des Beschlusses folgen.

Da die Zuordnung des Beschlusses zum Typus Rechtsgeschäft bzw. Rechtsgeschäft eigener Art für die Dogmatik des Gesellschafterbeschlusses keinen Fortschritt bringt, darüber hinaus sogar den Blick auf die einheitlichen Wirksamkeitsvoraussetzungen trübt, muss er endlich aufgegeben werden.

Der Gesellschafterbeschluss ist in allen rechtsfähigen Verbänden des Zivilrechts eine Handlungsweise bzw. ein Akt des Organs Gesellschafterversammlung, mit anderen Worten schlicht ein Organakt.

B. Die Beschlussfeststellung als Wirksamkeitsvoraussetzung

Von der Bestimmung der Rechtsnatur des Gesellschafterbeschlusses als Organakt zumindest vordergründig losgelöst ist die Frage, ob die Feststellung des Beschlussergebnisses (iSv Annahme oder Ablehnung des Beschlussantrags)

Wirksamkeitsvorrausetzung für den Beschluss ist, neben dem Bestehen eines zur Willensbildung der Beschlussfassung berufenen Kollektivorgans, sc. Gesellschafterversammlung, und der Abstimmung der Organmitglieder.

I. Kundgabe als entscheidender Akt nach allgemeiner Rechtsgeschäftslehre

Für die bisher hL, nach der die Beschlussfeststellung nur im Aktien- und Genossenschaftsrecht zwingend ist, spricht ausschließlich das traditionelle Verständnis der allgemeinen Rechtsgeschäftslehre, nach welcher bereits übereinstimmende Willenserklärungen ein mehrseitiges Rechtsgeschäft zustande bringen können, während einseitige Rechtsgeschäfte grundsätzlich nur die Abgabe der Erklärung voraussetzen (Paradigma: Kündigung, Anfechtung).[722] Das Thema probandum lautet, ob die herkömmlichen Grundsätze der Rechtsgeschäftslehre im bezeichneten Sinne auf den Organakt Gesellschafterbeschluss eines rechtsfähigen Verbandes anwendbar sind, wie es die hM mit Unterschieden in Einzelheiten als feststehenden Grundsatz unterstellt.

In diesem Zusammenhang ist zunächst eine Gemeinsamkeit zwischen gewöhnlichen Willenserklärungen im Sinne der §§ 104 ff. BGB und dem Organbeschluss festzustellen. Eine Willenserklärung umfasst mehr als den Willen des Erklärenden, der nämlich in der Erklärung des Willens Ausdruck finden muss.[723] Selbst die nichtempfangsbedürftige Willenserklärung gilt erst als vollendet, wenn der „fertige Entschluß erkennbar in die Außenwelt getreten ist." Erst „mit diesem Moment beginnt die Wirkung der Erklärung."[724] Zwar müsste eigentlich bereits der wirkliche Wille das „einzig Wichtige und Wirksame" sein, aber als „inneres, unsichtbares Ereigniß" bedarf es eines diesen Willen nach Außen offenbarenden Zeichens, sc. die Erklärung.[725] Daher ist auch eben diese Erklärung als Ausdruck des Willens der entscheidende und konstitutive Akt der Willenserklärung.[726] Dies ist zwar nicht selbstverständlich, wie der im 19. Jahrhundert geführte Meinungsstreit zwischen der Willenstheorie, der Erklärungstheorie und der Geltungstheorie zu Genüge bestätigt.[727] Doch niemand bezweifelt heute, dass selbst

---

722 Vgl. *Gierke*, Deutsches Privatrecht, Bd. 1, 1895, S. 282 f.
723 Vgl. *Savigny*, System des heutigen römischen Rechts, Bd. 3, 1840, S. 6, 98 f., 258.
724 *Tuhr*, AT, Bd. 2/ 1, 1914, S. 453 ff., 456.
725 *Savigny*, System des heutigen römischen Rechts, Bd. 3, 1840, S. 150 ff., 258.
726 Vgl. *Manigk*, Willenserklärung und Willensgeschäft, 1907, S. 159.
727 *Flume*, BGB AT II, [3]1979, S. 54 ff.; *Vogenauer*, HKK BGB, 2003, § 133, 157 Rn. 34 ff.

eine konkludente Willenserklärung vom Tatbestand der Kundgabe des Willens bestimmt ist, es also die Kundgabe ist, die dem Urheber der Willenserklärung zugerechnet wird, und zwar sogar dann, wenn er einen anderen inneren Willen als denjenigen hatte, der in seiner Erklärung zum Ausdruck kommt (§§ 133, 157, 242 BGB; §§ 119 ff. BGB):[728] Ohne bewusste Erklärungshandlung liegt gar keine Willenserklärung vor.[729] Weicht der innere vom bekundeten Wille ab, ist der bekundete nach hM nur anfechtbar, also gültig.[730] Nicht der innere, sondern der bekundete Wille ist Gegenstand der Auslegungsregel von § 133 BGB.[731] Die Erklärung ist Essenz der Willenserklärung.

Auch der Beschluss umfasst mehr als die einzelnen Willen der Abstimmenden. Diese müssen erst in den Willen der Gesellschaft umgewandelt werden und als solcher wiederum im verkündeten Beschluss seinen Ausdruck finden. Gleich der Willenserklärung kann auch dem Willen der Gesellschaft erst ab der Verkündung Wirksamkeit zugesprochen werden. Er ist vorher als flüchtiges Internum nicht existent.[732]

Ist aber die Kundgabe des intern gebildeten Willens schon nach allgemeiner Rechtsgeschäftslehre der entscheidende Akt der Willenserklärung als das Elementare eines jeden Rechtsgeschäfts, stellt sich nur noch die Frage, ob der hM darin zu folgen ist, dass diese Kundgabe im Rahmen des Gesellschafterbeschlusses bereits die jeweilige Abbildung des inneren Willens des einzelnen Gesellschafters durch sein „Zeichen" sein kann, aus dem sein Abstimmungswille erkennbar wird (Hand heben, schriftliche Stimmabgabe etc.).[733]

Dafür spricht auf erste Sicht, dass die Stimmabgaben der entscheidende und für die Beschlussfeststellung jedenfalls grundlegende Akt der Prozedur eines Gesellschafterbeschlusses sind. Mit den Stimmabgaben ist das Beschlussergebnis jedenfalls maßgebend auf den Weg gebracht. Doch es bleibt die Frage, ob der Beschluss mit der letzten Stimmabgabe bereits in der Welt ist.

---

728 Vgl. Art. 279 ADHGB; ROHG 7, 287 f.; RG JW 1915, 19; *Armbrüster*, in: MüKo BGB, [8]2018, Vor §§ 116 Rn. 6; *Ellenberger*, in: Palandt, [78]2019, § 133 Rn. 11; *Vogenauer*, HKK BGB, 2003, §§ 133, 175 Rn. 32.

729 Statt aller *Armbrüster*, in: MüKo BGB, [8]2018, Vor § 116 Rn. 22.

730 *Ders.*, in: MüKo BGB, [8]2018, Vor § 116 Rn. 27.

731 *Busche*, in: MüKo BGB, [8]2018, § 133 Rn. 9.

732 Vgl. dazu *Altmeppen*, GmbHR 2018, 225, 228. Zum Entschluss des Einmann-Gesellschafters vgl. *Lutter*, DB 1980, 1317, 1322.

733 *Schmidt*, Gesellschaftsrecht, [4]2002, S. 435.

Das ist zu verneinen, da der Beschluss als Ergebnis des Willensbildungsprozesses eine eigene rechtliche Qualität besitzt und vom reinen Abstimmungsprozess strikt zu trennen ist.[734] Es ist anerkannt, dass die gebündelten Stimmabgaben der Gesellschafter nicht mehr bloß eine Mehrheit von Einzelwillenserklärungen darstellen, sondern unabhängig von der Einzelstimme als einheitlicher Gesamtwille der Gesellschaft, eine eigene Rechtsqualität besitzen. Die Stimmabgaben der Gesellschafter sind nur Verfahrenshandlung im Abstimmungsvorgang der Beschlussfassung. Der einzelne Wille der Beteiligten geht in dem „einheitlichen, nach außen hin zum Ausdruck kommenden Gesamtwillen" der Gesellschaft unter bzw. wird absorbiert.[735] Die Abstimmung ist nur die Bildung des inneren Willens, gleich den Gedankengängen einer natürlichen Person. Nicht die Gedanken stellen eine Willenserklärung der Person dar, sondern erst ihre Erklärung nach außen. So fasst auch der Beschluss erst die abgegebenen Stimmen zu einem eigenständigen rechtlichen Ganzen zusammen, dessen Bedeutung von der bloßen Summe der Stimmen losgelöst ist.[736] Die Abstimmung stellt daher nur einen Teil des Beschlussverfahrens dar und ist Grundlage des Beschlusses. Erst die Kundgabe bringt als letzten Tatbestand die Perfektion der Abstimmung, den Beschluss, hervor.[737]

Auch nach der hM ist das Beschlussergebnis, iS einer Bejahung oder Verneinung des zur Abstimmung gestellten Antrags, erst eine rechtliche Folgerung des Abstimmungsergebnisses, eine Art „Transposition".[738] Nach der hM soll diese Transposition sich jedoch ipso iure vollziehen. Sie missachtet dabei jedoch die allgemeine Rechtsgeschäftslehre. Auch die Kundgabe einer natürlichen Person

---

734 Vgl. dazu auch *Busche*, FS Säcker, 2011, S. 45 ff.; *Zöllner/Noack*, in: Baumbach/Hueck (Hrsg.), GmbHG, 212017, § 47 Rn. 7; *Zöllner*, FS Lutter, 2000, S. 821, 826; *Koppensteiner*, JBl 2017, 273, 275 Fn. 11, 276.

735 *Ruth*, ZHR 88 (1926), 454, 524; *Scholz*, GmbHR 1952, 161, 163.

736 Vgl. *Oertmann*, in: Bürgerliches Gesetzbuch, 31927, § 32 Anm. 3; *Küster*, Inhalt und Grenzen, 1954, S. 71; *Busche*, FS Säcker, 2011, S. 45, 46; *Winnefeld*, DB 1972, 1053, 1056; *Koppensteiner*, JBl 2017, 273, 275 Fn. 11, 276; *Altmeppen*, GmbHR 2018, 225, 228.

737 Vgl. *Würdinger*, in: Aktien- und Konzernrecht, 21966, S. 144 f.; *Ritter*, in: Ritter/Ritter (Hrsg.), AktG, 21939, § 103 Anm. 3c; *Ernst*, Liber Amicorum Leenen, 2012, S. 1, 9, 15 ff.; *Altmeppen*, GmbHR 2018, 225, 228; *Altmeppen*, NJW 2016, 2833, 2837.

738 *Zöllner*, FS Lutter, 2000, S. 821, 826; *Koppensteiner*, JBl 2017, 273, 275 Fn. 11.

ist, selbst wenn sie konkludent geschieht, eine bewusste Handlung. Für eine Gesellschaft kann nichts anderes gelten.

Der Beschluss kann auch deshalb nicht bereits mit der letzten Stimmabgabe vorliegen bzw. mit der Kundgabe der Willen der einzelnen Gesellschafter, weil – grundlegend anders als bei gewöhnlichen Willenserklärungen – der Urheber des Organaktes Gesellschafterbeschluss im Falle des rechtsfähigen Verbandes ein anderer ist als derjenige, der eine gewöhnliche Willenserklärung abgibt. Es ist nicht der Beschluss eines Gesellschafters, sondern der einer Gesellschafterversammlung und somit der eines Verbands.

Der zentrale Unterschied lässt sich am Parallelfall der nicht-rechtsfähigen Personengesellschaft aufzeigen: Sie ist kein Verband und hat keine Organe, die für den Verband handeln könnten. In der nicht-rechtsfähigen Personengesellschaft kann es insoweit nur Mehrheitsentscheidungen im Sinne der hM geben, welche den Beschluss als mehrseitiges Rechtsgeschäft deutet. Richtiger Ansicht nach sollte man in diesen Fällen gar nicht von Beschlüssen reden, sondern eben nur von Mehrheitsentscheidungen, denen sich überstimmte Personen, die der nicht-rechtsfähigen Personengesellschaft angehören, beugen müssen. Der zentrale Unterschied bei der Willensbildung eines rechtsfähigen Verbandes in seinem Organ Gesellschafterversammlung besteht nach allem darin, dass der Verband seinen Willen nicht nur bilden, sondern auch im Sinne einer Erklärung kundtun muss. Das Handeln von Mitgliedern iFd Stimmabgabe genügt dafür gerade nicht. Ihre jeweiligen Erklärungen sind nur eine wichtige Grundlage der Willensbildung und eben nicht die Erklärung des Organwillens durch den Verband bzw. durch das dafür zuständige Organ.[739]

Nach dem heutigen Verständnis setzt sich die Willenserklärung aus objektiven und subjektiven Tatbestand zusammen. Ebenso lässt sich der Beschluss daher wie folgt untergliedern: Der innere, subjektive Tatbestand ist das Gewollte: Das Gewollte, also der innere Wille der Gesellschaft, ist das Resultat der Subsumtion des Abstimmungsergebnisses unter Gesetz und Satzung. Der äußere, objektive Tatbestand ist das Erklärte: Die Beschlussfeststellung/ -verkündung stellt die Erklärung des Willens der Gesellschaft dar.

Erst der verkündete Wille der Gesellschaft ist somit nach der allgemeinen Rechtsgeschäftslehre der Beschluss.[740]

---

739 Vgl. dazu *Altmeppen*, NJW 2016, 2833, 2837; *Altmeppen*, GmbHR 2018, 225, 228.

740 So bereits *Becher*, Die Protokollierung, 1929, S. 20 ff.

II. Auswertung des Abstimmungsverfahrens und Bewusstwerden des Beschlussergebnisses

Ohne Beschlussfeststellung wäre nicht nur für Dritte, sondern auch für die Gesellschaft und die Gesellschafter selbst das Beschlussergebnis der Gesellschaft nicht zweifelsfrei aus der Abstimmung ermittelbar:[741]

Zum einen kann umstritten sein, welche Mehrheitserfordernisse gelten: Bei gesetzlich angeordnetem erhöhten Mehrheitserfordernisses ist oft fraglich, inwiefern die jeweiligen Vorschriften überhaupt einschlägig sind. Paradigma Satzungsänderung: Ob bereits jede Änderung des Satzungstexts oder nur Änderungen materieller bzw. korporativer oder organisationsrechtlicher Satzungsbestandteile den gesetzlich erhöhten Anforderungen unterliegen, bzw. wie die einzelnen Satzungsbestandteile voneinander abzugrenzen sind, ist hoch umstritten.[742] Bei statutarisch erhöhtem Mehrheitserfordernis kann neben der Einschlägigkeit auch deren Wirksamkeit umstritten sein. Selbst im Kapitalgesellschaftsrecht werden nicht alle zur Nichtigkeit führenden Beschlussmängel bereits durch Eintragung geheilt.[743]

Zum anderen kann zweifelhaft sein, inwieweit der einzelne Gesellschafter stimmberechtigt ist bzw. die abgegebene Stimme gültig ist. Grundsätzlich ist jeder Gesellschafter stimmberechtigt (vgl. § 12 I AktG, § 47 II GmbHG). Das Stimmrecht kann jedoch aufgrund eines Stimmverbots (vgl. § 47 IV GmbHG, § 136 I AktG) ausgeschlossen sein. Ob der das Stimmrecht ausschließende Grund tatsächlich vorliegt, z.B. wichtiger Grund bzgl. außerordentlichen Abberufung Geschäftsführer, ist in der Versammlung oftmals streitig.[744] Darüber hinaus kann das Stimmrecht auf einen Dritten übergegangen sein, z.B. mittels treuhänderischer Übertragung, *wenn* diese Übertragung wirksam ist.[745] Ob auch bei Einräumung eines Nießbrauchs am Geschäftsanteil das Stimmrecht übergeht, ist ebenfalls umstritten.[746] Konflikte entstehen typischerweise auch bei

741 Vgl. dazu auch *Grunewald*, FS Zöllner, 1998, S. 177, S. 187: „nur weiß eben vorläufig keiner, was es (Beschlussergebnis) ist"; *Noack*, GmbHR 2017, 792, 797 f.

742 Vgl. für die GmbH *Altmeppen*, in: Roth/Altmeppen (Hrsg.), GmbHG, ^{9}2019, § 53 Rn. 5; für den Verein *Leuschner*, in: MüKo BGB, ^{8}2018, § 33 Rn. 4 ff.; für die AG *Stein*, in: MüKo AktG, ^{4}2016, § 179 Rn. 5 ff.

743 Vgl. für die AG die Dreijahresfrist in § 242 II AktG.

744 Vgl. dazu 4. Teil E.

745 Vgl. *Rieckers*, in: Spindler/Stilz (Hrsg.), AktG, ^{4}2019, § 143 Rn. 39; *Altmeppen*, in: Roth/Altmeppen (Hrsg.), GmbHG, ^{9}2019, § 47 Rn. 43.

746 Vgl. *Wolff*, in: MHdB, Bd. 3, ^{5}2018, § 38 Rn. 10; *Hüffer/Schürnbrand*, in: Ulmer/Habersack/Löbbe (Hrsg.), GmbHG, ^{2}2014, § 47 Rn. 53.

Stimmvertretung, Höchst- und Mehrstimmrechten sowie bei Einziehung von Geschäftsanteilen mit dem damit verbundenen Ausschluss des Gesellschafters.[747] Bei geheimen Abstimmungen haben die Gesellschafter nicht einmal Kenntnis vom Abstimmungsverhalten ihrer Mitgesellschafter.[748]

Die Beschlussfeststellung überwindet diese Unsicherheitsfaktoren und fixiert daher auch nach ganz hM im Aktien-, Genossenschafts- und GmbH-Recht das Beschlussergebnis. Doch richtet die hM jedenfalls im GmbH-Recht bisher ihre Aufmerksamkeit nur auf das Prozessrecht: Verstößt ein festgestellter Beschluss gegen Satzung oder Gesetz, seien die aktienrechtlichen Vorschriften der prozessualen Geltendmachung von Beschlussmängeln analog anwendbar. Andernfalls sei lediglich die allgemeine Feststellungsklage nach § 256 ZPO statthaft.[749]

Die hM übersieht dabei, dass es auch bereits im Gesellschaftsalltag essentiell ist, dass sich Gesellschafter und Organmitglieder über den Beschlussinhalt bewusst sind bzw. in Kenntnis gesetzt werden. Der Beschluss gibt die „Marschrichtung" der Gesellschaft vor, hat somit auch Steuerungsfunktion. Es reicht nicht, dass bekannt ist, wie viele Gesellschafter für welchen Antrag gestimmt haben. Es muss unzweideutig vorliegen, welches Verhalten die Gesellschaft ihren Gesellschaftern oder Organmitgliedern vorschreibt.[750]

Die Beschlussfeststellung zieht als „Fazit" aus den einzelnen Stimmabgaben den eigentlichen Willen der Gesellschaft und bildet dadurch erst den Beschluss.[751] Hierfür wägt das, für die Beschlussfeststellung zuständige Organ die abgegebenen Stimmen ab und verkündet ausdrücklich oder konkludent das Abwägungsresultat.[752] Eine rechtliche Folgerung ipso iure würde bedeuten, dass es zwar theoretisch ein bzw. „das richtige" Beschlussergebnis gibt, es aber dem Zufall überlassen bleibt, ob Gesellschafter, Organmitglieder und Dritte diesen „richtigen Schluss" für sich ziehen.

Die Absurdität dieser Konsequenz und damit die Bedeutsamkeit der Beschlussfeststellung wird spätestens bei folgendem Beispiel klar: Die Gesellschafter stimmen in Form von Stimmzetteln ab, die sie zwar in eine Urne werfen, jedoch zu keinem Zeitpunkt erfassen oder gar auswerten. Nach der von Tuhr'schen Lehre ist bereits mit Einwurf des letzten Zettels, also ohne jegliche

---

747 So auch *Noack*, GmbHR 2017, 792, 798.

748 *Lehmann*, Gesellschaftsrecht, ^{2}1959, S. 49.

749 Vgl. dazu 2. Teil C. I. 7. b. iii., c. iii.

750 *Wiedemann*, Gesellschaftsrecht, Bd. 1, 1980, S. 176; *Ernst*, Liber Amicorum Leenen, 2012, S. 1, 9.

751 Vgl. *Küster*, Inhalt und Grenzen, 1954, S. 71.

752 Vgl. dazu auch *ders.*, Inhalt und Grenzen, 1954, S. 77.

Auszählung oder Bewertung des Auszählungsergebnisses, der Beschluss wirksam gefasst.[753] Selbst wenn die Urne nach Abschluss des Abstimmungsverfahrens verschüttgeht, und somit das Ergebnis unter keinen Umständen mehr eruierbar ist, ist nach dieser Lehre ein die Gesellschaft bindender Beschluss in der Welt. Um den Beschluss aufzuheben, ist danach die Versammlung sogar gezwungen einen Aufhebungsbeschluss zu fassen – ohne jemals Kenntnis vom Inhalts des Ursprungsbeschlusses zu erhalten.

Dass ein Beschluss den Willen der Gesellschaft darstellt, davon kann nach dem von Tuhr'schen Verständnis keine Rede sein.

Richtigerweise ist das Abstimmungsergebnis auszuwerten und dieses Resultat den Gesellschaftern mitzuteilen. Die Mitteilung erfolgt durch Verkündung.

III. Kundgabe als Mittel der Zurechnung des Beschlusses zum Verband und der Bindung aller Mitglieder der Gesellschaft

Träger des Beschlusses jeder Gesellschafterversammlung rechtsfähiger Verbände des Zivilrechts ist nach richtiger Ansicht der Verband selbst.[754]

Nur mit der Trägerschaft des Verbands ist es zu erklären, dass es zur Aufhebung des Beschlusses nicht auf die Zusammensetzung der Gesellschafterversammlung ankommt. Die Gesellschafterversammlung hebt als willensbildendes Organ der Gesellschaft die Beschlüsse der Gesellschaft auf. Wer wann welche Stimme abgegeben hat, ist hierfür irrelevant.[755]

Nur mit der Trägerschaft des Verbands ist zudem zu erklären, dass der Inhalt des Beschlusses, die „Marschrichtung", für alle Gesellschafter, auch für abwesende und diejenigen, die gegen den Antrag gestimmt haben, sowie für Mitglieder des Vorstands bzw. der Geschäftsführung und des Aufsichtsrats verbindlich ist.[756] Diese Bindungswirkung unterscheidet auch gerade den Beschluss vom Vertrag. Ein Vertrag zu Lasten Dritter, also Unbeteiligter, kann diesen Dritten nicht binden. Eine vertragliche (nachteilige) Bindung Dritter ist nach allgemeiner Meinung mit dem Prinzip der Privatautonomie, nach dem der Einzelne seine privaten Rechtsverhältnisse selbstbestimmt gestaltet, nicht zu vereinbaren.[757] Ein

753 Beispiel von *Ernst*, Liber Amicorum Leenen, 2012, S. 1, 9 f.

754 Vgl. *Schmidt*, Gesellschaftsrecht, [4]2002, S. 435; *Baltzer*, Der Beschluß, 1965, S. 125 ff.; *Altmeppen*, NJW 2016, 2833, 2837.

755 *Ernst*, Liber Amicorum Leenen, 2012, S. 1, 8.

756 *Wiedemann*, Gesellschaftsrecht, Bd. 1, 1980, S. 176; *Ernst*, Liber Amicorum Leenen, 2012, S. 1, 25 ff.

757 *Gottwald*, in: MüKo BGB, [8]2019, § 328 Rn. 261.

Beschluss hingegen bindet zustimmende, ablehnende und abwesende stimmberechtige sowie nicht stimmberechtigte Gesellschafter und alle Verbandsorgane.

Damit der Verband Träger des Beschlusses sein kann, muss ihm der Beschluss zugerechnet werden können. Zur Zurechnung der gebündelten Willen der einzelnen Gesellschafter, also der internen Willensbildung, zum Verband bedarf es einer Zurechnungshandlung. Auch hier stellt sich wieder die Frage, ob bereits in der Stimmabgabe der Gesellschafter diese Zurechnungshandlung liegen kann.

Gerade die Parallele zur allgemeinen Rechtsgeschäftslehre (§§ 104 ff. BGB) bestimmt auch hier den Lösungsweg: Mit der Stimmabgabe gibt der Abstimmende nur seinen eigenen Willen kund. Dieser verkündete Wille kann daher nur dem Abstimmenden zugerechnet werden. Der Beschluss im rechtsfähigen Verband ist aber diesem und nicht seinen Mitgliedern zuzurechnen. In der Stimmabgabe kann somit noch nicht die Zurechnungshandlung liegen. Der Verband als Zurechnungssubjekt des Gesellschafterbeschlusses erklärt sich betreffs seiner internen Willensbildung gerade durch das Agieren des dafür zuständigen Organs Gesellschafterversammlung und nicht der Personen, die bei der internen Willensbildung lediglich mitwirken. Daher muss der Verband selbst seinen Willen kundtun, damit dieser ihm zugerechnet werden kann.

Der Verband verkündet die interne Willensbildung dann aber auch nicht durch irgendwelche Personen, sondern er selbst muss dies durch seine Organe tun. Das dafür zuständige Organ handelt dabei für den rechtsfähigen Verband so, wie die Sprechorgane Lippen und Stimmbänder den Willen eines Individuums aussprechen. Träger der Willenserklärung ist im letztgenannten Beispiel auch nach allgemeiner Meinung eben nicht ein Sprechorgan, sondern die Person. Träger des Beschlusses ist bei Verkündung des Beschlussergebnisses durch das Organ Gesellschafterversammlung nicht das Organ, sondern der Verband.

Die Kundgabe des Beschlussergebnisses durch das Organ Gesellschafterversammlung ist mit dem Begriff der Beschlussfeststellung treffend gekennzeichnet.[758]

IV. Ergebnis

Die Beschlussfeststellung ist somit zum einen als Bewertung des Abstimmungsverhältnisses und des durch Gesetz und Satzung vorgegebenen rechtlichen Rahmens zu verstehen, zum anderen als verbindliche Fixierung des Beschlussergebnisses iFv Annahme/ Ablehnung für die Gesellschafter und

---

758 Vgl. dazu auch *Tröger*, in: Kölner Kommentar AktG, ³2019, § 133 Rn. 179; *Ernst*, Liber Amicorum Leenen, 2012, S. 1, S. 1, 7 ff., 41; *Altmeppen*, NJW 2016, 2833, 2837.

Gesellschaftsorgane. Zum Dritten als Transpositions- und Zurechnungshandlung des Beschlusses zur Gesellschaft: Die „individuellen Willensbekundungen der Stimmberechtigten" müssen zur „kollektiven Willensbekundung des Organs" und damit zum Willen des Verbandes umgewertet werden.[759]

Bei der gewöhnlichen Willenserklärung kommt derlei nicht in Betracht, weil der Erklärende durch Abgabe seiner Willenserklärung bereits „festgestellt" hat, was er erklären wollte und mit Geltungswirkung erklärt hat. Die Zurechnung ist unproblematisch bei der Person vorzunehmen, welche die Erklärung abgegeben hat. Beim rechtsfähigen Verband ist eine Transformation erforderlich, nämlich die interne Willensbildung durch Stimmabgabe seiner Mitglieder, welcher die rechtliche Bewertung und anschließende Kundgabe durch das dafür zuständige Verbandsorgan zu Folgen hat, um damit den Rechtsakt des Verbandes in Geltung zu setzen.

Wiederum entsprechend der gewöhnlichen Willenserklärung ist die Beschlussfeststellung zudem der Akt der konstitutiven Kundgabe des Verbandswillens, damit dieser nach der allgemeinen Rechtsgeschäftslehre Gültigkeit erlangt.

Zur Wirksamkeit des Beschlusses einer Gesellschafterversammlung ist daher, neben der Abhaltung der Abstimmung in dem Organ Gesellschafterversammlung, die Kundgabe des Beschlusses iFd Beschlussfeststellung durch den Verband selbst zwingend erforderlich.

C. Beschlussfeststellungskompetenz

I. Herrschende Meinung

In der AG kann ein Gesellschafterbeschluss nur durch förmliche Feststellung zustande kommen, für die grundsätzlich der Versammlungsleiter zuständig ist (§§ 130 Abs. 2, 241 Nr. 2 AktG).[760]

Auch im Recht der GmbH wurde von der bisher ganz hM angenommen, dass die förmliche Beschlussfeststellung grundsätzlich in die Kompetenz eines Versammlungsleiters falle. Spätestens seit dem BGH-Urteil II ZR 187/06[761] könne aber auch das Organ Gesellschafterversammlung zumindest bei Einstimmigkeit

759 Vgl. dazu auch *Busche*, FS Säcker, 2011, S. 45, 52; *Zöllner*, FS Lutter, 2000, S. 821, 826; *Koppensteiner*, JBl 2017, 273, 275 Fn. 11, 276.

760 Eingehend dazu *Sauerwald*, Der Versammlungsleiter im Aktienrecht, 2018. Zur Beschlussfeststellung des Einzelaktionärs s. Fn. 147.

761 BGH ZIP 2008, 757 Tz. 24; zustimmend BGH ZIP 2016, 817 Tz. 33.

Beschlüsse förmlich feststellen.[762] Es soll offenbar sogar genügen, dass die Gesellschafter am Ende der Versammlung übereinstimmend von einem bestimmten Beschlussergebnis ausgehen, ohne dass sie dieses Beschlussergebnis kundtun müssen.[763]

Welche Bedeutung das Beiwort „förmlich" nach der hM haben soll, wird mit Absenkung der Anforderungen an die Beschlussfeststellung immer unklarer. Die hM widmet der Frage wenig Aufmerksamkeit, weil ihrer Ansicht nach eine Beschlussfeststellung – grundlegend anders als in der AG – überhaupt nicht erforderlich ist, um einen wirksamen Gesellschafterbeschluss hervorzubringen.

Im Verein und in der Personengesellschaft wird die Beschlussfeststellungskompetenz so gut wie gar nicht problematisiert. In Gesellschaften, in denen die befristete Anfechtungsklage nicht statthaft ist, bestehe weder für die Gesellschaft noch für die Gesellschafter das Bedürfnis, sofort über den Beschlussinhalt in Kenntnis gesetzt zu werden. Die Möglichkeit, diesen durch die allgemeine Feststellungsklage gerichtlich feststellen zu lassen, sei ausreichend. Daher soll in diesen Gesellschaften auch das Amt des beschlussfeststellungskompetenten Versammlungsleiters überflüssig sein.[764]

II. Dogmatische Lösung

Nach der Erkenntnis, dass die Beschlussfeststellung Essential des Beschlusses ist, gilt es nun zu klären, wer für diese Beschlussfeststellung zuständig ist:

Der Beschluss ist der erklärte Wille der Gesellschaft. Die Gesellschaft ist Urheber des Beschlusses. Die Antwort auf die Frage der Zuständigkeit für die Beschlussfeststellung liegt daher auf der Hand: Der Verband selbst, der durch seine Organe handelt, ist beschlussfeststellungskompetent.[765]

Die Willensbildung der Gesellschaft ist Aufgabe des Organs Gesellschafterversammlung. Daher handelt die Gesellschaft auch im Fall der Beschlussfeststellung durch ihr Organ Gesellschafterversammlung.[766] Gleich einer Willenserklärung kann die Verkündung eines Beschlusses ausdrücklich, aber auch konkludent erfolgen. Die konkreten Anforderungen an die Beschlussfeststellung hängen von den gesetzlichen und statutarischen Vorschriften der jeweiligen Gesellschaft ab, insbes. auch davon welches Mehrheitserfordernis vorgeschrieben ist.

---

762 S. Fn. 275.

763 S. Fn. 201.

764 S. Fn. 454, 555.

765 So bereits *Becher*, Die Protokollierung, 1929, S. 20 f.

766 So auch *Altmeppen*, GmbHR 2018, 225, 229.

In der AG bzw. Genossenschaft ist die Beschlussfeststellungskompetenz des Vorsitzenden in § 130 I, II 1 AktG bzw. § 47 I 2GenG gesetzlich geregelt. In anderen Gesellschaften fehlt es hingegen an einer ausdrücklichen gesetzlichen Zuweisung zu einem Versammlungsleiter. Ein Versammlungsleiter ist in diesen Gesellschaften gesetzlich gar nicht vorgesehen und es bedarf seiner auch nicht. Daher bleibt es in der GmbH, im Verein und in den rechtsfähigen Personengesellschaften grundsätzlich bei der Zuständigkeit des Organs Gesellschafterversammlung.[767]

Zum einen kann die Gesellschafterversammlung den Beschluss (mit der jeweils erforderlichen Mehrheit) ausdrücklich verkünden. Dazu kann sie entweder als Einheit auftreten, indem z.B. jedes Mitglied am Ende der Versammlung ein Dokument unterschreibt, das die jeweiligen Anträge mit den jeweils erreichten Beschlussergebnissen auflistet. Sie kann sich aber auch einer Person als Sprachrohr bedienen, die mündlich verkündet, welche Beschlüsse mit welchen Inhalten in der Versammlung beschlossen wurden. Diese Person kann Mitglied der Versammlung oder auch Dritter sein und man kann ihn auch als (einfachen) Versammlungsleiter bezeichnen. Ohne eine förmliche Übertragung der Beschlussfeststellungskompetenz hat diese Person jedoch eben keine eigene Kompetenz. Sie kann daher nicht verkünden, was nach ihrem Gutdünken Beschlussinhalt ist. Als Sprachrohr kann sie nur die Meinung des Organs Gesellschafterversammlung kundtun. Daher müsste der Versammlungsleiter eigentlich das Organ vor der Verkündung nach seiner Ansicht befragen. In der Praxis wird dies andersherum gehandhabt: Schweigt die Gesellschafterversammlung, so gilt ihr Einverständnis zur Beschlussverkündung des Versammlungsleiters als erteilt. Sie kann stattdessen aber auch sämtliche seiner Entscheidungen jederzeit korrigieren und revidieren bzw. die Beschlussfeststellung gänzlich wieder selbst übernehmen.

Zum anderen kann die Versammlung das Beschlussergebnis konkludent verkünden.[768] Wenn beispielsweise die Versammlung über eine Weisung an den Geschäftsführer beschließt und diesen anschließend gem. dem Beschlussinhalt anweist, so liegt jedenfalls in dieser Anweisung eine konkludente Beschlussfeststellung. Eine konkludente Feststellung kann auch bereits darin bestehen, dass die erforderliche Mehrheit der Mitglieder (in der GmbH gem. § 47 I GmbHG

767 So auch *ders.*, GmbHR 2018, 225, 229.

768 AA *Ernst*, Liber Amicorum Leenen, 2012, S. 1, 14: zwingend ausdrückliche Feststellung.

grundsätzlich die einfache Mehrheit) sich über den Ausgang der Beschlussfassung einig ist.[769]

So wie auch jede andere delegierbare Kompetenz, kann die Gesellschafterversammlung durch eine eindeutige Satzungsregelung[770] die Beschlussfeststellungskompetenz an einen Dritten, man mag ihn (qualifizierten) Versammlungsleiter nennen, übertragen. Dieser Dritte hat dann eben auch die Beschlussfeststellungskompetenz als eigene inne und kann das Beschlussergebnis eigenständig anhand des Abstimmungsverhältnisses und anhand Gesetz sowie Statut beurteilen und verkünden.[771] Bei entsprechender Satzungsklausel steht dem Versammlungsleiter auch das Recht zu, selbst gegen das einstimmige Votum der Gesellschafterversammlung dasjenige Beschlussergebnis festzustellen, welches nach seiner Beurteilung das Richtige ist.[772]

Weicht die Verkündung der Gesellschafterversammlung oder des Versammlungsleiters von demjenigen Ergebnis ab, das durch Subsumtion des Abstimmungsergebnisses unter Gesetz und Satzung erreicht werden würde, so stellt dies einen Anfechtungsgrund (Verfahrensmangel) dar.[773]

D. Beschlussmängelklage

I. Kritik an und Widerlegung der herrschenden Meinung

Die ganz hM spricht sich zu Unrecht gegen eine analoge Anwendung der §§ 241 ff. AktG auf die Beschlüsse des rechtsfähigen Vereins sowie der rechtsfähigen Personengesellschaften OHG, KG und GbR aus. Sie geht irrtümlich davon aus, dass weder eine planwidrige Regelungslücke noch eine vergleichbare Interessenslage vorliegt und verkennt dabei den historischen Gesetzgeber bzw. die historische Rechtsprechung sowie die Dogmatik des Gesellschafterbeschlusses.

---

769 Vgl. dazu auch *ders.*, Liber Amicorum Leenen, 2012, S. 1, 14: Feststellung ist Ordnungsentscheidung.

770 Zu Delegation durch Satzungsänderung in der GmbH s. *Ganzer*, in: Rowedder/Schmidt-Leithoff (Hrsg.), GmbHG, [6]2017, § 45 Rn. 9; im Verein s. *Leuschner*, in: MüKo BGB, [8]2018, § 32 § 32 Rn. 7.

771 Zum Verein *Leuschner*, in: MüKo BGB, [8]2018, § 32 Rn. 49; zum GmbHG *Altmeppen*, in: Roth/Altmeppen (Hrsg.), GmbHG, [9]2019, § 49 Rn. 23.

772 So auch *Altmeppen*, in: Roth/Altmeppen (Hrsg.), GmbHG, [9]2019, § 47 Rn. 20; *Altmeppen*, GmbHR 2018, 225, 229; *Altmeppen*, NJW 2016, 2833, 2837.

773 Näher 4. Teil D. II. 6. a.

1. Planwidrige Regelungslücke

a. Regelungslücke

Zutreffend ist, dass weder im GmbHG noch im BGB oder HGB Beschlussmängel bzw. Beschlussmängelklagen besonders geregelt sind.

b. Planwidrigkeit bis 1937

i. Aktien-/ Genossenschaftsrecht

Doch auch im Aktien- sowie im Genossenschaftsrecht fand sich ursprünglich keine entsprechende Regelung. Allerdings hat der historische Gesetzgeber des AktG sowie des GenG weder die Anfechtungs- noch die Nichtigkeitsklage *eingeführt.* Gesetzgebung und Judikatur gingen seit jeher von einem Anfechtungsrecht des Aktionärs bzw. Genossen gegen gesetzes- oder satzungswidrige Beschlüsse nach den *allgemeinen Grundsätzen* aus. Und zwar unabhängig von der Gesellschaftsform, solange diese rechtsfähig ist.[774]

Dieses Recht wurde als spezifisches Klagerecht der Gesellschafter gegen ihre Gesellschaft verstanden, also gerade nicht als Jedermanns-Klagerecht. Die verbandsrechtliche Beschlussmängelklage nach den allgemeinen Grundsätzen kann daher nicht die allgemeine Feststellungsklage nach § 256 ZPO sein.[775]

Obwohl der historische Gesetzgeber die Anfechtungsklage ausdrücklich bereits als bestehend anerkannte, fand sie im ADHGB 1884 und GenG 1889 Einzug in das geschriebene Recht. Die Kodifizierung sollte zu mehr Rechtssicherheit und -frieden führen, indem die Klagemöglichkeit durch Einführung der einmonatigen Anfechtungsfrist begrenzt und prozessuale Belange, insbes. Passivlegitimation, Zuständigkeit des Gerichts sowie die Rechtskrafterstreckung eines stattgebenden Urteils auf alle Gesellschafter, eindeutig festgelegt wurden.

---

774 S. Allgemeine Begründung zur ADHGB-Novelle 1884, abgedruckt in *Schubert/ Hommelhoff* (Hrsg.), Hundert Jahre modernes Aktienrecht, 1985, S. 467: „Eine Befugnis des einzelnen Aktionärs, gesetz- oder statutenwidrige Beschlüsse der Generalversammlung als ungültig anzufechten, muß schon jetzt als bestehendes Recht angesehen werden."; RGZ 85, 311, 313: „Es ist aber den Mitgliedern rechtsfähiger Personenvereine und Gesellschaftern die Anfechtungsklage gegen gesetz- oder statutenwidrige Beschlüsse der Vereinsorgane in der Rechtsprechung stets zugestanden worden."; *Mugdan* (Hrsg.), Die gesammelten Materialien zum Bürgerlichen Gesetzbuch für das Deutsche Reich, Bd. 1, 1899, S. 627 so auch für den Verein.

775 Vgl. *Schmidt*, FS Stimpel, 1985, S. 217, 235 f.

Dass im Aktien- bzw. Genossenschaftsrecht, im Gegensatz zum BGB, HGB und GmbHG, Vorschriften zu Beschlussmängel und Beschlussmängelklagen existieren, ist daher kein valides argumentum e contrario gegen das System der Unterscheidung der Beschlussmängel in Anfechtungs- und Nichtigkeitsgründe bzw. der Aufteilung der Beschlussmängelklagen in Anfechtungs- und Nichtigkeitsklage. Der historische Gesetzgeber sowie die historische Rechtsprechung gingen von jeher davon aus, dass dieses System bereits de lege lata in allen rechtsfähigen Personenvereinigungen gilt.

ii. GmbH-Recht

Daher erkannte auch der historische Gesetzgeber des GmbHG von 1892 das Recht der Gesellschafter, die Nichtigkeit mangelhafter Gesellschafterbeschlüsse gerichtlich zu erwirken bzw. feststellen zu lassen, als bereits gegeben an. Er stütze sich dabei ausdrücklich nicht auf die analoge Anwendung der aktien- bzw. genossenschaftsrechtlichen Vorschriften, sondern auf die „*allgemeinen Grundsätze*“.[776] Auf jene allgemeine Grundsätze, auf die sich auch bereits das ROHG und der historische Gesetzgeber des AktG sowie des GenG beriefen. Der historische Gesetzgeber des GmbHG griff dabei die sich bereits etablierten Prinzipien des AktG bzw. GenG zu Gerichtszuständigkeit, Aktiv- wie Passivlegitimation sowie zur Urteilswirkung auf.[777] Nur von einer zeitlichen Beschränkung des Anfechtungsrecht nach aktien- bzw. genossenschaftsrechtlichen Vorbild sah er mangels Bedürfnis ab. Aufgrund der typischerweise persönlichen Bande zwischen den Gesellschaftern ging er davon aus, dass diese etwaige Beschlussmängelstreitigkeiten grundsätzlich intern austragen und nur im Notfall das Gericht zur Streitschlichtung in zeitlich engem Rahmen anrufen werden. Außerdem wollte er die GmbH als Gegenstück zur AG möglichst formlos gestalten. Darüber hinaus schätzte er die wirtschaftliche Bedeutung der GmbH als gering ein.

Auch Judikatur und Literatur folgten bis zur Aktienrechtsreform 1937 dieser Argumentation und stützten das gesellschaftliche Beschlussmängelklagerecht auf die allgemeinen Grundsätze.[778]

---

776 Entwurf eines Gesetzes betreffend die Gesellschaften mit beschränkter Haftung, 1891, S. 96 (zu § 46).

777 Vgl. auch *Meyer-Landrut*, in: Meyer-Landrut/Miller/Niehus (Hrsg.), GmbHG, 1987, § 47 Rn. 63: Aktienrechtliche Regelung der prozessualen Geltendmachung ist lediglich die Kodifizierung der „allgemeinen Grundsätze“.

778 Vgl. s.o. 2. Teil C. 7. b. i., c. i.

iii. Vereinsrecht

Gem. den Protokollen zum BGB sah es auch der historische Gesetzgeber des Vereinsrechts bereits als gegeben an, dass jedem Vereinsmitglied nach den *allgemeinen Grundsätzen* das Recht zusteht, Verbandsbeschlüsse wegen Gesetzes-/Satzungsverstoß gerichtlich für ungültig erklären zu lassen. Ebenso wie für die GmbH hat der Gesetzgeber von einer Beschränkung dieses Klagerechts nach dem Vorbild des Aktienrechts abgesehen: Wenn schon den Gesellschaftern der GmbH das Beschlussmängelklagerecht unbeschränkt zusteht, müsse dies ebenso für die Mitglieder der vermögensrechtlich weniger bedeutsamen Vereine gelten.[779]

Die Rechtsprechung hat Beschlussmängelklagen von Vereinsmitgliedern anfangs als Anfechtungsklagen betitelt, die, gleich der Rechtslage in der AG, allen Mitgliedern rechtsfähiger Verbänden zustehe.[780]

iv. Personengesellschaften

Der Gesetzgeber der Personengesellschaften hat sich weder in den Motiven des BGB noch in der Entwurfsbegründung des HGB 1897 der Beschlussmängel bzw. Beschlussmängelklagen im Personengesellschaftsrecht gewidmet.

Nur das RG[781] und einige wenige Autoren[782] gingen anfangs von der Beschlussmängelklage als gesellschaftsrechtliche Institution nach allgemeinen Grundsätzen aus.

v. Zwischenergebnis

Anfangs waren die vorhandenen Regelungslücken im GmbHG und im Verein zu Beschlussmängeln und deren prozessualen Geltendmachung wohl noch nicht planwidrig. Der Gesetzgeber führte sie sehenden Auges nicht ein, da er die Regelung durch die „*allgemeinen Grundsätze*“ für ausreichend hielt.

Für die Personengesellschaften sprach der Gesetzgeber weder für die GbR noch für die OHG und KG das Beschlussmängelrecht an, sodass man für diese Gesellschaften davon ausgehen kann, dass sie jedenfalls keinem eigenen, personengesellschafts-spezifischem Beschlussmängelrecht unterliegen sollen.

---

779 *Mugdan* (Hrsg.), Die gesammelten Materialien zum Bürgerlichen Gesetzbuch für das Deutsche Reich, Bd. 1, 1899, S. 627.

780 RGZ 85, 311, 313.

781 RGZ 85, 311, 313.

782 Vgl. *Gierke*, Handelsrecht, [8]1958, S. 317.

c. *Planwidrigkeit ab 1937*

i. Aktienrechtsreform 1937

Die Einführung des abschließenden Nichtigkeitskatalogs im AktG bezweckte eine scharfe Abgrenzung zwischen Nichtigkeits- und Anfechtungsgründen und verringerte somit der Rechtssicherheit willen die Anwendungsfälle der nicht fristgebundenen Nichtigkeitsklage. Diese ist seitdem nur noch in wenigen Ausnahmefällen statthaft.

ii. Entwicklung der GmbHs

Seit Mitte des letzten Jahrhunderts haben GmbHs nicht nur hinsichtlich ihrer Anzahl, sondern auch hinsichtlich ihrer wirtschaftlichen Bedeutung stark zugenommen. Nichtsdestotrotz weisen die meisten Satzungen keine Regelung zu Beschlussmängel und deren prozessualer Geltendmachung auf.[783]

Ohne den mindesten Rückhalt im positiven Recht haben Rechtsprechung und Literatur im Laufe des 20. Jahrhunderts, insbes. seit Einführung des Nichtigkeitskatalogs im AktG, das aktienrechtliche System der Beschlussmängel und Beschlussmängelklagen Stück für Stück in das GmbH-Recht eingeführt. So entstand eine „institutionelle Angleichung des Innenrechts der Kapitalgesellschaften".[784]

iii. Entwicklung der rechtsfähigen Vereine

Mit der analogen Anwendung der §§ 241 ff. AktG im GmbH-Recht hat sich das Erst-Recht-Argument des historischen Gesetzgebers nunmehr erledigt.[785]

Angesichts der Vereinsriesen wie FC Bayern e.V.[786] gesteht inzwischen sogar auch der BGH ein, dass sich die finanziellen Verhältnisse vieler Vereine „zweifellos wesentlich verändert" haben.[787] Zwar sei für diese Vereine das aktienrechtliche Beschlussmängelsystem passender, jedoch können „kleinere" Vereine von „größeren" mangels klarer Abgrenzungskriterien nicht scharf getrennt werden. Daher bleibe es für alle Vereine einheitlich beim personengesellschaftlichen Beschlussmängelsystem.

---

783 Vgl. *Schilling*, JZ 1953, 405, 406.

784 *Schmidt*, ZGR 2008, 1, 25.

785 So auch KG OLGZ 1971, 480, 484; *Schmidt*, AG 1977, 243, 249.

786 Vgl. https://de.statista.com/statistik/daten/studie/422168/umfrage/umsatz-deutscher-sportvereine/; zuletzt aufgerufen am 18.02.2019.

787 BGHZ 59, 369 = NJW 1973, 235; so auch KG OLGZ 1971, 480, 484; *Schmidt*, AG 1977, 243, 249.

Dass die rudimentäre Regelung im BGB und HGB zu Beschlussmängeln und Beschlussmängelklagen aufgrund ihrer Schrankenlosigkeit zu untragbaren Belastungen in der Willensbildung in den Vereinen führt, zeigen nicht zuletzt die zahlreichen Modifikationen der Judikatur und Literatur: Zum einen versuchen sie die strikte Nichtigkeitsfolge abzufedern, indem sie das für die aktienrechtliche *Anfechtungsklage* entwickelte Kausalitäts- bzw. Relevanzkriterium, die Heilungsmöglichkeit durch Vollversammlung sowie das Widerspruchserfordernis bei Verstößen gegen individualschützende Verfahrensvorschriften anwenden. Zum anderen schränken sie die Klagemöglichkeit ein, indem entsprechend § 245 AktG nur Vereins- und Organmitglieder zur Klageeinreichung berechtigt sein sollen. Zudem soll das Klagerecht gegen Beschlüsse, die gegen individualschützende Verfahrensvorschriften verstoßen, verwirkt sein, wenn der Betroffene nicht rechtzeitig Widerspruch einlegt. Um die gleiche Wirkung von Beschlüssen auf alle Vereinsmitglieder zu gewährleisten, befürwortet die hM zudem (dogmatisch völlig verfehlt) eine Rechtskrafterweiterung des Feststellungsurteils auf alle Mitglieder.

Zwar ist dem BGH[788] zuzustimmen, dass es mangels klarer Abgrenzungskriterien nicht möglich ist, „kleinere" von „größeren" Vereinen scharf zu trennen. In seiner Schlussfolgerung, dass für alle Vereine ein System der Flickenteppich-Judikatur[789] zu gelten hat, anstatt einem institutionellen Beschlussmängelrecht, das insbes. auf wirtschaftlich bedeutsame bzw. größere Gesellschaften zugeschnitten ist, kann ihm dennoch nicht gefolgt werden. Es kann keine Rede mehr davon sein, dass es weniger „kompliziert" ist, davon abzusehen ein eigenes vereinsrechtliches Beschlussmängelrecht einzuführen oder das aktienrechtliche Beschlussmängelrecht analog anzuwenden.[790] Auch zahlreiche Formularbücher empfehlen daher die Übernahme des aktienrechtlichen Systems.[791]

iv. Entwicklung der Personengesellschaften

Auch in den Personengesellschaften haben sich, wohl entgegengesetzt zu den gesetzgeberischen Erwartungen, die tatsächlichen Verhältnisse geändert und die wirtschaftliche Bedeutung einer Vielzahl dieser Gesellschaften zugenommen. In

---

788 BGHZ 59, 369 = NJW 1973, 235.

789 „Provisorien", so *Schmidt*, FS Stimpel, 1985, S. 217, 231.

790 Vgl. dazu auch OLG Köln OLGZ 1983, 269, 271; *Koch*, Gutachten F, 72. DJT, 2018, S. 73.

791 *Rieger/Götze*, in: Heidenhain/Meister (Hrsg.), Münchener Vertragshandbuch, Bd. 1, [6]2005, III. 3, § 8 VIII; vgl. auch *Noack*, Fehlerhafte Beschlüsse in Gesellschaften und Vereinen, 1989, S. 155.

den KGs sind oftmals nicht mehr nur einige wenige natürliche Personen, sondern ganze GmbHs, AGs oder haftungsbeschränkte ausländische Gesellschaften Komplementär, z.B. Würth GmbH & Co. KG. Auch in Form der OHG treten diese Unternehmensriesen auf, z.B. Aldi Einkauf GmbH & Co. OHG. Diese Gesellschaften sind von ihrer Struktur her Kapitalgesellschaften.[792] Auch ohne Haftungsbeschränkung auf Komplementärseite werden in der Praxis viele Personengesellschaften den Kapitalgesellschaften angeglichen, z.B. durch Einführung des Mehrheitsprinzips sowie durch erleichterte Abtretbarkeit der Gesellschaftsanteile.[793]

Nichtsdestotrotz bleibt es dabei, dass es dem Typus „kapitalistisch strukturierte Personengesellschaft" ebenso wie dem „großen Verein" zur klaren Abgrenzung an verallgemeinerungsfähigen Begriffsmerkmalen fehlt.[794] Der Rechtssicherheit willen kann es deshalb für alle Personengesellschaften nur ein einheitliches Beschlussrecht, Beschlussmängelrecht und System der prozessualen Geltendmachung geben. Dieses hat sich aber nach dem Bedürfnis der Masse bzw. der wirtschaftlich bedeutenden, also den „großen", kapitalistisch strukturierten Gesellschaften auszurichten. Auch die gängigen Vertragshandbücher empfehlen daher die befristete Anfechtungsklage nach aktienrechtlichem Vorbild in die Satzung aufzunehmen.[795]

d. Zwischenergebnis

In allen drei Gesellschaftsformen, GmbH, Verein und Personengesellschaft, existieren zwar unbestritten nach wie vor Verbände mit wenigen Mitgliedern und geringem Kapital. In der Gesamtheit haben jedoch Anzahl und Bedeutung der einzelnen Gesellschaften in *allen* Gesellschaftsformen zugenommen.

Die Schlussfolgerung der hM, die Planwidrigkeit der Regelungslücke einerseits für die GmbH zu bejahen und andererseits für Verein und Personengesellschaften zu verneinen, ist nicht stringent und daher nicht haltbar.[796] Ziel der Rechtsfortbildung muss ein stimmiges Gesamtkonzept sein, das auf die Bedürfnisse der einzelnen Gesellschaftsformen eingeht und der Dogmatik des

---

792 Vgl. *Schmidt*, FS Stimpel, 1985, S. 217, 229 mwN.

793 Vgl. *Koester*, Anfechtungs- und Nichtigkeitsklage OHG und KG, 1981, S. 108 ff.

794 *Koester*, Anfechtungs- und Nichtigkeitsklage OHG und KG, 1981, S. 108 Fn. 40; *Schmidt*, FS Stimpel, 1985, S. 217, 230.

795 Vgl. *Heinze*, in: Eckhardt/Hermanns (Hrsg.), Kölner Handbuch Gesellschaftsrecht, [3]2017, Kap. 1 Rn. 142.

796 Vgl. *Jüdel*, Gesellschafterbeschlüsse bei Personengesellschaften, 1933, S. 87.

Gesellschaftsbeschlusses gerecht wird.[797] Mit den §§ 241 ff. AktG liegt bereits ein erprobtes, kodifiziertes System vor.

2. *Vergleichbare Interessenslage*

a. *Wesentliche Gleichheit der Gesellschaften*[798]

i. Organstruktur und Willensbildung

Die wesentliche Organstruktur ist nicht nur in den juristischen Personen AG, GmbH, Genossenschaft und Verein, sondern in allen rechtsfähigen Verbänden des Privatrechts gleich. Zu den Hauptorganen zählen immer das Exekutivorgan Vorstand bzw. Geschäftsführer und das Willensbildungsorgan Gesellschafterversammlung. Letzteres bildet und erklärt jeweils per Organakt Gesellschafterbeschluss den Willen der Gesellschaft.[799]

In all diesen Gesellschaften wird der Wille der Gesellschaft unstreitig aus den einzelnen Willen der Gesellschafter intern ermittelt. In all diesen Gesellschaften teilen diese ihren jeweiligen Willen durch ihre Stimme mit. Unerheblich ist dabei die Form der „Zusammenkunft" der Gesellschafter sowie die Form der Stimmabgaben. Ob durch formalisierte Versammlung unter persönlich Anwesenden oder lediglich durch telefonisches Umlaufverfahren, in jedem System geht es um die Ermittlung der einzelnen Willen der Gesellschafter. Zwar gilt in den Personengesellschaften im Gegensatz zu den Kapitalgesellschaften grundsätzlich das Einstimmigkeitsprinzip. Doch auch die Anzahl der erforderlichen Stimmen führt zu keiner Abweichung hinsichtlich des Zwecks der Abstimmung.

Wie bewiesen, erfolgt auch in all diesen Gesellschaften eine Fixierung der Willensermittlung durch Verkündung des Beschlussergebnisses nach außen. Auch die Form der Beschlussfeststellung, ob durch die Gesellschafterversammlung selbst oder formal durch einen Versammlungsleiter, ist außer in der AG und der Genossenschaft in allen Gesellschaften variabel möglich und wirkt sich nicht wesentlich auf den Kern der Willensbildung aus.

Wie gezeigt, ist in all diesen Gesellschaften die Gesellschaft selbst Träger des Beschlusses und damit Träger des durch die Verkündung des Beschlusses nach außen getretenen Willens.[800]

---

797 Vgl. dazu auch *Schmidt*, FS Stimpel, 1985, S. 217, 217 ff.

798 Vgl. dazu auch *Koch*, Gutachten F, 72. DJT, 2018, S. 107.

799 Vgl. BGHZ 18, 334, 338 = NJW 1955, 1917 zu AG, GmbHG, GenG; *Koch*, Gutachten F, 72. DJT, 2018, S. 72 ff.; *Schmidt*, FS Stimpel, 1985, S. 217, 217 ff.; *Schmidt*, Gesellschaftsrecht, ^{4}2002, S. 697.

800 So auch *Koch*, Gutachten F, 72. DJT, 2018, S. 87.

In diesem Punkt besteht daher in allen rechtsfähigen Verbänden des Privatrechts eine vergleichbare Ausgangslage.

ii. Anzahl der Gesellschafter und kapitalistische Strukturierung

Der hM ist zuzustimmen, dass die typische Personengesellschaft im Gegensatz zur typischen AG aus nur wenigen Gesellschaftern besteht, die sich persönlich kennen. Es ist auch zutreffend, dass sich die Anzahl der Gesellschafter auf die Überschaubarkeit der Stimmabgaben und Stimmgewichte in den Gesellschafterversammlungen auswirkt.

Doch es ist ebenso zutreffend, dass die Grundsätze der §§ 241 ff. AktG auch in der atypischen AG, insbes. in den Wenig- bzw. Einmann-AG, gelten. Die hM macht zu Recht auch für die GmbH die analoge Anwendung der §§ 241 ff. AktG nicht davon abhängig, ob diese einer typischen AG gleicht. In der Praxis tut das die GmbH oftmals nicht. Somit träfe das Argument der hM, dass die Gesellschafter in der typischen Personengesellschaft aufgrund ihrer engen persönlichen Verknüpfung jederzeit in der Lage sind, fehlerhafte Beschlüsse durch neue zu ersetzen und deshalb kein Bedürfnis für lediglich anfechtbare, nach Ablauf der Anfechtungsfrist bestandskräftige Beschlüsse bestehe,[801] ebenso auf viele GmbHs zu. Zudem können auch in der GmbH Beschlüsse gem. § 48 II GmbHG außerhalb der Versammlung gefasst werden. Bei einer Vollversammlung ist gem. § 51 III GmbHG die Einhaltung von Einberufungsvorschriften sogar ganz entbehrlich.

Darüber hinaus ist in auch im Hinblick auf die kapitalistische Strukturierung die Höhe des Mindestkapitals weder in der UG (§ 5a GmbHG: 1 €) noch in der Genossenschaft (kein Mindestkapital) mit der Lage in der AG (§ 7 AktG: 50.000 €) vergleichbar. Zudem erlaubt es die Privatautonomie (§ 45 II GmbHG), die GmbH per Satzung strukturell weitestgehend den Personengesellschaften anzugleichen.

Umgekehrt gibt es viele Personengesellschaften, die strukturell der typischen AG gleichen, ohne dass die hM aufgrund dessen eine analoge Anwendung der §§ 241 ff. AktG annimmt. Dies trifft insbes. auf die kapitalistisch strukturierte Publikumspersonengesellschaft zu. Die personengleiche GmbH & Co. KG weist darüber hinaus oftmals eine nur schwer entwirrbare Einheit von GmbH- und KG-Beschlüssen auf. Auch wenn aufgrund dessen die Kapitalerhaltungsregeln

---

801 *Koester*, Anfechtungs- und Nichtigkeitsklage OHG und KG, 1981, S. 103.

des GmbHGs in dieser Gesellschaftsform zwingend zu beachten seien[802], dürfen nach der hM die §§ 241 ff. AktG nur auf die GmbH-Beschlüsse analog angewendet werden.[803]

Selbst viele der nicht-wirtschaftlichen Vereine, wie der ADAC[804] und einige deutsche Sportvereine[805], weisen nicht nur eine hohe Mitgliederanzahl auf, die einzelnen Mitglieder kennen sich auch typischerweise nicht persönlich.

Eine scharfe Aufteilung aller Gesellschaften in „kapital-" und „personengesellschaftlich" strukturierte oder nach Gesellschafteranzahl in „große" und „kleine" Gesellschaften ist mangels feststehender Abgrenzungskriterien nicht möglich.[806] Wie bereits mehrfach betont, müssen aus Gründen der Rechtssicherheit alle Verbände unabhängig ihrer Struktur einem einheitlichen Beschlussmängelrecht unterliegen.[807]

iii. Rechts-/ Parteifähigkeit der Gesellschaft

Gemeinsam ist den *rechtsfähigen* Verbänden des Privatrechts eben die Rechtsfähigkeit sowie die Parteifähigkeit des Verbandes selbst. Diese ist in der AG gesetzlich in § 1 I 1 AktG festgelegt, für die GmbH in § 13 I GmbHG, für die OHG und KG in §§ 124 I, 161 II HGB, für den Verein in § 21 f. BGB. Die der Außen-GbR ist seit der BGH-Entscheidung „Weißes Ross" höchstrichterlich anerkannt.[808]

---

802 Vgl. BGHZ 60, 324 = NJW 1973, 1936: Verstoß gegen § 30 GmbHG auch dann, wenn dem Gesellschafter etwas aus dem Vermögen der GmbH & Co.KG zugewendet wird, so „daß im Ergebnis das Vermögen der GmbH dem Stammkapitalnennwert nicht mehr entspricht"; BGH 67, 171 = NJW 1977, 104: Verstoß gegen § 30 GmbHG auch dann, wenn eine konkursreife GmbH & Co.KG ein Gesellschafterdarlehen vor der Gesundung beider Gesellschaften zurückgewährt. Krit. auch *Schmidt*, FS Stimpel, 1985, S. 217, 228.

803 Krit. auch *Koester*, Anfechtungs- und Nichtigkeitsklage OHG und KG, 1981, S. 114 ff.

804 Über 20 Millionen Mitglieder im Jahr 2017 (https://www.adac.de/der-adac/verein/aktuelles/mitgliederentwicklung/; zuletzt aufgerufen am 18.02.2019).

805 Deutscher Turnerbund e.V. mit knapp 5 Millionen Mitglieder im Jahr 2018 (https://www.dtb.de/fileadmin/user_upload/dtb.de/DTB/Der_Verband/PDFs/DTB_Jahrbuch_2018_Mitgliederstruktur.pdf; zuletzt aufgerufen am 18.02.2019).

806 Vgl. dazu *Nitschke*, Die körperschaftlich strukturierte Personengesellschaft, 1970, S. 208 f.; *Schröder*, GmbHR 1994, 532, 535.

807 Vgl. dazu auch *Koch*, Gutachten F, 72. DJT, 2018, S. 68 ff.

808 BGHZ 146, 341 = NJW 2001, 1056.

Daher kann in all diesen Gesellschaften auch die Gesellschaft selbst Beklagter sein. Als Zurechnungsobjekt und Träger des Gesellschafterbeschlusses ist sie auch einzig richtiger Beklagter.[809]

iv. Haftungsbeschränkung

Die hM führt an, dass die Mitglieder der AG, der Genossenschaft und der GmbHG entgegen denen der rechtsfähigen Personengesellschaft nicht persönlich haften. Unabhängig davon, dass zu meist selbst in den Personengesellschaften Kapitalgesellschaften zur Verringerung des Haftungsrisikos zwischengeschaltet werden (z.B. GmbH & Co. KG), kann die unterschiedliche Haftungsbeschränkung zwar Grund für die Geltung unterschiedlicher Mehrheitserfordernisse sein – jedem haftenden Gesellschafter wird bei Einstimmigkeit ein Vetorecht zugebilligt –, jedoch nicht für die Geltung unterschiedlicher Beschlussmängel-/ Beschlussmängelklagesysteme. In Personengesellschaften haben zudem gerade die persönlich haftenden Gesellschafter umso mehr ein Interesse daran, Belastungen abzuwenden, die sich aus der Rückabwicklung von strukturändernden Beschlüssen ergeben würden.[810] Auch die Mitglieder rechtsfähiger Vereine haften grundsätzlich nicht für die Verbindlichkeiten des Vereins. Trotzdem beschränkt die hM dessen Beschlussmängelrecht nicht durch die analoge Anwendung der §§ 241 ff. AktG.

Darüber hinaus nimmt die befristete Anfechtungsklage dem einzelnen Gesellschafter nicht die Möglichkeit, sich gegen fehlerhafte Beschlüsse zu wehren. Er muss die Beschlussmängelklage eben nur fristgerecht einreichen. Eklatante, zur Nichtigkeit führende Verstöße können ohnehin unbefristet geltend gemacht werden.[811]

b. Bedürfnis nach Rechtssicherheit, -klarheit und -frieden

i. Einschränkung der Nichtigkeit und Bestandskraft

Rechtssicherheit, -klarheit und -frieden ist wohl unumstritten ein dringendes Bedürfnis in jeder Gesellschaft und zwar unabhängig von der Gesellschaftsform.[812]

---

809 Vgl. *Schmidt*, FS Stimpel, 1985, S. 217, 232.

810 So auch *Koch*, Gutachten F, 72. DJT, 2018, S. 75.

811 Vgl. dazu auch *ders.*, Gutachten F, 72. DJT, 2018, S. 75. Zur AG BGHZ 104, 66, 69 = NJW 1988, 1844.

812 Vgl. dazu auch *Schmidt*, FS Stimpel, 1985, S. 217, 228; *Koch*, Gutachten F, 72. DJT, 2018, S. 75; *Nitschke*, Die körperschaftlich strukturierte Personengesellschaft, 1970, S. 209; *Schröder*, GmbHR 1994, 532, 534.

Im Personengesellschafts- sowie im Vereinsrecht führen nach der hM grundsätzlich alle Verstöße gegen Gesetz oder Statut zur Nichtigkeit des Beschlusses und zwar unabhängig davon, ob der jeweilige Verstoß „gravierend“ ist. Ein Katalog an Nichtigkeitsgründen fehlt ebenso wie eine Fehlerfolgenalternative. Zudem kann jedermann die Nichtigkeit eines jeden Beschlusses zeitlich unbegrenzt gerichtlich mit der allgemeinen Feststellungsklage gem. § 256 ZPO feststellen lassen. Im Personengesellschaftsrecht ist weder für unwesentliche Verstöße noch für Satzungsänderungen eine gesetzliche Heilung vorgesehen. Fehlerhafte Beschlüsse werden daher grundsätzlich niemals bestandskräftig. Selbst Jahre zurückliegende Bestellungen bzw. Abberufungen von Prokuristen oder längst durchgeführte Kapitaleinlageerhöhungen können daher gerichtlich als von Anfang an nichtig festgestellt werden. Auch wenn nach der hM der Beschluss niemals wirksam war, so hat der Rechtsverkehr dennoch auf dessen Bestand vertraut.

In den Kapitalgesellschaften konnte durch das aktien- bzw. genossenschaftsrechtliche Beschlussmängel- und Beschlussmängelklagesystem der beschränkten Unwirksamkeit fehlerhafter Beschlüsse Rechtssicherheit, -klarheit und –frieden erreicht werden.

ii. Rechtskraftwirkung des Urteils

In der Personengesellschaft sowie im rechtsfähigen Verein ist nur die allgemeine Feststellungsklage nach § 256 ZPO gegen fehlerhafte Beschlüsse statthaft. Im Personengesellschaftsrecht sei diese nicht gegen die Gesellschaft, sondern nur gegen opponierende Gesellschafter zu richten. Das Nichtigkeitsfeststellungsurteil wirkt gesetzlich nur inter partes, also weder gegen die Gesellschaft und nicht beteiligte Gesellschafter noch gegen Dritte. Die hM versucht daher aus Praktikabilitätsgründen eine Rechtskrafterstreckung über die gesellschaftliche Treuebindung bzw. durch eine entsprechende Klausel im Gesellschaftsvertrag zu erwirken. Dies widerspricht allerdings der gesetzlichen Entscheidung in den §§ 325 ff. ZPO: Eine Rechtskraftbindung Dritter kann nur kraft Gesetzes eintreten.[813] Nach dem BVerfG muss zudem jedem, auf den sich eine gerichtliche Entscheidung unmittelbar auswirkt, rechtliches Gehör gewährt werden.[814] Eine Streitbeteiligung durch Nebenintervention ist aber aus tatsächlichen Gründen nur möglich, wenn der Betroffene vom Verfahren rechtzeitig erfährt. Weder

813 *Gottwald*, in: MüKo ZPO, [5]2016, § 325 Rn. 4 f.

814 BVerfGE 21, 132, 137.

im BGB noch im HGB existieren jedoch Vorschriften, die den Vorstand bzw. Geschäftsführer zur Bekanntmachung der Klageerhebung verpflichten.[815] Die Rechtskrafterstreckung der hM ist somit nicht nur dogmatisch verfehlt, sondern darüber hinaus verfassungswidrig. Eine Rechtskrafterstreckung auf Dritte ist im allgemeinen Feststellungsverfahren ohne analoge Anwendung der § 248 f. AktG nicht möglich. Es führt jedoch zu unzumutbaren Verhältnissen, wenn ein Beschluss nicht für alle Gesellschafter gleich gilt.

Wohl aus diesen Gründen hat die hM im Vereinsrecht – allerdings ohne gesetzlichen Anker (!) – die Passivlegitimation des Vereins und die Rechtskrafterstreckung auf alle Verbandsmitglieder festgesetzt.

c. Zwischenergebnis

Nicht nur, dass sich alle rechtsfähigen Verbände des Privatrechts in Aufbau und wesentlichem Beschlussverfahren gleichen, sie teilen auch alle das Bedürfnis nach Rechtssicherheit, -klarheit und -frieden hinsichtlich des Beschlussmängel- und Beschlussmängelklagerechts.

Eine vergleichbare Interessenslage ist somit gegeben.

3. Ergebnis

Die Dogmatik der Gesellschafterbeschlüsse gilt für alle Beschlüsse von Mitgliederversammlungen rechtsfähiger Verbände des Zivilrechts. Zudem liegen die Analogievoraussetzungen planwidrige Regelungslücke und vergleichbare Interessenslage in allen rechtsfähigen Verbänden des Zivilrechts vor.

Daraus folgt, dass das aktien- bzw. genossenschaftsrechtliche Beschlussmängel- und Beschlussmängelklagerecht auf alle rechtsfähigen Verbände des Zivilrechts, mit Rücksicht auf ihre jeweiligen Spezifika, analog anzuwenden ist. Und zwar unabhängig davon, wie die jeweilige Gesellschaft im Einzelnen strukturiert ist, aus wie vielen Gesellschaftern sie tatsächlich besteht bzw. welche persönlichen Näheverhältnisse die Gesellschafter aufweisen. Welches Mehrheitserfordernis gilt, spielt ebenfalls keine Rolle.

Im Aktien- bzw. Genossenschaftsrecht ist nur ein „allgemeiner Rechtsgedanke“[816] hinsichtlich der Beschlussmängel und deren prozessualer Geltendmachung gesetzlich fixiert, der ohnehin in allen rechtsfähigen Verbänden des Zivilrechts gilt. Die Fixierung bzw. dessen analoge Anwendung bringt nur noch

815 Vgl. im Gegensatz dazu § 246 IV AktG.

816 So ausdrücklich RGZ 170, 83, 89; 172, 76, 78.

die nötige Rechtssicherheit mit sich. Einer Kodifizierung von besonderen Regelungen bedarf es daher weder für die GmbH noch für die Personengesellschaften und den rechtsfähigen Verein.

II. Beschlussmängelrechtssystem aller rechtsfähigen Verbänden des Zivilrechts nach aktienrechtlichem Vorbild

1. Bekanntmachung des Klageverfahrens

Um eine Streitbeteiligung der Mitgesellschafter und damit deren rechtliches Gehör sicherzustellen, hat der Vorstand bzw. Geschäftsführer allen Gesellschaftern die Klageerhebung und den Termin der mündlichen Verhandlung unverzüglich mitzuteilen (vgl. § 246 IV 1 AktG).

2. Zuständiges Gericht

Das Landgericht, in dessen Bezirk der Verband seinen Sitz hat, ist für Beschlussmängelklagen ausschließlich zuständig (vgl. § 246 III 1 AktG).

3. Passivlegitimation

Allein die Gesellschaft selbst ist, als Trägerin des angegriffenen Gesellschafterbeschlusses, richtige Beklagte (vgl. § 246 II 1 AktG).[817]

4. Aktivlegitimation

Die Klagebefugnis beschränkt sich grundsätzlich auf die Mitglieder des Verbandes zum Zeitpunkt der Klageerhebung. Diese müssen (außer in AG und Genossenschaft) weder am Beschlussverfahren teilgenommen noch einen Widerspruch zu Protokoll erklärt haben. Das Recht auf Anfechtung ist jedoch ausgeschlossen, wenn sie dem Beschluss zugestimmt, den Mangel selbst herbeigeführt oder auf ihr Anfechtungsrecht wirksam verzichtet haben.

Organe bzw. Organwalter sind (außer in AG und Genossenschaft) nur klagebefugt, soweit der Beschluss nichtig ist.

Das erforderliche Rechtsschutzbedürfnis liegt bereits dadurch vor, dass Gesellschafter sowie Organe ein Interesse daran haben, dass Gesellschafterbeschlüsse mit Gesetz und Satzung übereinstimmen.

817 So auch *Koch*, Gutachten F, 72. DJT, 2018, S. 86 f.

5. *Nichtigkeitsklage*

a. *Nichtigkeitsgründe*

Die aktienrechtlichen Nichtigkeitsgründe sind entsprechend auf die Beschlüsse aller rechtsfähigen Verbände anzuwenden. Dabei sind die Besonderheiten der einzelnen Verbände, insbes. die Privatautonomie in den Personengesellschaften, zu beachten. Durch Satzungsklausel eingeführte Formvorschriften, z.B. Einberufungsfrist, zwingende Abhaltung einer Versammlung, führen daher nur dann zur Nichtigkeit, wenn das von der Gesellschaft auch so gewollt ist. Dies ist durch Auslegung der Satzung zu ermitteln.

b. *Klagefrist*

Die Nichtigkeitsklage unterliegt keiner Klagefrist. Sie kann auch nicht statutarisch befristet werden.

6. *Anfechtungsklage*

a. *Anfechtungsgründe*

Alle anderen Verstöße gegen Gesetz oder Statut, inhaltlicher oder verfahrensmäßiger Art, die nicht schon die Nichtigkeit des Beschlusses hervorgerufen haben, führen grundsätzlich zur Anfechtbarkeit (vgl. § 243 AktG).

Fehler bei der Beschlussfeststellung, insbes. Nichtzählen wirksamer bzw. Mitzählen unwirksamer Stimmen sowie das Heranziehen falscher Mehrheitserfordernisse, stellen keinen Nichtigkeits-, sondern lediglich einen Anfechtungsgrund dar.

Verfahrensfehler müssen beschlussrelevant sein. Relevanz liegt jedenfalls dann vor, wenn der Mangel sich auf das Beschlussergebnis ausgewirkt hat (Kausalität). Es genügt aber auch eine „fassbare" Beeinträchtigung des zur Teilnahme bzw. Abstimmung berechtigten Gesellschafters der sachgerechten Mitwirkung an der Willensbildung der Gesellschaft.[818]

b. *Anfechtungsfrist*

Die Anfechtungsklage ist grundsätzlich binnen Monatsfrist zu erheben. Außerhalb der AG hat § 246 I AktG nur Leitbildfunktion. Eine Überschreitung der

---

818 Vgl. ständige Rechtsprechung zu allen Gesellschaften hinsichtlich Kausalität und Relevanz.

Frist ist nur bei sachlichen Gründen gerechtfertigt. Zur Bestimmung dieser Gründe ist die Rechtsprechung zur GmbH[819] heranzuziehen.

7. *Urteilswirkung*

Ein stattgebendes Nichtigkeitsfeststellungs- sowie Gestaltungsurteil einer erfolgreichen Anfechtungsklage entfaltet über den Wortlaut von §§ 248 I 1, 249 I, 241 Nr. 5 AktG hinaus nicht nur gegenüber allen Gesellschaftern, Organen und Organmitgliedern, sondern gegenüber jedermann materielle Rechtskraft.

Ein anfechtbarer Beschluss, der gerichtlich als nichtig erklärt wird, ist endgültig und ex tunc unwirksam.

Die Klageabweisung führt hingegen nicht zur materiellen Rechtskrafterstreckung. Nur der klagende Gesellschafter ist daher gehindert bei Klageabweisung als unbegründet nochmals Klage zu erheben. Aufgrund der Identität des Streitgegenstands bezieht sich die Rechtskrafterstreckung auf die Anfechtungs- sowie auf die Nichtigkeitsklage.

E. Exkurs: Abberufung des Gesellschafter-Geschäftsführers aus wichtigem Grund in der GmbH

I. Mehrheitsgesellschafter-Geschäftsführers

Gegen die wesentlich von *Altmeppen*[820] auf den Weg gebrachte Lehre der rechnerischen Mehrheit, wendet die Literatur ein, sie würde gerade bei der Abberufung des Mehrheitsgesellschafter-Geschäftsführers in der GmbH zu falschen Ergebnissen führen und die Minderheit schutzlos lassen. Gerade für den Fall, dass der Mehrheitsgesellschafter-Geschäftsführer tatsächlich Straftaten begangen hat und er daher einem Stimmverbot unterliegt, sei es unbillig, die Minderheit auf den langwierigen Klageweg zu verweisen und den Mehrheitsgesellschafter-Geschäftsführer in der Zwischenzeit im Amt zu belassen.[821] Unbillig sei es

---

819 Vgl. BGHZ 101, 113, 117 = NJW 1987, 2514; BGH NJW 1993, 129; OLG München NZG 2000, 105 zu Komplexität der Mängel; OLG Hamm GmbHR 1995, 736, 738; OLG Dresden NJW-RR 1997, 1535; OLG Stuttgart GmbHR 2000, 385 zu vorausgehenden Verhandlungen; BGH NJW 1993, 129 zu Fähigkeiten und Kenntnisse des Anfechtenden; BGHZ 111, 114 zu Struktur der Gesellschaft und Dringlichkeit der Durchführung für Gesellschaft.

820 S. *Altmeppen*, in: Roth/Altmeppen (Hrsg.), GmbHG, [9]2019, § 38 Rn. 53 ff.; *Altmeppen*, NJW 2016, 2833; *Altmeppen*, ZIP 2017, 1185; *Altmeppen*, GmbHR 2018, 225.

821 Vgl. *Herchen*, VGR 2016, Bd. 22, 2017, S. 83, 91.

aber auch, dem Mehrheitsgesellschafter-Geschäftsführer bereits bei der bloßen Behauptung eines wichtigen Grundes sein Stimmrecht und damit zumeist auch seine Organstellung zu nehmen, da mit gerichtlicher Abhilfe erst nach Jahren zu rechnen sei und die Mitgesellschafter ihn anschließend wieder mit bloßen Behauptungen entmachten könnten.[822]

Zugegebenermaßen befindet sich die Gesellschaft bei der Abberufung des Mehrheitsgesellschafts-Geschäftsführers aus umstrittenem wichtigen Grund in einer misslichen Lage, da der Beschlussfassung kein allsehendes Auge beiwohnt, das aufklären kann, ob sich der Geschäftsführer bzgl. der ihm zu Last gelegten Straftat tatsächlich schuldig gemacht hat.[823] Bejahendenfalls wäre ohne Zweifel seine sofortige Entfernung aus dem Amt wünschenswert. Widrigenfalls sollte er seine Stelle behalten können. Der jeweiligen Gegenseite sollte nur das Recht einer gerichtlichen Überprüfung des Beschlusses zustehen.

Nach richtiger Ansicht ist der Gesellschafterbeschluss ohne Beschlussfeststellung nicht existent und soweit weder im Gesetz noch in der Satzung abweichend geregelt, bleibt die Gesellschaft selbst zuständig für die Beschlussfeststellung. Das für sie handelnde Organ Gesellschafterversammlung entscheidet grundsätzlich mit der einfachen Mehrheit. Die Beweislast betreffs etwaiger Stimmverbote sind in der Versammlung und im anschließenden Rechtsstreit identisch: Da jeder Gesellschafter grundsätzlich Stimmrecht hat, trägt die Beweislast zum Stimmverbot eines Mitgesellschafters derjenige, welcher sich darauf beruft.[824]

Selbst wenn der Minderheitsgesellschafter den Stimmrechtsausschluss des Mehrheitsgesellschafters aus wichtigem Grund behauptet, wird der Mehrheitsgesellschafter-Geschäftsführer als Mehrheit der Gesellschafterversammlung feststellen, dass er keinem Stimmverbot unterliegt, der Antrag hinsichtlich seiner Abberufung keine Mehrheit erreicht hat und somit nur ein negativer Beschluss zustande gekommen ist. Dieser Beschluss ist zumindest vorläufig verbindlich. Es entschiedet somit grundsätzlich tatsächlich die rechnerische Mehrheit.

Der Minderheit bleibt das Recht, den negativen Beschluss wegen Verfahrensverstoß aufgrund falscher Beschlussverkündung anzufechten mit der Begründung, dass der Mehrheitsgesellschafter einem Stimmverbot unterliegt, daher die rechnerische Minderheit die Beschlussmehrheit darstellt und infolgedessen die Beschlussverkündung „Antrag angenommen“ hätte lauten müssen. Durch die Verbindung der Anfechtungsklage mit der positiven Beschlussfeststellungsklage

822 Vgl. *Werner*, GmbHR 2006, 127, 129.
823 *Bayer*, GmbHR 2017, 665, 670.
824 So auch bereits *Altmeppen*, GmbHR 2018, 225, 230; *Altmeppen*, NJW 2016, 2833, 2837.

kann die Minderheit einen dahin lautenden Beschluss auch gerichtlich feststellen lassen und dadurch die Abberufung des Geschäftsführers erreichen.

Ist der wichtige Grund umstritten, obliegt nach der hier vertretenen Ansicht somit grundsätzlich der Minderheit die Klageerhebung. Sie kann weder mit bloßen Behauptungen noch mit substantiierten Vorträgen einen Mehrheitsgesellschafter bis zur gerichtlichen Klärung aus der Geschäftsführerrolle drängen.[825] Der Wille der Gesellschaft bleibt somit von demjenigen abhängig, welcher die Mehrheit der Gesellschafter und somit auch die Mehrheit des Willensbildungsorgans darstellt. Die Willensbildung und somit das Schicksal der Gesellschaft kann nicht von querulanten Minderheitsgesellschaftern gestört werden.

Legt die Satzung allerdings die Beschlussfeststellungskompetenz eines Dritten fest, so ist dieser bis zu einer Satzungsänderung autark für die Feststellung des Beschlussergebnisses zuständig und von seiner Entscheidung hängt dann die Klageobliegenheit ab.

Nach der hM hingegen ist ein Beschluss über die Abberufung des Mehrheitsgesellschafter-Geschäftsführers aus wichtigem Grund auch ohne Beschlussfeststellung wirksam. Daher sei bei Streitigkeiten unter den Gesellschaftern über den Beschlussinhalt nur die allgemeine Feststellungsklage auf Feststellung des Beschlussergebnisses statthaft. Nach der subjektiven Theorie reicht bereits die bloße Behauptung eines wichtigen Grundes aus, um dem Mehrheitsgesellschafter-Geschäftsführer sein Stimmrecht abzusprechen.[826] Die Gesellschafterversammlung könne daher bereits mit den Stimmen der Minderheitsgesellschafter den Geschäftsführer abberufen. Dieser habe dann im gerichtlichen Verfahren zu beweisen, dass kein wichtiger Grund vorliegt. Nach der objektiven Theorie wiederum komme es darauf an, ob der Grund tatsächlich vorliege, was erst durch die Beschlussfeststellungsklage zu klären sei.[827]

Wenn der Mehrheitsgesellschafter-Geschäftsführer allerdings die Behauptung der Minderheit, dass er einem Stimmverbot unterliegt, nicht akzeptiert, gegen den Beschluss stimmt und tatsächlich davon absieht, das Amt zu räumen, bleibt dem Minderheitsgesellschafter nichts anderes übrig, als gerichtlich auf Feststellung zu klagen, dass der wichtige Grund vorliegt.[828] Die ganzen Theorien,

---

825 So im Ergebnis auch *Bayer*, GmbHR 2017, 665, 670.

826 So auch *Schmidt*, GmbHR 2017, 670, 671 mwN.

827 So auch *Bayer*, GmbHR 2017, 665 ff. mwN.

828 *Raiser*, in: Ulmer/Habersack/Löbbe (Hrsg.), GmbHG, ²2014, Anh. § 47 Rn. 281.

ab wann ein Stimmverbot bei der Problematik um einen wichtigen Abberufungsgrund vorliegt[829], sind in diesem Fall irrelevant.

In der Praxis nimmt der Registerrichter keine Abmeldung des (vermeintlich) abberufenen Geschäftsführers im Handelsregister vor, wenn der Abberufungsbeschluss nicht festgestellt ist.[830]

Nach allgemeiner Meinung verschiebt die Beschlussfeststellung eines legitimierten Versammlungsleiters die Klageobliegenheit. Ein Minderheitsgesellschafter wird sich nicht darauf einlassen, den Mehrheitsgesellschafter-Geschäftsführer ad-hoc zum Versammlungsleiter zu wählen. Lässt man allerdings die Bestellung eines qualifizierten Versammlungsleiters entsprechend der hM mit einfacher Mehrheit zu, so gelangt man grundsätzlich zum gleichen Beschlussergebnis wie, wenn man die Beschlussfeststellung selbst mit einfacher Mehrheit, also „durch den Mehrheitsgesellschafter-Geschäftsführers", gestattet: Der Mehrheitsgesellschafter-Geschäftsführer wird als Versammlungsleiter vorläufig verbindlich feststellen, dass die Gesellschafterversammlung den Abberufungsbeschluss abgelehnt hat. Für den Fall, dass man für die Bestellung eines qualifizierten Versammlungsleiters eine Regelung in der Satzung verlangt, weicht das Ergebnis ohnehin nicht von der oben vertretenen Lösung ab.

In der Gegenüberstellung wird deutlich, dass die hM bei nicht festgestellten Beschlüssen, die sie zulässt, zu unbilligen Ergebnissen führt: Erstens, die Klage- und Beweisobliegenheit ist zumeist allein davon abhängig, ob der Mehrheitsgesellschafter-Geschäftsführer einen ihn abberufenden Beschluss gegen sich gelten lässt. Zweitens, ein tatsächlich durch Abberufungsbeschluss herausgedrängten Mehrheitsgesellschafter-Geschäftsführer muss dieses Ergebnis bis zur gerichtlichen Klärung, die einige Monate oder gar Jahre beansprucht, hinnehmen. Drittens, den Minderheitsgesellschaftern steht direkt im Anschluss an ein gerichtliches Urteil, welches das Vorliegen eines wichtigen Grundes ablehnt, die Möglichkeit offen den Mehrheitsgesellschafter-Geschäftsführer mit der bloßen Behauptung eines neuen wichtigen Grundes wieder auf den Klageweg zu verweisen.[831] Viertens, mangels Statthaftigkeit der befristeten Anfechtungsklage kann eine gerichtliche Rückabwicklung des Abberufungsbeschlusses und dessen Folgen noch Jahre später erreicht werden.

---

829 Vgl. *Trölitzsch*, VGR 2017, Bd. 23, 2018, S. 117, 138 ff.

830 So auch *Kubis*, Liber Amicorum Winter, 2011, S. 387, 398.

831 Vgl. dazu auch BGHZ 86, 177, 181 = NJW 1983, 938.

II. Minderheitsgesellschafter-Geschäftsführer

Wenn der Minderheitsgesellschafter-Geschäftsführer aus wichtigem Grund abberufen werden soll, so kann nach der hier vertretenen Lösung das Organ Gesellschafterversammlung mit einfacher Mehrheit (welche der bzw. die Mehrheitsgesellschafter darstellen), soweit kein Versammlungsleiter statutarisch festgelegt ist, den Abberufungsbeschluss vorläufig wirksam verkünden. Selbst wenn der Minderheitsgesellschafter-Geschäftsführer grundsätzlich mittels Satzungsregelung zum qualifizierten Versammlungsleiter bestellt wurde, fällt die Beschlussfeststellungskompetenz aufgrund seiner Befangenheit zum Organ Gesellschafterversammlung zurück, sodass es dabei bleibt, dass die Gesellschaft den Abberufungsbeschluss mit einfacher Mehrheit feststellen kann. Die Klageerhebung obliegt somit grundsätzlich dem Minderheitsgesellschafter-Geschäftsführer.[832]

Nach der hM wiederum kann auf die Feststellung verzichtet werden, mit der Folge, dass bei Streit über das Beschlussergebnis derjenige die allgemeine Feststellungsklage auf Feststellung des Beschlussinhalts zu erheben hat, der sich auf das Gegenteil dessen beruft, wovon die Gesellschaft, sc. die Mehrheit, ausgeht. Die Klageerhebung obliegt somit auch nach der hM dem Minderheitsgesellschafter.

Auch soweit ein mit einfacher Mehrheit bestellter Versammlungsleiter (also der Mehrheitsgesellschafter bzw. ein der Mehrheit nahestehender Dritter) die Abberufung des Geschäftsführers feststellt, obliege dem Minderheitsgesellschafter-Geschäftsführer die Klageerhebung. Statthaft sei dann die Anfechtungsklage.

Soweit die Versammlungsleitung dem Minderheitsgesellschafter-Geschäftsführer (statutarisch) zugewiesen ist, kann er nach hM trotz seiner Befangenheit die Ablehnung des Abberufungsbeschlusses feststellen.[833] In diesem Fall obliegt nach hM dann der Gesellschaftsmehrheit die Klageerhebung.

Für den Fall der Abberufung des Minderheitsgesellschafter-Geschäftsführers obliegt zwar auch nach hM grundsätzlich dem Minderheitsgesellschafter die Klageerhebung. Gegen nicht festgestellte Beschlüssen ist ihrer Ansicht nach allerdings nur die allgemeine Feststellungsklage statthaft, was, wie bereits mehrfach dargelegt, zu Einbußen hinsichtlich Rechtsklarheit und –frieden führt.

---

832 Ausnahme: Gesellschaftsrechtliches Sonderrecht auf Geschäftsführung; Wirksamkeit des Abberufungsbeschlusses ist von der Zustimmung des Betroffenen abhängig.

833 BGH NJW 2010, 3027 Tz. 16; OLG München ZIP 2017, 1467; *Hüffer/Schürnbrand*, in: Ulmer/Habersack/Löbbe (Hrsg.), GmbHG, ²2014, § 48 Rn. 32; *Bayer*, in: Lutter/Hommelhoff (Hrsg.), GmbHG, ¹⁹2016, § 48 Rn. 17a.

5. Teil – Thesen

1. Der Gesellschafterbeschluss ist in allen rechtsfähigen Verbänden des Zivilrechts ein Organakt.
2. Die Beschlussfeststellung ist in allen rechtsfähigen Verbänden des Zivilrechts Wirksamkeitsvoraussetzung des Gesellschafterbeschlusses.
3. Originär ist die Gesellschaft selbst beschlussfeststellungskompetent. Für sie handelt das für die Willensbildung zuständige Organ, die Gesellschafterversammlung. Bei entsprechendem Bewusstsein kann diese ihre Kompetenz durch eindeutige Satzungsregelung an Dritte, z.B. an einen Versammlungsleiter, übertragen. In der AG liegt sie bereits gesetzlich beim Versammlungsleiter.
4. Das aktien- bzw. genossenschaftsrechtliche System der Beschlussmängel und Beschlussmängelklagen ist auf alle rechtsfähigen Verbände des Zivilrechts mit Rücksicht auf ihre jeweiligen rechtsformspezifischen Besonderheiten analog anzuwenden.

Literaturverzeichnis

Altmeppen, Holger, Machtverhältnisse bei Abberufung eines Gesellschafter-Geschäftsführers in der GmbH aus „wichtigem Grund", NJW 2016, S. 2833–2839.

—, Nochmals: Abberufung des Gesellschafter-Geschäftsführers in der GmbH aus wichtigem Grund – Zugleich Besprechung BGH v. 04.04.2017 – II ZR 77/16, ZIP 2017, 1065, ZIP 2017, S. 1185–1190.

—, Beschlussfeststellung, Stimmrecht und Klageobliegenheit in der GmbH, GmbHR 2018, S. 225–231.

Altschul, Wiliam, Anmerkung zu Heilbrunn JW 1927, 1358, JW 1927, 1684.

Ballerstedt, Kurt, Bedarf ein Beschluß der Gesellschafter einer GmbH der Verkündung durch den Vorsitzer?, GmbHR 1955, S. 160–164.

Baltzer, Johannes, Der Beschluß als rechtstechnisches Mittel organschaftlicher Funktion im Privatrecht, Köln/Berlin 1965 (zit. *Baltzer,* Der Beschluß).

—, Zur Anfechtung von Gesellschafterbeschlüssen bei Antragsablehnung, Die Bedeutung des Abstimmungsprinzips für die Gültigkeit von Kollektiventscheidungen, GmbHR 1972, S. 57–63.

Bartholomeyczik, Horst, Die Stimmabgabe im System unserer Rechtshandlungen, Würzburg 1937 (zit. *Bartholomeyczik,* Die Stimmabgabe).

—, Der Körperschaftsbeschluß als Rechtsgeschäft, ZHR 105 (1938), S. 293–334.

Bartl, Harald/Bartl, Angela/Koch, Detlef/Schlarb, Eberhard/Fichtelmann, Helmar/Schmitt, Michaela Christina (Hrsg.), GmbH-Recht – Heidelberger Kommentar, 7. Aufl., Heidelberg 2014 (zit. *Bearbeiter,* in: Bartl/Bartl/Koch/Schlarb/Fichtelmann/Schmitt (Hrsg.), GmbHG).

Bauer, Heinrich, Die Genossenschaft – Recht und Praxis, Wiesbaden 1999.

— (Hrsg.), Genossenschaftshandbuch, Berlin 2016.

Baumbach, Adolf, Aktiengesetz, München/Berlin 1937 (zit. *Baumbach,* AktG).

Baumbach, Adolf/Hopt, Klaus J. (Hrsg.), Handelsgesetzbuch – Mit GmbH & Co., Handelsklauseln, Bank- und Börsenrecht, Transportrecht (ohne Seerecht), 38. Aufl., München 2018 (zit. *Bearbeiter,* in: Baumbach/Hopt (Hrsg.), HGB).

Baumbach, Adolf/Hueck, Alfred (Hrsg.), Aktiengesetz, 6. Aufl., München/Berlin 1949 (zit. *Bearbeiter,* in: Baumbach/Hueck (Hrsg.), AktG).

— (Hrsg.), GmbH-Gesetz, 10. Aufl., München/Berlin 1962 (zit. *Bearbeiter,* in: Baumbach/Hueck (Hrsg.), GmbHG).

— (Hrsg.), GmbH-Gesetz, 21. Aufl., München 2017 (zit. *Bearbeiter,* in: Baumbach/Hueck (Hrsg.), GmbHG).

Baums, Theodor, Eintragung und Löschung von Gesellschafterbeschlüssen, Heidelberg 1981.

Bayer, Walter, Die Anwendung aktienrechtlicher Regelungen auf die eingetragene Genossenschaft – unter besonderer Berücksichtigung der Rechtsprechung des BGH -, DStR 1999, S. 1815–1821.

—, Zum Stimmverbot des Betroffenen bei Beschlussfassungen „aus wichtigem Grund", GmbHR 2017, S. 665–670.

Bayer, Walter/Habersack, Mathias (Hrsg.), Aktienrecht im Wandel, Bd. 2, Hrsg.: Bayer-Habersack, Tübingen 2007.

Bayer, Walter/Möller, Sven, Beschlussmängelklagen de lege lata und de lege ferenda, NZG 2018, S. 801–811.

Becher, Carl, Die Protokollierung der Generalversammlung der Aktiengesellschaft, Berlin 1929 (zit. *Becher*, Die Protokollierung).

Becker, Matthias/Gregor, Marina, Feststellung und Bekanntgabe des Beschlussergebnisses, ZWE 2001, S. 245–253.

Behrend, J. Fr., Lehrbuch des Handelsrechts, Bd. I 1, Berlin/Leipzig 1886.

Bekker, E. J., Die inneren Rechtsverhältnisse der Aktiengesellschaften, ZHR 17 (1872), S. 379–465.

Beuthien, Volker/Wolff, Reinmar/Schöpflin, Martin (Hrsg.), Genossenschaftsgesetz – Mit Umwandlungs- und Kartellrecht sowie Statut der Europäischen Genossenschaft, Hrsg.: *Meyer*, E. H., 16. Aufl., München 2018 (zit. *Bearbeiter*, in: Beuthien/Wolff/Schöpflin (Hrsg.), GenG).

Beyer, Thomas, Vorbeugender Rechtsschutz gegen die Beschlußfassung der GmbH-Gesellschafterversammlung, GmbHR 2001, S. 467–471.

Bezzenberger, Gerold, Die Niederschrift über eine beurkundungsfreie Hauptversammlung, in: Bundesnotarkammer (Hrsg.), Festschrift für Helmut Schippel – Zum 65. Geburtstag, München 1996, S. 361–386 (zit. *Bezzenberger*, FS Schippel).

Biermann, Johannes, Bürgerliches Recht, Bd. 1 – Allgemeine Lehren und Personenrecht, Berlin 1908 (zit. *Biermann*, Bürgerliches Recht, Bd. 1).

Binnewies, Burkhard/Wollweber, Markus, Der Gesellschafterstreit – GmbH/GmbH & Co. KG – Vertragsgestaltung, Lösungsstrategien, Steuerfolgen, Prozesstaktik, Köln 2017 (zit. *Binnewies/Wollweber*, Der Gesellschafterstreit).

Blasche, Sebastian, Praxisfragen und Gestaltungsmöglichkeiten bei der Beschlussfassung ohne Gesellschafterversammlung, GmbHR 2011, S. 232–238.

—, Zur Erforderlichkeit eines Versammlungsleiters bei der Einpersonen-Aktiengesellschaft, AG 2017, S. 16–22.

Bochmann, Christian, Statutarische Konfliktvorsorge im Hinblick auf das Verfahren der Gesellschafterversammlung, GmbHR 2017, S. 558–567.

Bormann, Michael/Kauka, Ralf/Ockelmann, Jan (Hrsg.), Handbuch GmbH-Recht, 3. Aufl., Köln 2014.

Böttcher, Lars/Grewe, Daniel, Der Versammlungsleiter in der Gesellschaft mit beschränkter Haftung: Kompetenzen, Bestellung und Abberufung, NZG 2002, S. 1086–1090.

Boujong, Karlheinz/Ebenroth, Carsten Thomas/Joost, Detlev/Strohn, Lutz (Hrsg.), Handelsgesetzbuch, Bd. 1, 3. Aufl., München 2014 (zit. *Bearbeiter*, in: Boujong/Ebenroth/Joost/Strohn (Hrsg.), HGB).

Brandes, Helmut, Die Rechtsprechung des Bundesgerichthofs zur Personengesellschaft, WM 2000, S. 385–391.

Brodmann, Erich (Hrsg.), Gesetz, betreffend die Gesellschaften mit beschränkter Haftung - Kommentar 1924 (zit. *Bearbeiter*, in: Brodmann (Hrsg.), GmbHG).

— (Hrsg.), Aktienrechtskommentar, Berlin/Leipzig 1928 (zit. *Bearbeiter*, in: Brodmann (Hrsg.), AktG).

—, Zur Frage der Erfüllung von Abstimmungsverträgen, JW 1929, S. 615–617.

Bunz, Thomas, Ist Versammlungsleiter nicht gleich Versammlungsleiter?, NZG 2017, S. 1366–1370.

Bürgerliches Gesetzbuch - Handkommentar mit AGG, EGBGB (Auszug), ErbbauRG, HausratsVO, LPartG, ProdHaftG, UKlaG, VAHRG und WEG, 15. Aufl., Köln 2017.

Busche, Jan, Zur Rechtsnatur und Auslegung von Beschlüssen, in: Joost, Detlev/Oetker, Hartmut/Paschke, Marian (Hrsg.), Festschrift für Franz Jürgen Säcker - Zum 70. Geburtstag, München 2011, S. 45–57 (zit. *Busche*, FS Säcker).

Casper, Matthias, Das Anfechtungsklageerfordernis im GmbH-Beschlußmängelrecht, ZHR 163 (1999), S. 54–86.

Crüger, Hans/Crezelius, Adolf (Hrsg.), Das Reichsgesetz, betreffend die Gesellschaften mit beschränkter Haftung, 6. Aufl., Berlin/Leipzig 1922 (zit. *Bearbeiter*, in: Crüger/Crezelius (Hrsg.), GmbHG).

Däubler, Wolfgang, Fehlerhafte Gesellschafterbeschlüsse in der GmbH im Lichte des neuen Aktienrechts, GmbHR 1968, S. 4–11.

Denecke, Johannes/Oegg, Friedrich (Hrsg.), RGRK BGB, 10. Aufl., Berlin 1953.

Denkschrift zu dem Entwurf eines Handelsgesetzbuchs, Berlin 1897.

Dietz, Rolf (Hrsg.), Gesellschaftsrecht, 3. Aufl., Berlin/Frankfurt a.M. 1970.

Dorpalen, Andreas, Die Anfechtung von Gesellschafterbeschlüssen im GmbH-Recht, Würzburg 1933.

Düringer, Adelbert/Hachenburg, Max (Hrsg.), Das Handelsgesetzbuch, Bd. 2 – Das Handelsgesetzbuch vom 10. Mai 1897 auf der Grundlage des Bürgerlichen Gesetzbuches erläutert, Mannheim 1901 (zit. *Bearbeiter*, in: Düringer/Hachenburg (Hrsg.), HGB, Bd. 2).

— (Hrsg.), Das Handelsgesetzbuch, Bd. 4, 2. Aufl., Mannheim u.a. 1917 (zit. *Bearbeiter*, in: Düringer/Hachenburg (Hrsg.), HGB).

— (Hrsg.), Das Handelsgesetzbuch, Bd. 2/ 1, 3. Aufl., Mannheim u.a. 1932 (zit. *Bearbeiter*, in: Düringer/Hachenburg (Hrsg.), HGB, Bd. 2/ 1).

Eckhardt, Dirk/Hermanns, Marc (Hrsg.), Kölner Handbuch Gesellschaftsrecht, 3. Aufl., Köln 2017.

Ehrenberg, Victor (Hrsg.), Handbuch des gesamten Handelsrechts, Bd. 3, I – Die Aktiengesellschaft, Leipzig 1916 (zit. *Bearbeiter*, in: Ehrenberg (Hrsg.), Handbuch, Bd. 3, I).

— (Hrsg.), Handbuch des gesamten Handelsrechts, Bd. 3, III – Die Gesellschaft mit beschränkter Hadtung, Leipzig 1929 (zit. *Bearbeiter*, in: Ehrenberg (Hrsg.), Handbuch, Bd. 3, III).

Eiser, Ernst, Nichtigkeit und Anfechtbarkeit von Generalversammlungsbeschlüssen der eingetragenen Genossenschaft, Berlin 1930 (zit. *Eiser*, Nichtigkeit und Anfechtbarkeit).

Eltzbacher, Paul, Die Handlungsfähigkeit, Bd. 1 – Das rechtswirksame Verhalten, Berlin 1903 (zit. *Eltzbacher*, Die Handlungsfähigkeit, Bd. 1).

Emmerich, Markus, Die historische Entwicklung von Beschlußverfahren und Beschlußkontrolle im Gesellschaftsrecht der Neuzeit unter besonderer Berücksichtigung des Aktienrechts, Berlin 2000.

Endemann, W. (Hrsg.), Handbuch des Deutschen Handelsrechts, Leipzig 1881.

Enneccerus, Ludwig (Hrsg.), Lehrbuch des Bürgerlichen Rechts, Bd. I 1 Einleitung, Allgemeiner Teil, 30. Aufl., Marburg 1928 (zit. *Bearbeiter*, in: Enneccerus (Hrsg.), Lehrbuch des Bürgerlichen Rechts, Bd. I 1).

Ensslin, Richard, Das Recht auf Anfechtung gesetz- oder statutenwidriger Generalversammlungs-Beschlüsse der Aktiengesellschaft, Lachen 1930 (zit. *Ensslin*, Das Recht auf Anfechtung).

Entwurf eines Gesetzes betreffend die Gesellschaften mit beschränkter Haftung – nebst Begründung und Anlagen 1891.

Ernst, Wolfgang, Der Beschluss als Organakt, in: Häublein, Martin Günther/Utz, Stephen (Hrsg.), Liber Amicorum für Detlef Leenen, 2012, S. 1–42 (zit. *Ernst*, Liber Amicorum Leenen).

Fehrenbach, Markus, Der fehlerhafte Gesellschafterbeschluss in der GmbH – Allgemeines Beschlussmängelrecht und analoge Anwendung des Aktienrechts, Köln 2011 (zit. *Fehrenbach*, Der fehlerhafte Gesellschafterbeschluss).

Fischer, Robert, GmbH-Gesetz, 10. Aufl. 1983 (zit. *Fischer*, GmbHG).

Fischer, Rudolf, Urteilsanmerkung RG Breslau, Urt. v. 09.10.1928 486/ 27 II, JW 1929, S. 1368–1369.

Flechtheim, Julius, Das Urteil auf Ungültigkeitserklärung eines Generalversammlungsbeschlusses, in: Stier-Somlo, Fritz (Hrsg.), Festschrift für Ernst Zitelmann - Zu seinem 60. Geburtstage, München, Leipzig 1913, S. 1–34 (zit. *Flechtheim*, FS Zitelmann).

Flechtheim, Julius (Hrsg.), Das Handelsgesetzbuch, Bd. 2, 2 - §§ 105–177, 335–342, 3. Aufl., Mannheim u.a. 1932 (zit. *Bearbeiter*, in: Flechtheim (Hrsg.), Düringer-Hachenburg, HGB Bd. 2, 2).

Flechtheim, Julius/Wolff, Martin/Schmulewitz, Maximilian, Die Satzungen der deutschen Aktiengesellschaft, Mannheim u.a. 1929.

Fleischer, Holger, Das Beschlussmängelrecht in der GmbH, GmbHR 2013, S. 1289–1302.

Fluck, Bernd, Fehlerhafte Vereinsbeschlüsse, Dissertation 2017 (zit. *Fluck*, Vereinsbeschlüsse).

Flume, Werner, BGB AT II - Das Rechtsgeschäft, 3. Aufl., Berlin/Heidelberg 1979 (zit. *Flume*, BGB AT II).

—, BGB AT I/ 2 - Die juristische Person, Berlin 1983 (zit. *Flume*, BGB AT I/ 2).

Förtsch, Richard, Gesetz betreffend die Gesellschaften mit beschränkter Haftung, Leipzig 1892 (zit. *Förtsch*, GmbHG).

Fürst, Rudolf, Zur Anfechtbarkeit von Beschlüssen der Generalversammlung bei Aktiengesellschaften, LZ 1912, S. 506–522.

Gehrlein, Markus, Urteilsanmerkung zu BGH, Urt. v. 16.01.2006 II ZR 135/04, BB 2006, S. 1126–1128.

Gehrlein, Markus/Born, Manfred/Simon, Stefan (Hrsg.), GmbHG - Gesetz betreffend die Gesellschaften mit beschränkter Haftung, Kommentar, 3. Aufl., Köln 2017.

Geibel, Stefan (Hrsg.), beck-online. Großkommentar zum BGB - 49. Edition, 2018 (zit. *Bearbeiter*, in: Geibel (Hrsg.), Beck.OGK BGB).

Gerauer, Laura, Ladungsmängel und Nichtigkeitsfolge im Beschlussmängelrecht der GmbH, NZG 2019, S. 137–140.

Geßler, Ernst/Hefermehl, Wolfgang/Eckardt, Ulrich/Kropff, Bruno (Hrsg.), Aktiengesetz, München 1973 (zit. *Bearbeiter*, in: Geßler/Hefermehl/Eckardt/Kropff (Hrsg.), AktG).

Gierke, Julius, Handelsrecht und Schifffahrtsrecht, 8. Aufl., Berlin 1958 (zit. *Gierke*, Handelsrecht).

Gierke, Otto, Die Genossenschaftstheorie und die deutsche Rechtsprechung, Berlin 1887 (zit. *Gierke*, Die Genossenschaftstheorie).

—, Deutsches Privatrecht, Bd. 1 – Allgemeiner Teil und Personenrecht 1895 (zit. *Gierke*, Deutsches Privatrecht, Bd. 1).

Glenk, Hartmut, Die eingetragene Genossenschaft, München 1996.

Godin, Reinhard/Wilhelmi, Hans, Gesetz über Aktiengesellschaften und Kommanditgesellschaften auf Aktien, Berlin/Leipzig 1937 (zit. *Godin/Wilhelmi*, AktG).

— (Hrsg.), Aktiengesetz, 4. Aufl., Berlin/New York 1971 (zit. *Bearbeiter*, in: Godin/Wilhelmi (Hrsg.), AktG).

Goette, Wulf, Die GmbH – Darstellung anhand der Rechtsprechung des BGH, 2. Aufl., München 2002 (zit. *Goette*, Die GmbH).

Goldschmit, Friedrich (Hrsg.), Die Aktiengesellschaft – Handelsgesetzbuch § 178 bis § 319, München 1927 (zit. *Bearbeiter*, in: Goldschmit (Hrsg.), Die Aktiengesellschaft).

Groschuff, Hans, Urteilsanmerkung zu RG, Urt. v. 25.02.1939 II 123/38, DR 1939, S. 722–723.

Grumann, Marc-Olaf/Gillmann, Michael, Aktienrechtliche Hauptversammlungsniederschriften und Auswirkungen von formalen Mängeln, NZG 2004, S. 839–845.

Grunewald, Barbara, Der Ausschluss aus Gesellschaft und Verein, Köln u.a. 1987.

—, Auskunftserteilung und Haftung des Vorstandes im bürgerlich-rechtlichen Verein, ZIP 1989, S. 962–967.

—, Die Abberufung von Gesellschaftsgeschäftsführern in der GmbH, in: Lieb, Manfred/Noack, Ulrich/Westermann, Harm Peter (Hrsg.), Festschrift für Wolfgang Zöllner – Zum 70. Geburtstag, Köln 1998, S. 177–190 (zit. *dies.*, FS Zöllner).

—, Gesellschaftsrecht, 10. Aufl., Tübingen 2017.

Grünhut, Zur Reform des Actiengesellschaftstrechtes, GrünhutZ 1 (1874), S. 97–113.

Habersack, Mathias, Beschlussfeststellung oder Beurkundung der Niederschrift – Wann wird der Hauptversammlungsbeschluss wirksam?, S. 23–25, ZIP-Beil. zu H 22 2016.

Hachenburg, Max (Hrsg.), Staub's Kommentar zum GmbHG, 2. Aufl., Berlin 1906 (zit. *Bearbeiter*, in: Hachenburg (Hrsg.), Staub GmbHG).

— (Hrsg.), Staub's Kommentar zum GmbHG, 4. Aufl., Berlin 1913 (zit. *Bearbeiter*, in: Hachenburg (Hrsg.), Staub GmbHG).

— (Hrsg.), Das Handelsgesetzbuch, Mannheim u.a. 1931 (zit. *Bearbeiter*, in: Hachenburg (Hrsg.), HGB).

— (Hrsg.), Kommentar zum GmbHG, Bd. 2, 6. Aufl., Berlin 1959 (zit. *Bearbeiter*, in: Hachenburg (Hrsg.), GmbHG).

— (Hrsg.), Gesetz betreffend die GmbH - Großkommentar, 7. Aufl., Berlin/New York 1979 (zit. *Bearbeiter*, in: Hachenburg (Hrsg.), GmbHG).

Haff, Karl, Grundlagen einer Körperschaftslehre, Bd. 1 - Gesetze der Willensbildung bei Genossenschaft und Staat, Leipzig 1915.

Hahn, Friedrich von, Commentar zum Allgemeinen deutschen Handelsgesetzbuch, Braunschweig 1863 (zit. *Hahn*, ADHGB).

Häublein, Martin Günther/Hoffmann-Theinert, Roland/Baer, Ron (Hrsg.), Handelsgesetzbuch, Baden-Baden 2017 (zit. *Bearbeiter*, in: Häublein/Hoffmann-Theinert/Baer (Hrsg.), HGB).

Heck, Philipp, Gesellschafterbeschlüsse und Willensmängel bei der Gesellschaft des Bürgerlichen Gesetzbuches, in: Stutz, Ulrich (Hrsg.), Festschrift für Otto Gierke - Zum 70. Geburtstag, Weimar 1911, S. 319–360 (zit. *Heck*, FS Gierke).

Heidel, Thomas/Schall, Alexander (Hrsg.), Handelsgesetzbuch - Handkommentar, Baden-Baden 2011 (zit. *Bearbeiter*, in: Heidel/Schall (Hrsg.), HGB).

Heidenhain, Martin/Meister, Burkhardt W. (Hrsg.), Münchener Vertragshandbuch, Bd. 1 - Gesellschaftsrecht, 6. Aufl., München 2005.

Heilbrunn, Urteilsanmerkung zu RG Düsseldorf, Urt. v. 04.02.1927 318/26 II, JW 1927, S. 1358.

Helios, Marcus/Strieder, Thomas (Hrsg.), Beck'sches Handbuch der Genossenschaft - Recht, Steuern, Rechnungslegung; mit Formularteil, München 2009.

Henssler, Martin/Strohn, Lutz (Hrsg.), Gesellschaftsrecht - BGB, HGB, PartGG, GmbHG, AktG, GenG, UmwG, InsO, AnfG, IntGesR, 4. Aufl., München 2019.

Herchen, Beschlussmängel im GmbH- und Personengesellschaftsrecht, S. 83–128, in: Gesellschaftsrecht in der Diskussion 2016, Bd. 22, Köln 2017 (zit. Herchen, VGR 2016, Bd. 22).

Herzfelder, Franz, Stimmrecht und Interessenkollision bei den Privatverbänden des deutschen Reichsprivatrechts, München 1927 (zit. *Herzfelder*, Stimmrecht).

Heusler, Andreas, Institutionen des Deutschen Privatrechts, Bd. 1, Leipzig 1885.

Hillebrand, Klaus-Peter/Keßler, Jürgen/Hunscha, Axel (Hrsg.), Berliner Kommentar zum Genossenschaftsgesetz, Hrsg.: Hillebrand-Keßler, Hamburg 2001 (zit. *Bearbeiter*, in: Hillebrand/Keßler/Hunscha (Hrsg.), Berliner Kommentar GenG).

Hirte, Heribert/Mülbert, Peter O./Roth, Markus (Hrsg.), Großkommentar AktG, Bd. 7, 5. Aufl., Berlin 2017 (zit. *Bearbeiter*, in: Hirte/Mülbert/Roth (Hrsg.), Großkomm AktG).

Hoffmann, Jochen/Köster, Jan, Beschlußfeststellung und Anfechtungsklageerfordernis im GmbH-Recht, GmbHR 2003, S. 1327–1336.

Hoffmann-Becking, Michael, Gesetz zur „kleinen AG" – unwesentliche Randkorrektur oder grundlegende Reform?, ZIP 1995, S. 1–10.

Hopt, Klaus J./Wiedemann, Herbert (Hrsg.), Großkommentar AktG, Bd. 5, 4. Aufl., Berlin 2008 (zit. *Bearbeiter*, in: Hopt/Wiedemann (Hrsg.), Großkomm AktG).

Horrwitz, Das Recht der Generalversammlungen der Aktiengesellschaften und Kommanditgesellschaften auf Aktien, Berlin 1913 (zit. *Horrwitz*, Das Recht der Generalversammlungen).

Horrwitz, Walter, Urteilsanmerkung RG Breslau, Urt. v. 09.10.1928 486/ 27 II, JW 1929, S. 1369–1370.

Hueck, Alfred, Anfechtbarkeit und Nichtigkeit von Generalversammlungsbeschlüssen bei Aktiengesellschaften, Mannheim 1927 (zit. *Hueck*, Anfechtbarkeit und Nichtigkeit).

—, Das Recht der Generalversammlungsbeschlüsse und die Aktienrechtsreform, Berlin 1933.

—, Mangelhafte Gesellschafterbeschlüsse bei der GmbH, in: Stahlhacke, Eugen/Rüthers, Bernd/Gamillscheg, Franz (Hrsg.), Festschrift für Erich Molitor - Zum 75. Geburtstag, München, Berlin 1962, S. 401–427 (zit. *ders.*, FS Molitor).

—, Gedanken zur Reform des Aktienrechts und des GmbH-Rechts, Berlin 1963.

—, Gesellschaftsrecht, München/Berlin 1965.

—, Das Recht der offenen Handelsgesellschaft – Systematisch dargestellt, 4. Aufl., Berlin 1971.

Hüffer, Uwe, Die Gesellschafterversammlung - Organ der GmbH oder bloßes Beschlußverfahren, in: Lutter, Marcus/Ulmer, Peter/Zöllner, Wolfgang (Hrsg.), Festschrift 100 Jahre GmbH-Gesetz, Köln 1992, S. 521–537 (zit. *Hüffer*, FS 100 Jahre GmbHG).

Jacusiel, Hans, Gültige und fehlerhafte Generalversammlungsbeschlüsse der Aktiengesellschaft, Leipzig 1928.

Jakobs, Horst Heinrich/Schubert, Werner, Die Beratung des Bürgerlichen Gesetzbuchs – Allgemeiner Teil, 1. Teilband, Berlin/New York 1985.

Johansen, Kurt Herbert/Kregel, Wilhelm (Hrsg.), Reichsgerichtsrätekommentar zum BGB, Bd. 1, 12. Aufl., Berlin 1982 (zit. *Bearbeiter*, in: Johansen/Kregel (Hrsg.), RGRK BGB).

Jolly, Julius, Das Recht der Aktiengesellschaften, S. 317–449, ZDR 11 (1847).

Jüdel, Gerhard, Gesellschafterbeschlüsse bei Personengesellschaften, Leipzig 1933.

Kämmerer, Die Rechtsnatur der Offenen Handelsgesellschaft, S. 801–806, NJW 1966.

Kamnitzer, Bernhard/Bohnenberg, Heinrich (Hrsg.), Das Handelsgesetzbuch – ohne Seerecht, 4. Aufl., Köln/Berlin 1956 (zit. *Bearbeiter,* in: Kamnitzer/Bohnenberg (Hrsg.), HGB).

Keuk-Knobbe, Brigitte, Das Klagerecht des Gesellschafters einer Kapitalgesellschaft wegen gesetzes- und satzungswidriger Maßnahmen der Geschäftsführung, in: Flume, Werner/Raisch, Peter/Steindorff, Ernst (Hrsg.), Festschrift für Kurt Ballerstedt – Zum 70. Geburtstag – Beiträge zum Zivil- und Wirtschaftsrecht, Berlin 1975, S. 239–255 (zit. *Keuk-Knobbe,* FS Ballerstedt).

Kisch, Wilhelm, Anmerkung zu Lehrbuch des Deutschen Bürgerlichen Rechts (Cosack), GrünhutZ 29 (1902), 335–342.

Klausing, Friedrich, Gesetz über Aktiengesellschaften und Kommanditgesellschaften auf Aktien (Aktiengesetz), Berlin 1937 (zit. *Klausing,* AktG).

Koch (Hrsg.), Kommentar zum ADHGB, 2. Aufl., Berlin 1868.

Koch, Christian, Das Anfechtungsklageerfordernis im GmbH-Beschlußmängelrecht, Frankfurt am Main 1997 (zit. *Koch,* Das Anfechtungsklageerfordernis).

Koch, Jens, Empfiehlt sich eine Reform des Beschlussmängelrechts im Gesellschaftsrecht? – Gutachten Teil F zum 72. Deutschen Juristentag, München 2018 (zit. *Koch,* Gutachten F, 72. DJT).

—, Empfiehlt sich eine Reform des Beschlussmängelrechts im Gesellschaftsrecht?, S. 50–54, NJW-Beil 2018.

—, Nichtigkeit oder Anfechtbarkeit? Auf der Suche nach einem rechtsformübergreifenden Sortiermechanismus, ZHR 182 (2018), S. 378–413.

Koch, Jens/Hüffer, Uwe (Hrsg.), Aktiengesetz, 13. Aufl., München 2018 (zit. *Bearbeiter,* in: Koch/Hüffer (Hrsg.), AktG).

Koester, Bernd Gisbert, Anfechtungs- und Nichtigkeitsklage gegen Gesellschafterbeschlüsse bei OHG und KG, Göttingen 1981 (zit. *Koester,* Anfechtungs- und Nichtigkeitsklage OHG und KG).

Kohler, Josef, Die offene Handelsgesellschaft als juristische Person, ZHR 74 (1913), S. 456–469.

Kohler, Josef/Ring, Viktor (Hrsg.), Archiv für Bürgerliches Recht, Bd. 5, Berlin 1891.

Kohler, Josef/Ring, Viktor/Oertmann, Paul (Hrsg.), Archiv für Bürgerliches Recht, Bd. 35, Berlin 1910.

Koller, Ingo/Drüen, Klaus-Dieter/Kindler, Peter/Roth, Wulf-Henning (Hrsg.), Handelsgesetzbuch – Kommentar, 9. Aufl., München 2019 (zit. *Bearbeiter*, in: Koller/Drüen/Kindler/Roth (Hrsg.), HGB).

Kölner Kommentar zum Aktiengesetz, Bd. 3/ 1, Hrsg.: Zöllner, Wolfgang/Noack, Ulrich, 3. Aufl., Köln 2019 (zit. Kölner Kommentar AktG).

Koobs, Georg, Der Mehrheitbeschluß im bürgerlichen Recht, Berlin 1920.

Koppensteiner, Hans-Georg, Stimmabgabe und Beschluss, JBl 2017, S. 273–281.

Krause, Hertha, Gesellschafterbeschluß und Abstimmung – Ihre Rechtsnatur und Behandlung, Leipzig 1937.

Kubis, Dietmar, Geklärte und ungeklärte Fragen bei der Geschäftsführer-Abberufung aus wichtigem Grund, in: Hoffmann-Becking, Michael/Hüffer, Uwe/Reichert, Jochem (Hrsg.), Liber Amicorum für Martin Winter, Berlin, Köln 2011, S. 387–402 (zit. *Kubis*, Liber Amicorum Winter).

Kuntze, Johannes Emil, Der Gesamtakt: ein neuer Rechtsbegriff, in: Leipziger Juristenfakultät (Hrsg.), Festgabe für Otto Müller, Leipzig 1892, S. 27–87 (zit. *Kuntze*, Festgabe Müller).

Küster, Werner, Inhalt und Grenzen der Rechte der Gesellschafter insbesondere des Stimmrechts im deutschen Gesellschaftsrechts, Berlin 1954 (zit. *Küster*, Inhalt und Grenzen).

Lang, Johann/Weidmüller, Ludwig (Hrsg.), Genossenschaftsgesetz – Gesetz betreffend die Erwerbs- und Wirtschaftsgenossenschaften. Mit Erläuterungen zum Umwandlungsgesetz. Kommentar, 37. Aufl., Berlin/Boston 2011 (zit. *Bearbeiter*, in: Lang/Weidmüller (Hrsg.), GenG).

— (Hrsg.), Genossenschaftsgesetz – Gesetz, betreffend die Erwerbs- und Wirtschaftsgenossenschaften: mit Erläuterungen zum Umwandlungsgesetz; Kommentar, 34. Aufl., Berlin 2005 (zit. *Bearbeiter*, in: Lang/Weidmüller (Hrsg.), GenG).

Lange, Frank-Holger, Der Leiter der GmbH-Gesellschafterversammlung, NJW 2015, S. 3190–3194.

Larenz, Karl, Allgemeiner Teil des deutschen Bürgerlichen Rechts – Ein Lehrbuch, 7. Aufl., München 1989.

Lehmann, Heinrich, Gesellschaftsrecht, 2. Aufl., Berlin/Frankfurt am Main 1959.

Lehmann, Julius (Hrsg.), Das Handelsgesetzbuch, Bd. 3, 3. Aufl., Mannheim u.a. 1933 (zit. *Bearbeiter*, in: Lehmann (Hrsg.), Düringer-Hachenburg, HGB, Bd. 3).

Lehmann, Karl, Recht der Aktiengesellschaft, Bd. 2, Darmstadt 1904.

Lehmann, Karl/Ring, Viktor (Hrsg.), Das Handelsgesetzbuch, Bd. 1 – Kommentar zum Bürgerlichen Gesetzbuch und seinen Nebengesetzen, 2. Aufl., Berlin 1914.

Liebmann, Jakob, Kommentar zum GmbHG, 4. Aufl., Berlin 1899 (zit. *Liebmann*, GmbHG).

Lieder, Jan/Ringlage, Philipp, Kein Sonderrecht der zweigliedrigen GmbH!, GmbHR 2017, S. 1065–1074.

Lindemann, Birgit Silvia, Die Beschlussfassung in der Einmann-GmbH – Eine Studie über das Zustandekommen des Beschlusses in der Einmann-GmbH und über die Rechtsfolgen beim fehlerhaften Einmannbeschluss, Heidelberg 1996.

Litthauer, Felix (Hrsg.), ADHGB, Berlin 1897.

Lutter, Marcus, Die GmbH-Novelle und ihre Bedeutung für die GmbH, die GmbH & Co. KG und die Aktiengesellschaft, DB 1980, S. 1317–1326.

Lutter, Marcus/Hommelhoff, Peter (Hrsg.), GmbH-Gesetz – Kommentar, Hrsg.: *Kleindiek*, Detlef/*Bayer*, Walter, 19. Aufl., Köln 2016 (zit. *Bearbeiter*, in: Lutter/Hommelhoff (Hrsg.), GmbHG).

Lutz, Johann (Hrsg.), Protokolle der Kommission zur Berathung eines allgemeinen deutschen Handelsgesetzbuches – Beilagenband, Würzburg (Nachdruck 1858).

Lutz, Reinhard, Der Gesellschafterstreit in der GbR, PartG, OHG, KG, GmbH & Co. KG und GmbH, 5. Aufl., München 2017 (zit. *Lutz*, Der Gesellschafterstreit).

Maier-Reimer, Georg/Flume, Johannes, Rechtsschutz bei gesellschaftsrechtlichen Strukturmaßnahmen in der Aktiengesellschaft, KSzW 2013, S. 30–37.

Makower, F. (Hrsg.), Handelsgesetzbuch mit Kommentar, Bd. 1, 13. Aufl., Berlin 1906 (zit. *Bearbeiter*, in: Makower (Hrsg.), HGB).

Makower, Hermann, Kommentar zum ADHGB, 2. Aufl., Berlin 1865 (zit. *Makower*, ADHGB).

— (Hrsg.), Kommentar zum ADHGB, 5. Aufl., Berlin 1873 (zit. *Bearbeiter*, in: Makower (Hrsg.), ADHGB).

— (Hrsg.), Kommentar zum ADHGB – von 1861, 9. Aufl., Berlin/Leipzig 1884 (zit. *Bearbeiter*, in: Makower (Hrsg.), ADHGB).

— (Hrsg.), Handelsgesetzbuch mit Kommentar, Bd. 1, 12. Aufl., Berlin 1901 (zit. *Bearbeiter*, in: Makower (Hrsg.), HGB).

Manigk, Alfred, Willenserklärung und Willensgeschäft, Berlin 1907.

Meyer-Landrut, Joachim/Miller, Georg/Niehus, Rudolf (Hrsg.), Gesetz betreffend die Gesellschaft mit beschränkter Haftung, Berlin/New York 1987 (zit. *Bearbeiter*, in: Meyer-Landrut/Miller/Niehus (Hrsg.), GmbHG).

Michalski, Lutz/Heidinger, Andreas/Leible, Stefan/Schmidt, Jessica (Hrsg.), Kommentar zum GmbHG, Bd. 1, 3. Aufl., München 2017 (zit. *Bearbeiter*, in: Michalski/Heidinger/Leible/Schmidt (Hrsg.), GmbHG).

— (Hrsg.), Kommentar zum GmbHG, Bd. 2, 3. Aufl., München 2017 (zit. *Bearbeiter*, in: Michalski/Heidinger/Leible/Schmidt (Hrsg.), GmbHG).

Möhring, Helmut, Die Generalversammlung der Aktiengesellschaft und die Opposition, Leipzig 1926.

Möser, Georg, Die Generalversammlung der Aktiengesellschaft, Berlin 1925.

Motive zu dem Entwurfe eines Bürgerlichen Gesetzbuches für das Deutsche Reich, Bd. 1 – Amtliche Ausgabe, Berlin/Leipzig 1888 (zit. Motive BGB, Bd. 1).

Mülbert/Petersen, Jens, Empfiehlt sich eine Reform des Beschlussmängelrechts im Gesellschaftsrecht?, NJW 2018, S. 2771–2775.

Müller, Klaus (Hrsg.), Kommentar zum Gesetz betreffend die Erwerbs- und Wirtschaftsgenossenschaften, 2. Aufl., Bielefeld 1998 (zit. *Bearbeiter*, in: Müller (Hrsg.), GenG).

Müller-Erzbach, Rudolf (Hrsg.), Deutsches Handelsrecht, 2. Aufl., Tübingen 1928.

Münchener Handbuch des Gesellschaftsrechts, Bd. 1 – BGB-Gesellschaft, Offene Handelsgesellschaft, Partnerschaftsgesellschaft, Partenreederei, EWIV, Hrsg.: *Gummert*, Hans/*Weipert*, Lutz, 5. Aufl., München 2019 (zit. MHdB, Bd. 1).

Münchener Handbuch des Gesellschaftsrechts, Bd. 2 – Kommanditgesellschaft, GmbH & Co. KG, Publikums-KG, Stille Gesellschaft, Hrsg.: *Gummert*, Hans/*Weipert*, Lutz, 5. Aufl., München 2019 (zit. MHdB, Bd. 2).

Münchener Handbuch des Gesellschaftsrechts, Bd. 3 – Gesellschaft mit beschränkter Haftung Gesellschaft mit beschränkter Haftung, Hrsg.: *Priester*, Hans-Joachim/*Mayer*, Dieter/*Wicke*, Hartmut, 5. Aufl., München 2018 (zit. MHdB, Bd. 3).

Münchener Handbuch des Gesellschaftsrechts, Bd. 4 – Die Aktiengesellschaft, Hrsg.: *Hoffmann-Becking*, Michael, 4. Aufl., München 2015 (zit. MHdB, Bd. 4).

Münchener Kommentar zum AktG, Bd. 3, Hrsg.: *Goette*, Wulf/*Habersack*, Mathias, 4. Aufl., München 2018 (zit. MüKo AktG).

Münchener Kommentar zum AktG, Bd. 4, Hrsg.: *Goette*, Wulf/*Habersack*, Mathias, 4. Aufl., München 2016 (zit. MüKo AktG).

Münchener Kommentar zum BGB, Bd. 1, Hrsg.: *Rebmann*, Kurt/*Säcker*, Franz Jürgen/*Rixecker*, Roland, 4. Aufl., München 2001 (zit. MüKo BGB).

Münchener Kommentar zum BGB, Bd. 1, Hrsg.: *Säcker*, Franz Jürgen/*Rixecker*, Roland, 6. Aufl., München 2012 (zit. MüKo BGB).

Münchener Kommentar zum BGB, Bd. 1, Hrsg.: *Säcker*, Franz Jürgen/*Rixecker*, Roland u.a., 8. Aufl., München 2018 (zit. MüKo BGB).

Münchener Kommentar zum BGB, Bd. 3, Hrsg.: *Säcker*, Franz Jürgen/*Rixecker*, Roland/*Oetker*, Hartmut, 8. Aufl., München 2019 (zit. MüKo BGB).

Münchener Kommentar zum BGB, Bd. 6, Hrsg.: *Säcker*, Franz Jürgen/*Rixecker*, Roland/*Oetker*, Hartmut, 7. Aufl., München 2017 (zit. MüKo BGB).

Münchener Kommentar zum GmbHG, Bd. 2, Hrsg.: *Fleischer*, Holger/*Goette*, Wulf, 3. Aufl., München 2019 (zit. MüKo GmbHG).

Münchener Kommentar zum GmbHG, Bd. 3, Hrsg.: *Fleischer*, Holger/*Goette*, Wulf, 3. Aufl., München 2018 (zit. MüKo GmbHG).

Münchener Kommentar zum HGB, Bd. 2, Hrsg.: *Schmidt*, Karsten, 4. Aufl., München 2016 (zit. MüKo HGB).

Münchener Kommentar zur ZPO, Bd. 1, Hrsg.: *Krüger*, Wolfgang/*Rauscher*, Thomas, 5. Aufl., München 2016 (zit. MüKo ZPO).

Nietsch, Michael, Einstweiliger Rechtschutz bei Beschlussfassung in der GmbH-Gesellschafterversammlung, GmbHR 2006, S. 393–399.

Nipperdey, Hans Carl (Hrsg.), Lehrbuch des Bürgerlichen Rechts, Bd. 1, 2, 15. Aufl., Tübingen 1960.

Nitschke, Manfred, Die körperschaftlich strukturierte Personengesellschaft, Tübingen 1970.

Noack, Ulrich, Fehlerhafte Beschlüsse in Gesellschaften und Vereinen, Köln/Berlin 1989.

—, Die privatschriftliche Niederschrift über die Hauptversammlung einer nicht börsennotierten Aktiengesellschaft – Inhalt und Fehlersanktionen, in: Hoffmann-Becking, Michael/Ludwig, Rüdiger (Hrsg.), Liber Amicorum Wilhelm Happ – Zum 70. Geburtstag am 30. April 2006, Köln 2006, S. 201–2012 (zit. *ders.*, Liber Amicorum Happ).

—, Der Versammlungsleiter im GmbH-Recht, GmbHR 2017, S. 792–800.

Nord, Walther, Die Rechte des Aktionärs und Folgen ihrer Verletzung, Berlin 1925 (zit. *Nord*, Die Rechte des Aktionärs).

Oelrichs, Carsten, Muß der Versammlungsleiter bei der Feststellung von Haupt- oder Gesellschafter-versammlungsbeschlüssen treuwidrig abgegebene Stimmen mitzählen?, GmbHR 1995, S. 863–869.

Oertmann, Paul (Hrsg.), Allgemeiner Teil des BGB, 2. Aufl., Berlin 1908 (zit. *Bearbeiter*, in: Oertmann (Hrsg.), BGB AT).

— (Hrsg.), Bürgerliches Gesetzbuch – Allgemeiner Teil, 3. Aufl., Berlin 1927 (zit. *Bearbeiter*, in: Oertmann (Hrsg.), BGB AT).

Oetker, Hartmut (Hrsg.), Handelsgesetzbuch – Kommentar, 5. Aufl., München 2017 (zit. *Bearbeiter*, in: Oetker (Hrsg.), HGB).

Palandt – Bürgerliches Gesetzbuch (begründet von Otto Palandt), 78. Aufl., München 2019 (zit. Palandt).

Parisius, Ludolf/Crüger, Hans (Hrsg.), Das Reichsgesetz betreffend die Erwerbs- und Wirtschaftsgenossenschaften – Kommentar, Berlin 1903 (zit. *Bearbeiter*, in: Parisius/Crüger (Hrsg.), GenG).

— (Hrsg.), Das Reichsgesetz betreffend die Erwerbs- und Wirtschaftsgenossenschaften – Kleiner Kommentar, Berlin 1938 (zit. *Bearbeiter*, in: Parisius/Crüger (Hrsg.), GenG).

Penzlin, Inga, Urteilsbesprechung BGH, Urt. v. 21.06.2010 – II ZR 230/08, EWiR 2010, S. 783–784.

Pißel, Ludwig, Anfechtung und Nichtigkeit von Generalversammlungsbeschlüssen der Aktiengesellschaft auf Grund der neueren Rechtsprechung, Bayreuth 1913 (zit. *Pißel*, Anfechtung und Nichtigkeit).

Pöhlmann, Peter/Fandrich, Andreas/Bloehs, Joachim (Hrsg.), Genossenschaftsgesetz, 4. Aufl., München 2012 (zit. *Bearbeiter*, in: Pöhlmann/Fandrich/Bloehs (Hrsg.), GenG).

Priester, Hans-Joachim, Feststellung des Jahresabschlusses bei der Personenhandelsgesellschaft – Gesellschaftsvereinbarung oder Organbeschluß?, in: Häuser, Franz/Hammen, Horst u.a. (Hrsg.), Festschrift für Walther Hadding – Zum 70. Geburtstag, Berlin 2004, S. 607–620 (zit. *Priester*, FS Hadding).

Prütting, Hanns/Wegen, Gerhard/Weinreich, Gerd (Hrsg.), Bürgerliches Gesetzbuch – Kommentar, 12. Aufl. (zit. *Bearbeiter*, in: Prütting/Wegen/Weinreich (Hrsg.), BGB).

Raiser, Thomas, Die Einrede der Anfechtbarkeit von Gesellschafterbeschlüssen in der GmbH, in: Kübler, Friedrich/Mertens, Hans-Joachim/Werner, Winfried (Hrsg.), Festschrift für Theodor Heinsius – Zum 65. Geburtstag, Berlin 1991, S. 645–658 (zit. *Raiser*, FS Heinsius).

—, Nichtigkeits- und Anfechtungsklagen, in: Lutter, Marcus/Ulmer, Peter/Zöllner, Wolfgang (Hrsg.), Festschrift 100 Jahre GmbH-Gesetz, Köln 1992, S. 587–606 (zit. *ders.*, FS 100 Jahre GmbHG).

—, Gesamthandsgesellschaft oder juristische Person – Eine Geschichte ohne Ende?, in: Lieb, Manfred/Noack, Ulrich/Westermann, Harm Peter (Hrsg.),

Festschrift für Wolfgang Zöllner – Zum 70. Geburtstag, Köln 1998, S. 469 486 (zit. *ders.*, FS Zöllner).

Raiser, Thomas/Veil, Rüdiger, Recht der Kapitalgesellschaften, 6. Aufl., München 2015.

Reichert, Bernhard, Handbuch des Vereins- und Verbandsrechts, 7. Aufl., Neuwied 1999.

Reichert, Jochem (Hrsg.), Arbeitshandbuch für die Hauptversammlung, Hrsg.: *Semler*, Johannes/*Volhard*, Rüdiger, 4. Aufl., München 2018.

Renaud, Achilles, Das Recht der Actiengesellschaften, 2. Aufl., Leipzig 1875.

Renkl, Günter, Der Gesellschafterbeschluß, Stuttgart u.a. 1982.

Reuter, Dieter, Neuere Rechtsprechung zum Personengesellschaftsrecht – Teil 2, JZ 1986, S. 72–82.

Richert, Geschäftsführungs- und Vertretungsbefugnis des Vereins-, Gesellschafts- und Genossenschaftsvorstandes nach Amtszeitablauf, NJW 1957, S. 1543–1546.

Ritter, Carl, Das Handelsgesetzbuch, Berlin 1910 (zit. *Ritter*, HGB).

Ritter, Carl/Ritter, Justus (Hrsg.), Aktiengesetz, 2. Aufl., Berlin/München 1939 (zit. *Bearbeiter*, in: Ritter/Ritter (Hrsg.), AktG).

Rohleder, Michael, Zur Anfechtungsklage gegen einen fehlerhaften Gesellschafterbeschluß in der GmbH, Urteilsanmerkung zu BGH, Urt. v. 21.03.1988 II ZR 308/87, GmbHR 1989, S. 236–242.

Röhricht, Volker/Westphalen, Friedrich/Haas, Ulrich (Hrsg.), Handelsgesetzbuch – Kommentar zu Handelsstand, Handelsgesellschaften, Handelsgeschäften und besonderen Handelsverträgen (ohne Bilanz-, Transport- und Seerecht), 4. Aufl., Köln 2014 (zit. *Bearbeiter*, in: Röhricht/Westphalen/Haas (Hrsg.), HGB).

Roth, Günter H./Altmeppen, Holger (Hrsg.), Gesetz betreffend die Gesellschaften mit beschränkter Haftung – Kommentar, 9. Aufl., München 2019 (zit. *Bearbeiter*, in: Roth/Altmeppen (Hrsg.), GmbHG).

Rowedder, Heinz/Schmidt-Leithoff, Christian (Hrsg.), Gesetz betreffend die Gesellschaften mit beschränkter Haftung – Kommentar, 6. Aufl., München 2017 (zit. *Bearbeiter*, in: Rowedder/Schmidt-Leithoff (Hrsg.), GmbHG).

Rudloff, Martin, Die Rechtsnatur der Vereinsbeschlüsse 1932.

Ruth, Rudolph, Eintritt und Austritt von Mitgliedern, ZHR 88 (1926), S. 454–543.

Schimke, Martin/Dauernheim, Martin (Hrsg.), Handbuch Vereins- und Verbandsrecht. Reichert, 14. Aufl., Köln 2018 (zit. *Bearbeiter*, in: Schimke/Dauernheim (Hrsg.), Reichert VereinsR).

Saenger, August/Liebmann, Jakob (Hrsg.), Kommentar zum GmbHG, 7. Aufl., Berlin 1927 (zit. *Bearbeiter*, in: Saenger/Liebmann (Hrsg.), GmbHG).

Saenger, Ingo/Inhester, Michael (Hrsg.), GmbHG – Handkommentar, 3. Aufl., Baden-Baden 2016 (zit. *Bearbeiter*, in: Saenger/Inhester (Hrsg.), GmbHG).

Sauerwald, Matthias, Der Versammlungsleiter im Aktienrecht, Baden-Baden 2018.

Sauter, Eugen, Der eingetragene Verein, 3. Aufl., München/Berlin 1954.

Sauter, Eugen/Schweyer, Gerhard/Waldner, Wolfram (Hrsg.), Der eingetragene Verein – Gemeinverständliche Erläuterung des Vereinsrechts unter Berücksichtigung neuester Rechtsprechung mit Formularteil, 20. Aufl., München 2016.

Savigny, Friedrich Karl von, System des heutigen römischen Rechts, Bd. 3, Berlin 1840.

Schäfer, Carsten, Empfiehlt sich eine grundlegende Reform des Personengesellschaftsrechts? – Gutachten E zum 71. Deutschen Juristentag, München 2016 (zit. *Schäfer*, Gutachten E, 71. DJT).

Schilling, Wolfgang, Urteilsbesprechung OLG Hamburg, Urt. v. 23.12.1952 – 1 U 126/52, JZ 1953, S. 405–407.

—, Gesellschafterbeschluß und Insichtgeschäft, in: Flume, Werner/Raisch, Peter/Steindorff, Ernst (Hrsg.), Festschrift für Kurt Ballerstedt – Zum 70. Geburtstag – Beiträge zum Zivil- und Wirtschaftsrecht, Berlin 1975, S. 257–277 (zit. *ders.*, FS Ballerstedt).

Schlegelberger, Franz/Quassowski, Leo/Herbig, Gustav/Geßler, Ernst/Hefermehl, Wolfgang, Aktiengesetz – Gesetz über Aktiengesellschaften und Kommanditgesellschaften auf Aktien vom 30. Januar 1937, 3. Aufl., Berlin 1939 (zit. *Schlegelberger/Quassowski/Herbig u.a.*, AktG).

Schmidt, Karsten, Fehlerhafte Beschlüsse in Gesellschaften und Vereinen (II), Nichtigkeit, Anfechtbarkeit und Nichtigerklärung als Strukturprinzipien des inneren Verbandsrechts, AG 1977, S. 243–254.

—, Die Beschlußanfechtungsklage bei Vereinen und Personengesellschaften, in: Lutter, Marcus/Mertens, Hans-Joachim/Ulmer, Peter (Hrsg.), Festschrift für Walter Stimpel – Zum 68. Geburtstag, Berlin, Boston 1985, S. 217–244 (zit. *ders.*, FS Stimpel).

—, Urteilsanmerkung OLG Hamburg, Urt. v. 28.06.1992 11 U 148/90, GmbHR 1992, S. 9–14.

—, Gesellschaftsrecht, 4. Aufl., Köln 2002.

—, Die GmbH & Co.KG als Lehrmeisterin des Personengesellschaftsrechts 18 Leitsätze zum gewandelten Rechtsbild der Kommanditgesellschaft, JZ 2008, S. 425–436.

—, Mehrheitsbeschlüsse in Personengesellschaften, ZGR 2008, S. 1–33.

—, Dogmatik und Rechtspolitik der Anfechtungsklagen für Heute und Morgen, AG 2009, S. 248–259.

—, Anfechtung von Versammlungsbeschlüssen in gegliederten Vereinen, in: Martinek, Michael/Rawert, Peter/Weitemeyer, Birgit (Hrsg.), Festschrift für Dieter Reuter - Zum 70. Geburtstag am 16.Oktober 2010, Berlin 2010, S. 345–364 (zit. *ders.*, FS Reuter).

—, Stimmrechtsausschluss bei der Beschlussfassung über die Abberufung aus wichtigem Grund - Zum Urteil des BGH vom 04.04.2017 - II ZR 77/16, GmbHR 2017, S. 670–673.

Schmidt, Karsten/Lutter, Marcus (Hrsg.), Aktiengesetz, Bd. 1 - Kommentar, 3. Aufl., Köln 2015 (zit. *Bearbeiter*, in: Schmidt/Lutter (Hrsg.), AktG).

Scholz, Franz, Nichtigkeit von Gesellschafterbeschlüssen und Rechtssicherheit, GmbHR 1952, S. 161–165.

— (Hrsg.), Kommentar zum GmbH-Gesetz, Köln 1964 (zit. *Bearbeiter*, in: Scholz (Hrsg.), GmbHG).

Scholz, Kai-Steffen, Beschlussmängelstreitigkeiten in Personengesellschaften - Verselbständigung auch im Innenverhältnis, WM 2006, S. 897–905.

Scholz - Kommentar zum GmbH-Gesetz (begründet von Franz Scholz), 7. Aufl., Köln 1988.

Scholz - Kommentar zum GmbH-Gesetz (begründet von Franz Scholz, Bd. 2, 11. Aufl., Köln 2014 (zit. GmbHG).

Schröder, Oliver, Neue Konzepte zum Beschlußmängelrecht der GmbH und der Personengesellschaften, GmbHR 1994, S. 532–537.

Schubert, Werner, Die Vorlagen der Redaktoren für die erste Kommission zur Ausarbeitung des Entwurfs eines Bürgerlichen Gesetzbuches (Albert Gebhard), Berlin/New York 1981 (zit. *Schubert*, Redaktoren).

Schwab, Martin, Das Prozeßrecht gesellschaftsinterner Streitigkeiten, Tübingen 2005 (zit. *Schwab*, Prozeßrecht).

Schwarz, Otto (Hrsg.), Kommentar zum HGB, Berlin 1931.

Senft, Die Beschlussfeststellungsklage insbesondere bei der Personengesellschaft, in: Wachter, Thomas (Hrsg.), Festschrift für Sebastian Spiegelberger - Zum 70. Geburtstag - Vertragsgestaltung im Zivil- und Steuerrecht, Bonn 2009, S. 919–935 (zit. Senft, FS Spiegelberger).

Soergel, Hans Theodor/Siebert, Wolfgang (Hrsg.), Bürgerliches Gesetzbuch, Bd. 1, 10. Aufl., Stuttgart u.a. 1967.

Sohm, Rudolph/Mitteis, Ludwig, Instutitionen – Geschichte und System des Römischen Privatrechts, 17. Aufl., München/Leipzig 1926.

Spindler, Gerald/Stilz, Eberhard (Hrsg.), Kommentar zum Aktiengesetz, 4. Aufl., München 2019 (zit. *Bearbeiter*, in: Spindler/Stilz (Hrsg.), AktG).

Staub, Herrmann (Hrsg.), Kommentar zum ADHGB, 2. Aufl., Berlin 1894 (zit. *Bearbeiter*, in: Staub (Hrsg.), Staub ADHGB).

— (Hrsg.), Staub's Kommentar zum GmbHG, Berlin 1901 (zit. *Bearbeiter*, in: Staub (Hrsg.), GmbHG).

— (Hrsg.), Großkommentar HGB, 3. Aufl., Berlin/New York 1973 (zit. *Bearbeiter*, in: Staub (Hrsg.), HGB).

Staub Handelsgesetzbuch: HGB (begründet von Herrmann Staub), Bd. 3, 5. Aufl., Berlin 2009 (zit. Staub HGB).

Staub's Kommentar zum HGB (begründet von Herrmann Staub), 9. Aufl., Berlin 1912 (zit. Staub HGB).

Staub's Kommentar zum HGB (begründet von Herrmann Staub), 12. Aufl., Berlin/Leipzig 1926 (zit. Staub HGB).

Staub's Kommentar zum HGB (begründet von Herrmann Staub), 14. Aufl., Berlin/Leipzig 1933 (zit. Staub HGB).

Staudingers Kommentar Handausgabe des Bürgerlichen Gesetzbuchs, München 1912 (zit. Staudinger).

Staudingers Kommentar zum Bürgerlichen Gesetzbuch, I, 11. Aufl., Berlin 1957 (zit. Staudinger).

Staudingers Kommentar zum Bürgerlichen Gesetzbuch, I, 12. Aufl., Berlin 1980 (zit. Staudinger).

Staudingers Kommentar zum Bürgerlichen Gesetzbuch, I, Berlin 1995 (zit. Staudinger).

Staudingers Kommentar zum Bürgerlichen Gesetzbuch, I, Saarbrücken/Berlin 2005 (zit. Staudinger).

Stöber, Kurt/Otto, Dirk-Ulrich, Handbuch zum Vereinsrecht, 10. Aufl., Köln 2012.

Strohal, Emil (Hrsg.), Planck's Kommentar zum BGB, 4. Aufl., Berlin 1913.

Sudhoff, Heinrich/Sudhoff, Martin, Der Gesellschaftsvertrag der Personengesellschaften – Der Vertrag der offenen Handelsgesellschaft, Kommanditgesellschaft, bürgerlich-rechtlichen Gesellschaft, Unterbeteiligungsgesellschaft und stillen Gesellschaft, 6. Aufl., München 1985.

Teichmann, Robert, Aktiengesetz – Gesetz über Aktiengesellschaften und Kommanditgesellschaften auf Aktien vom 30. Januar 1937, Berlin 1937 (zit. *Teichmann*, AktG).

Teichmann, Robert/Koehler, Walter, Aktiengesetz, 3. Aufl., Heidelberg 1950 (zit. *Teichmann/Koehler*, AktG).

Teske, Fritz, Anfechtbarkeit und Nichtigkeit von Generalversammlungsbeschlüssen bei Aktiengesellschaften, Hamburg 1930.

Thöl, Heinrich, Das Handelsrecht in Verbindung mit dem allgemeinen deutschen Handelsgesetzbuch, Bd. 1, Göttingen 1862 (zit. *Thöl*, Handelsrecht, Bd. 1).

Thöni, Wilfried, Rechtsfolgen fehlerhafter GmbH-Gesellschafterbeschlüsse 1998.

Timm, Wolfram, Beschlußanfechtungsklage und Schiedsfähigkeit im Recht der personalistisch strukturierten Gesellschaften, in: Goerdeler, Reinhard/Hommelhoff, Peter u.a. (Hrsg.), Festschrift Für Hans-Joachim Fleck – Zum 70. Geburtstag, Berlin/Boston 1988, S. 365–382 (zit. *Timm*, FS Fleck).

Tröger, Tobias, Gesetzgebung im Recht der Personengesellschaften, JZ 2016, S. 834–845.

Trölitzsch, Thomas, Der behauptete wichtige Grund als Grundlage für ein Stimmverbot in der Gesellschafterversammlung, S. 117–173, in: Gesellschaftsrecht in der Diskussion 2017, Bd. 23 – Gesellschaftsrechtliche Vereinigung, Köln 2018 (zit. *Trölitzsch*, VGR 2017, Bd. 23).

Tuhr, Andreas von, Der Allgemeine Theil des Deutschen Bürgerlichen Rechts, Bd. 1 – Allgemeine Lehren und Personenrecht 1910 (zit. *Tuhr*, AT, Bd. 1).

—, Der Allgemeine Teil des Deutschen Bürgerlichen Rechts, Bd. 2/ 1 – Die rechtserheblichen Tatsachen, insbesondere das Rechtsgeschäft 1914 (zit. *Tuhr*, AT, Bd. 2/ 1).

Ulmer, Peter, 40 Jahre BGH-Rechtsprechung zum GmbH-Recht, Eine Jubiläums-Bilanz, GmbHR 1990, S. 429–433.

—, Gesellschafterbeschlüsse in Personengesellschaften – Zur Bindung der Gesellschafter an ihre Stimmabgabe, in: Jayme, Erik/Laufs, Adolf u.a. (Hrsg.), Festschrift für Hubert Niederländer – Zum 70. Geburtstag, Heidelberg 1991, S. 415–434 (zit. *ders.*, FS Niederländer).

Ulmer, Peter/Habersack, Mathias/Löbbe, Marc (Hrsg.), Großkommentar GmbHG, Bd. 2, 2. Aufl., Tübingen 2014 (zit. *Bearbeiter*, in: Ulmer/Habersack/Löbbe (Hrsg.), GmbHG).

Ulmer, Peter/Schäfer, Carsten (Hrsg.), Gesellschaft bürgerlichen Rechts und Partnerschaftsgesellschaft – Kommentar, 7. Aufl., München 2017 (zit. *Bearbeiter*, in: Ulmer/Schäfer (Hrsg.), GbR und PartG).

Vogel, Wolfgang, Die Praxis der Gesellschafterversammlung bei GmbH und GmbH & Co, Köln 1976 (zit. *Vogel*, Praxis der Gesellschafterversammlung).

—, Gesellschafterbeschlüsse und Gesellschafterversammlung – Mit Formularanhang für die Praxis, 2. Aufl., Köln 1986.

Vogenauer, Stefan, in: Schmoeckel, Mathias/Rückert, Joachim/Zimmermann, Reinhard (Hrsg.), Historisch-kritischer Kommentar zum BGB, Tübingen 2003 (zit. *Vogenauer*, HKK BGB).

Vormbaum, Hermann, Die Anwendung der Begriffe Willenserklärung und Rechtsgeschäft auf den Beschluß der Generalversammlung und das Abstimmen in ihr, Schwerin 1929 (zit. *Vormbaum*, Beschluß der Generalversammlung).

Wachter, Thomas (Hrsg.), AktG – Kommentar, 3. Aufl., Köln 2018.

Waclawik, Erich, Prozessführung im Gesellschaftsrecht – Corporate litigation, 2. Aufl., München 2013.

Wall, Martin, Die Anfechtung der Generalversammlungsbeschlüsse einer Aktiengesellschaft, Berlin 1912.

Walther, J. Friedrich von, Vereine und Gesellschaften, 2. Aufl., München 1980.

Weidler, Erwin, Die Generalversammlungsbeschlüsse bei Aktiengesellschaften und ihre Anfechtbarkeit und Nichtigkeit nach dem BGB, Tübingen 1911 (zit. *Weidler*, Generalversammlungsbeschluss AG).

Werner, Rüdiger, Das Beschlussfeststellungsrecht des Versammlungsleiters, GmbHR 2006, S. 127–132.

Wicke, Hartmut, Gesetz betreffend die Gesellschaften mit beschränkter Haftung – Kommentar, 3. Aufl., München 2016 (zit. *Wicke*, GmbHG).

—, Do's and don'ts bei der Einberufung und Durchführung von Gesellschafterversammlungen, GmbHR 2017, S. 777–788.

—, Mehrheitsentscheidungen in Personengesellschaften, MittBayNot 2017, S. 125–130.

Wiedemann, Herbert, Gesellschaftsrecht, Bd. 1 Grundlagen – Ein Lehrbuch des Unternehmens- und Verbandsrechts, München 1980 (zit. *Wiedemann*, Gesellschaftsrecht, Bd. 1).

Winkeljohann, Norbert/Prinz, Ulrich (Hrsg.), Beck'sches Handbuch der GmbH – Gesellschaftsrecht, Steuerrecht, 5. Aufl., München 2014.

Winkler, Sylko, Gesellschafterausschluss und Geschäftsführer-Abberufung in der Zweipersonen-GmbH, GmbHR 2017, S. 334–341.

Winnefeld, Robert, Stimmrecht, Stimmabgabe und Beschluß, ihre Rechtsnatur und Behandlung, DB 1972, S. 1053–1056.

Würdinger, Hans (Hrsg.), Aktien- und Konzernrecht – Eine systematische Darstellung, 2. Aufl., Karlsruhe 1966.

—, Aktienrecht und das Recht der verbundenen Unternehmen, 4. Aufl., Heidelberg, Karlsruhe 1981 (zit. *Würdinger*, Aktienrecht).

Zöllner, Wolfgang, Die Schranken mitgliedschaftsrechtlicher Stimmrechtsmacht bei den privatrechtlichen Personenverbänden, Berlin/München 1963 (zit. *Zöllner*, Schranken).

—, Beschluß, Beschlußergebnis und Beschlußfeststellung, in: Schneider, Uwe H./Hommelhoff, Peter u.a. (Hrsg.), Festschrift für Marcus Lutter – Zum 70. Geburtstag – Deutsches und europäisches Gesellschafts-, Konzern- und Kapitalmarktrecht, Köln 2000, S. 821–831 (zit. *ders.*, FS Lutter).

Zöllner, Wolfgang/Noack, Ulrich, Geltendmachung von Beschlußmängeln im GmbH-Recht, ZGR 1989, S. 525–544.

Zudem verweise ich auf *Kirchner, Hildebert*, Abkürzungsverzeichnis der Rechtssprache, 9. Aufl., Berlin 2018.

www.ingramcontent.com/pod-product-compliance
Ingram Content Group UK Ltd.
Pitfield, Milton Keynes, MK11 3LW, UK
UKHW020712041026
15590UKWH00002B/620

9 783631 796511